가는 곳마다 主人이 되라

2006년 12월 20일 초판 1쇄 인쇄
2006년 12월 25일 초판 1쇄 발행

지은이 / 홍교 스님
펴낸이 / 박귀늠
펴낸곳 / 현대불교신문사 출판부

등록번호 / 제1-1852호(1995. 3. 2)
ISBN 89-87067-65-3-03220

주소 / 서울 종로구 내수동 74번지 용비어천가 739호
전화 / 02-2195-5210(영업부)
팩스 / 02-2195-5211

ⓒ 홍교, 2006

값 15,000원

잘못된 책은 바꾸어 드립니다.

가는 곳마다 主人이 되라

홍교 스님

가는 곳마다 主人이 되라

이 빛깔 저 소리에 끄달리고
이 사람 저 사람의 입맛에만 맞추려 한다면
그대 자신의 삶은 어느 세월에 구가할 것인가
이제는 그대 자신의 주인이 되라

현대불교신문사

머리말

　　지구촌이 만원일 정도로 넘쳐나는 사람들은 저마다 어디를 향해 가고 있는가? 납승이 보기에, 인간은 물론 뭇 생명들이 저마다 어디로 가고 있는지, 거대한 시각에서의 방향은 너무나 분명하다.

　　모두가 깨달음을 얻기 위해, 더 정확히 말하자면 자기 안에 이미 여여하게 내재해 있는 불성(佛性)의 본래 모습으로 돌아가기 위해 가고 있는 것이다. 몇 생이 걸리든 결국은 우리 모두가 깨달아 완전한 붓다와 똑같은 자유의 삶을 위해 전진해 가고 있는 것이다.

　　혹자는 뒷걸음치고 있는 듯이 보이고, 혹자는 너무 심히 비틀걸음으로 걷고 있어서 어느 세월에 가랴 싶지만, 결국엔 모두 자기 안에 있는 본래 모습을 보고야 말 것이다.

　　가고 또 가면 마침내 이르고야 말겠지만, 수행의 길은 지난한 고행의 길임에 틀림없다. 괴로움의 이 바다를 건너 피안으로 돌아가, 선지식들이 누렸던 온전한 자유, 온전한 본래 모습을 지금 이 자리에서 실현시켜야 한다. 그래서 산사의 새벽 종소리는 오늘도 우리의 잠을 깨우고 있다. 수행인으로서 기울이는 우리의 이런 노력은 훗날 말로 표현할 수 없을 만큼 큰 혜택으로 돌아올 것이다.

눈만 뜨면 부처의 소식이요 깨달음의 노래여서 빛과 어둠이, 중생과 부처가 따로 존재하는 것이 아니건만, 지금 우리가 살아가고 있는 현주소는 아직도 미망 속을 헤매고 있는 것이 아닌가. 그런 우리 자신을 돌아보고 새롭게 나아갈 방향을 모색해야 한다.

여기에 모은 글들은 모두가 그런 방향지시등 같은 구실과 역할을 했으면 하는 발원에서 쐬어진 것들이다. 안팎이 환히 밝아지지 않아 깜박깜박 "우리 내면에 숨어 있는 본래 모습"을 잊고 사는 이들에게 산사의 풍경소리처럼 새로움으로 다가올 예화 중심의 수필에서부터, 현대물리학적 이론으로 접근해 본 불교의 가르침에 이르기까지, 그 무거움과 가벼움이 고르지 않는 책이 되어버렸다는 아쉬움이 없지 않다. 그럼에도 문득 우리들 마음을 되돌아보게 할 목탁소리 같은 구실을 할 수도 있지 않을까 싶은 바램에서, 그동안 생각해 두었던 내용들을 책으로 엮게 되었다.

  하지만 우주의 첫번째 부처님에서부터 서른세 번째 조사 스님인 혜능 대사에 이르기까지, 이 우주를 구성하는 본원의 위대한 힘과 계합하여 자유인이 된 이들이 부른 "깨달음의 노래"들은, 구도의 길에 나선 우리 모두를 크게 일깨우는 "살아 있는 할이요 방"이 될 수도 있을 것이다.

  아무쪼록 이 책을 만나게 된 누군가의 내면에서 불성의 씨가 파릇파릇 움돋는 계기가 되어줄 수만 있다면, 납승의 더없는 기쁨과 보람이 될 것이다.

2006년 歲暮에
지은이

차림표

제1부 그대 자신이 주인이다

근심걱정은 무엇을 먹고 사는가? 14
과거의 망령은 힘이 없다 18
가고 또 가다 보면 23
머무는 바 없이 머무는 도리 29
복을 받으려면 그릇부터 키워라 35
대접하는 대로 대접받는 법 41
죄는 본성이 없으니 44
거울이 존재하는 까닭 47
자기 자신을 팔아버리지 말라 51
가는 곳마다 주인이 되라 57

제2부 지금 여기에서 좋은 씨앗을 뿌려라

속일 수 없는 업의 법칙 64
뿌린 씨앗은 반드시 거둔다 ① 70
뿌린 씨앗은 반드시 거둔다 ② 77

지금 이 순간 좋은 씨앗을 뿌려라 81
사람은 죽을 때 무엇을 가지고 가는가? 86
죽어서도 가지고 가는 것 90

제3부 마음, 그 불가해한 신비

소동파는 무엇을 보았는가 96
겨자씨 속에 수미산이… 103
소를 타고 소를 찾으니 106
마음의 무한한 세계 112
자기 마음을 들여다보라 117
일체유심조 125
마음, 그 불가해한 실체를 찾아서 131

제4부 이어지는 깨달음의 등불

황금의 맥을 따라서 150
우주의 첫 번째 부처님 ● 비파시 부처님이 노래하시기를 154
우주의 두 번째 부처님 ● 시기 부처님이 노래하시기를 158
우주의 세 번째 부처님 ● 비사부 부처님이 노래하시기를 160
우주의 네 번째 부처님 ● 구류손 부처님이 노래하시기를 164
우주의 다섯 번째 부처님 ● 구나함모니 부처님이 노래하시기를 169
우주의 여섯 번째 부처님 ● 가섭 부처님이 노래하시기를 172
우주의 일곱 번째 부처님 ● 석가모니 부처님이 노래하시기를 174

첫 번째 조사스님 ● 마하가섭 존자 노래하시기를 180
두 번째 조사스님 ● 아난 존자 노래하시기를 185
세 번째 조사스님 ● 상나화수 존자 노래하시기를 188
네 번째 조사스님 ● 우바국 존자 노래하시기를 192
다섯 번째 조사스님 ● 제다가 존자 노래하시기를 195
여섯 번째 조사스님 ● 미차가 존자 노래하시기를 198
일곱 번째 조사스님 ● 파수밀 존자 노래하시기를 203
여덟 번째 조사스님 ● 불타난제 존자 노래하시기를 207
아홉 번째 조사스님 ● 복다밀다 존자 노래하시기를 211
열 번째 조사스님 ● 협 존자 노래하시기를 216
열한 번째 조사스님 ● 부나야사 존자 노래하시기를 220
열두 번째 조사스님 ● 마명 존자 노래하시기를 223
열세 번째 조사스님 ● 가비마라 존자 노래하시기를 226
열네 번째 조사스님 ● 용수 존자 노래하시기를 229
열다섯 번째 조사스님 ● 가나제바 존자 노래하시기를 233
열여섯 번째 조사스님 ● 나후라다 존자 노래하시기를 237
열일곱 번째 조사스님 ● 승가나제 존자 노래하시기를 242
열여덟 번째 조사스님 ● 가야사다 존자 노래하시기를 247
열아홉 번째 조사스님 ● 구마라다 존자 노래하시기를 251
스무 번째 조사스님 ● 사야다 존자 노래하시기를 255
스물한 번째 조사스님 ● 바수반두 존자 노래하시기를 260
스물두 번째 조사스님 ● 마나라 존자 노래하시기를 265
스물세 번째 조사스님 ● 학늑나 존자 노래하시기를 269
스물네 번째 조사스님 ● 사자 존자 노래하시기를 274
스물다섯 번째 조사스님 ● 바사사다 존자 노래하시기를 279

스물여섯 번째 조사스님 ● 불여밀다 존자 노래하시기를 286
스물일곱 번째 조사스님 ● 반야다라 존자 노래하시기를 292
스물여덟 번째 조사스님 ● 보리달마 존자 노래하시기를 296
스물아홉 번째 조사스님 ● 태조혜가 대사 노래하시기를 307
서른 번째 조사스님 ● 감지승찬 대사 노래하시기를 312
서른한 번째 조사스님 ● 대의도신 대사 노래하시기를 318
서른두 번째 조사스님 ● 대만홍인 대사 노래하시기를 326
서른세 번째 조사스님 ● 대감혜능 대사 노래하시기를 335

제5부 십우도―나를 찾아 떠나는 여행

그대는 지금 어디에 서 있는가? 344
1. 소를 찾아 나서다 (尋牛) 347
2. 소의 자취를 보다 (見跡) 350
3. 소를 발견하다 (見牛) 353
4. 소를 얻다 (得牛) 355
5. 소를 길들이다 (牧牛) 358
6. 소를 타고 집으로 돌아오다 (騎牛歸家) 361
7. 소를 잊고 사람만 남다 (忘牛存人) 364
8. 사람도 소도 모두 잊다 (人牛俱忘) 367
9. 근원으로 돌아가다 (返本還源) 369
10. 저자에 들어가 중생을 돕다 (入鄽垂手) 372

1
그대 자신이 주인이다

근심걱정은 무엇을 먹고 사는가?

 하늘이 무너질까 봐 걱정해 본 적이 있는가?
 먼 옛날, 중국의 기국(杞國)이라고 하는 작은 나라에 그런 사람이 있었다. 그 사람은 하늘이 내려앉지 않을까 걱정하고, 땅이 푹 꺼져서 집이며 가재도구 등 모든 것을 삼켜 버리지 않을까 걱정했다. 언제부터인지 지금 당장 하늘이 무너져 내린다면 어쩌나 하는 걱정 때문에 잠조차 제대로 이룰 수 없는 형편이 되었다. 그는 자나 깨나 걱정이었다. 음식조차 제대로 넘길 수 없어서 몸이 바싹 말라 갔다. 이대로 가다가는 하늘이 무너져서가 아니라 제 풀에 죽게 될 것이 뻔했다. 이를 보다 못한 어떤 현자가 그에게 일러주었다.
 "여보시오, 하늘은 기(氣)로 이루어져 있어서 무너지거나 깨어지는 일이 있을 수 없소 내려앉는 일도 없을 것이오 쓸데

없는 걱정으로 자기 자신을 괴롭히지 마시오."

　　열자(列子)의 천서편(天瑞篇)에 나오는 이 이야기를 한낱 웃음거리로만 여긴다면 그 사람은 십중팔구 자기 마음의 거울을 들여다볼 생각을 좀처럼 해본 적이 없는 사람일 것이다. 쓸모없는 걱정거리로 부질없이 에너지를 소모하지 않을 줄만 안다면, 그런 사람은 이미 성인의 반열에 들어섰다고 보아도 좋지 않을까.
　　미국의 어느 대학 심리학과 팀이 연구 조사한 결과에 따르면, 사람들의 걱정거리 중 40%는 실제로 일어나지 않을 일에 관한 것이고, 30%는 이미 지나간 일이어서 되돌릴 수 없는 것이고, "비가 오면 어쩌나?" 등의 시시콜콜한 잡동사니 걱정이 22%라고 한다. 정작 근심해야 할 걱정거리는 8%에 지나지 않는다는 것이다. 그 8% 중에서도 정말로 머리를 싸매고 걱정해야 할 만한 일은 어느 정도일까? 아마 거의 전무할 것이다.
　　정말로 걱정할 만한 일이라 할지라도 스스로 물어볼 필요가 있다. 그것을 걱정함으로써 내 힘으로 바꿀 수 있는 대목이 있는가? 대개는 자기 힘만으로는 해결할 수 없고, 다른 사람들의 협조를 끌어내야 가능한 일일 것이다. 인생사의 대부분은 사람들끼리의 모듬살이에서 생기는 일이지, 단독적인 일이란 거의 없기 때문이다. 다른 사람들의 협조를 끌어내야 한다면, 걱정하는 대신 직접 행동으로 나서서 만나고, 대화하고, 편지를 쓰는 등의 활동을 펼쳐야 한다. 일의 성사 여부는 하늘에 맡기고 근심 걱정 탁 털어버리고 최선을 다해 뛰어야 한다.

　내 힘으로 바꿀 수 없는 일이라면 걱정하고 앉아 있을 일이 아니라 주위의 도움을 받기 위해 뛰어야 하고, 내 힘으로 바꿀 수 있는 일이라면 걱정할 필요가 없이 직접 행동으로 실천하면 된다.

　쓸모없는 근심 걱정은 백해무익하다. 근심 걱정을 끌어안고 있는 것은 자기 자신에게 병의 요인이 되는 독을 먹이는 행위나 다름이 없다. 근심 걱정으로 불안해하면, 우리 몸은 아드레날린과 노르아드레날린이라는 호르몬을 분비하게 되는데, 이는 독소나 마찬가지다. 근심 걱정은 자기 자신을 잘 되게 하고 싶은 욕심에서 생기는 것인데, 결과적으로는 잘 되게 하기는커녕 오히려 자신을 망치는 결과를 낳게 된다.

　근심 걱정은 쓰레기 같은 것이다. 쓰레기는 쓰레기통 속에 집어넣으면 된다. 마음에 품고 있으면 소중한 자기 자신을 쓰레기통으로 만드는 짓이다. 쓰레기만 잔뜩 안고 산다면 몸에 병이 나지 않는 것이 오히려 이상한 일이다.

　근심 걱정은 무엇을 먹고 무성해지는가? 근심 걱정은 집착을 먹고 자란다. '나'라는 것을 애지중지 잘 먹이고 잘 입히겠다는 욕심에서 비롯된다. 더 귀하게 대접받고 더 높임을 받겠다는 집착 때문에 치솟는 욕심이 근심 걱정을 무성하게 자라게 만든다.

　집착은 무엇을 먹고 무성해지는가? '나'라는 것은 항상 변화하여 무상한 것인데도 고정된 무엇이 있다고 생각하여 '나'의 번성을 바라고 구하기 때문에 집착이 생긴다. 딱히 '나'라고 할 만한 것은 존재하지 않는다.

　남녀간의 사랑은 꿈과 같아서 만나면 반드시 헤어지게 마련이고, 어떠한 부귀 영화도 근심과 슬픔이 따르게 마련이다. 결국은 한 줌 흙으로 사라지고 말 육체의 아름다움과 잠시 동안의 화려함은 진정 자존심으로 내세울 만한 것이 못 된다.

　이런 속성을 속속들이 깨달아 앎으로써 우리는 근심 걱정의 어둠을 부처님이 가르치신 진리의 빛으로 녹일 수 있다. 어둠은 물리치려고 애쓸 필요가 없다. 진리의 등불만 밝히면, 어둠은 저절로 뒷걸음친다. 근심 걱정을 물리치는 법이 이와 같다.

과거의 망령은 힘이 없다

　일체의 존재는 영원하지도 않고, 딱히 고정되어 불변하는 것도 아니며, 실체가 있는 것도 아니고, 고유의 자성(自性)을 갖고 있는 것이 아니다. 사물과 존재의 본질을 가리켜 보이는 이런 무상성(無常性)은, 우리 몸의 경우에도 어김없이 들어맞는다. 우리 몸을 이루는 것은 결국 60조 개에 달하는 세포들이지만, 하루에도 수백만 개의 세포들이 태어나고 죽어서 어느 한 순간도 몸의 구성인자들이 똑같은 경우가 없다. 바로 한 찰나 이전의 내 몸과 한 찰나 이후의 내 몸은 결코 똑같다고 할 수가 없다. '나'라고 하는 순간, 그 '나'는 이미 변해 있으니 그 어느 것을 '나'라고 고정되게 말할 수 있을 것인가.
　'나'라고 고정시킬 수 있는 존재는 없지만, '나'라는 존재가 존재하지 않는 것도 아니다. 60조에 달하는 세포들은 딱히

정해지지 않는 '나'라는 존재를 유지하기 위해 사력을 다하여 서로 협조한다. 바이러스가 침입하거나 암세포가 발생하면, 백혈구들은 주변의 세포들에 응원을 청하여 함께 마구잡이로 괴사시킨다. 암세포라고 하여 우리 몸의 일부가 아닌 것은 결코 아니다. 암세포도 우리의 일부를 구성하지만, 일정한 숫자 이상으로 세력을 확보하지 못하면 자기주장을 하지 못할 뿐이다.

건강한 생명을 구가하고 있다는 것은 우리 몸을 구성하는 60조 개의 세포들이 긴밀하게 협조 체제를 구축하고 있어 조화와 균형 상태에 있다는 이야기일 뿐, 이 조화와 균형 상태가 깨지는 것은 아주 쉬운 일이다. 한 순간에도 무너질 수 있다. 수많은 조건이 들어맞아 오늘 이 순간 가상의 나를 떠받치고 있는 것일 뿐이다.

인체를 구성하는 세포들은 저마다 수명이 다르다. 위벽 세포는 이틀을 살고, 정자 세포는 2~3일을, 대장 세포는 3~4일을 살다 죽는다. 피부 세포는 2~4주를 살고, 적혈구는 4개월을 산다. 이렇게 격동하는 변화의 한가운데에 있으니, 한 순간도 우리 몸을 구성하는 세포가 똑같을 수 없다.

"한 강물에 두 번 목욕할 수 없다"는 헤라클레이토스의 명언이 어찌 강물에만 해당되겠는가? 우리 몸도 마찬가지다. 어제의 나와 오늘의 나는 엄연히 다르다. 시시각각 우리가 먹는 음식과 마음가짐에 따라 달라진다. 정해진 나는 있을 수 없는 것이다.

고정된 것이 아니어서 붙잡을 수 없다는 점에서는 시간 또한 마찬가지다. "지금 시각은 몇 시"라고 말하는 순간, 그 시각은 이미 지나가 버린 시각이다. 그러니 어느 누구도 정확한 시각을 말할 수 없다. 시간은 한 순간도 머무르지 않는다. "머무르고 싶은 순간들"이란 한낱 인간의 꿈일 뿐, 현실에서는 결코 이루어질 수 없다.

공간 또한 마찬가지다. "멈춰 서 있다"는 것은 이론상 가능한 일일 뿐, 인간이든 사물이든 한 순간도 고정된 자리에 멈춰 서 있을 수가 없다. 자전과 공전을 하는 이 지구 위에서 어찌 한 순간이라도 고정된 자리에 멈춰 서 있을 수가 있겠는가.

지구가 도는 속도는 상상하기 어려울 정도로 빠르다. 자전 속도가 시속 1,660km이니, 한 시간에 서울과 부산을 두 차례 이상 왕복할 수 있는 속도다. 공전 속도는 더 어마어마하다. 시속 108,000km이니, 초속으로 따지면 29.8km 정도이다. 똑딱 하는 순간에 30km 가까이를 진행하는, 어떠한 롤러코스터보다 더 빠른 기구를 타고 여행하고 있는 셈이다.

이렇듯 한 순간도 똑같을 수 없고, 한 순간도 멈춰 설 수 없는 인생을 살면서도, 우리 인간들은 기이한 착각 속에서 "영원히 변하지 않을 무엇"이 있는 것처럼 집착한다. 그러한 착각이야말로 이 인생을 영위하게 하는 힘의 원천이기도 하지만, 동시에 우리 스스로를 감옥에 가두는 요인이기도 하다.

그렇다고 해서 전생이 존재하지 않는 것도 아니고, 내생이 존재하지 않는 것도 아니다. 전생에서 현생으로, 현생에서 내생으로 이어지는 업이 작용하지 않는 것도 아니다. 그것은 엄연히 존재한다. 한강이든 낙동강이든 나일강이든 미시시피강이든 특정한 이름을 가진 고유의 강이 존재하지 않는다는 것이 아니다. 강은 엄연히 존재하지만, 각각의 강이 갖는 속성 자체는 고정된 무엇이 아니라는 것이다.

그 무엇도 붙잡을 수 있는 것은 없다. 붙잡을 수 없는 본질에 충실하게 살수록 우리는 자유인이 된다. 본질에 맞지 않게 붙잡으려 드는 것은, 결국 그것이 부질없는 것이었음을 자각하는 것으로 막을 내리게 된다. 신기루를 좇아가는 사람의 말로는, 붙잡을 수 있는 실상이 아니었음을 깨우치는 것이다. 욕망의 드라마는 결국 잡을 수 없는 것을 잡으려고 했다는 허망함 속에서 꿈을 깨는 것으로 막을 내린다.

지나간 과거는 힘이 없다. 흘러간 개울물로는 물레방아를 돌릴 수 없다. 과거에 사로잡혀 이 생각 저 생각 굴려 보았자 과거는 바꿀 수 없다. 과거가 존재하는 것은 오직 현재를 위해서일 뿐이다. 모든 일은 과거도 아니요 미래도 아닌 지금 이 순간에 일어난다. 아무리 위대한 발견이나 발명도 모두 "지금 이 순간"에 이루어지는 것이다.

어느 음식점에 "내일은 공짜"라는 기이한 네온사인 간판이 걸린 것을 본 적이 있다. 내일은 공짜로 음식을 제공하겠노라는 공약은 영원히 공짜로 줄 수 없다는 다짐이나 마찬가지다.

하지만 사람들은 오늘 공짜든 내일 공짜든, 공짜라는 말만 들으면 저절로 기분이 좋아진다. 그 음식점 간판은 영원히 공짜로 줄 수 없다는 뜻을 지나가는 모든 이들에게 애교 있게 전달하고 있었다.

이미 지나간 과거에 대해서도 사로잡히지 말아야 하지만, 내일에 대해서도 힘을 팔지 말아야 한다. 과거와 꼭 마찬가지로, 내일의 희망이라는 것도 사실은 아무런 힘이 없다.

존재하는 것은 오직 지금 이 순간뿐이다. 이미 지나간 일을 놓고 연연할 필요도 없고, 아직 오지 않는 미래에 하겠다고 지금 이 순간을 헐값에 팔아넘겨서도 안 된다. 지금 이 순간을 살자!

가고 또 가다 보면

의심이 깊어지면 화두를 들지 않아도 자연 화두가 이어지리니, 문득 환희심을 내지 말지니라. 잘 되든 안 되든 내버려두고 늙은 쥐가 나무궤를 쏠듯이 오직 화두에만 전념하라.
만약 앉은 가운데 미묘한 정력(定力)을 얻거든 잘 간수할지니, 다만 억지로 용을 쓰지 않는 것이 묘함이 되나라. 만약 용을 써서 화두를 들게 되면 정(定)의 경계가 흩어지리라.
　　　　　　　　　　　　　　　　　－몽산 법어 중에서

'감금과 탈출'이라는 주제는 영화나 소설에 자주 등장하는 인기 있는 주제 중 하나이다. 수십 년 동안 감금된 감옥에서 마침내 자유와 해방을 맞게 된 주인공의 행로는 관객들에게 통쾌한 카타르시스를 선사한다. 더스틴 호프만이 주연으로 이름을 떨친 『빠삐용』이 그렇고 『쇼생크 탈출』이나 『몬테 크리스트 백작』 역시 그렇다. 정신병동이라는 폐쇄된 조직 사회에서의 탈출을 그린 『뻐꾸기 둥지 위로 날아간 새』 역시 동일한 주제를 다루고 있다고 할 수 있다.

왜 이런 주제가 인기를 끌까? 교도소는 우리들 인생의 축소판이라고 할 수 있다. 이 인생이라는 무대 위에서 살아가는 사람들의 절대 다수는 자기 인생을 살면서도 자기 뜻대로, 마음대로 자유를 누리면서 산다고 생각하지 않는다. 마음껏, 자기 뜻을 펴면서 산다는 사람은 극소수에 지나지 않는다. 모두가 '창살 없는 감옥'에서 '보이지 않는 벽'에 갇혀 살아가는 것 같다.

왜 사느냐고 물으면, 어느 시에 등장하는 것처럼 여유 있게, 천진스럽게 "그냥 웃을 수 있는 사람"을 현실에서는 참으로 만나기 어렵다. '마지못해서 산다'는 사람, '어쩔 수 없이 산다'는 사람, '죽지 못해서 산다'는 사람, '자식 새끼들 때문에 산다'는 사람이 모르긴 몰라도 과반수는 훨씬 초과하는 것 같다.

어쩌다 이렇게 되어 버렸을까? 젊은 날의 꿈들은 다 어디로 갔는가? 언제부터 마지못해 끌려가는 듯한 삶이 되어 버렸나? 자기 인생을 살면서도 부자유를 느끼는 사람들은, 시원스런 탈출로 귀결되는 감옥 영화에 매료될 것이 당연하다.

탈출을 꿈꾸고 시도하는 사람에게는 그래도 희망이 있다. 『쇼생크 탈출』에 나오는 브룩스라는 인물은 50년 이상을 감옥에서 지내다보니 교도소 생활에 오히려 길들여져서 사회로의 복귀를 오히려 두려워한다. 가석방되어 출소하지만 사회에 적응하지 못하고 끝내 자살하고 마는 그의 여정은, 길들여진다는 것의 무서움에 대해 새삼 일깨워준다. 삶이라는 감옥, 자기라는 에고의 성에 갇혀 살면서도 탈출은 아예 꿈도 못 꾸는 이들이 적지 않은 것이다. 감옥에 갇히는 것보다 무서운 것은, 감옥에 갇혀 살면서도 그곳이 감옥인 줄도 모르는 채 자신의 자유를 당연히 저당잡히고 자신의 권리를 포기하는 것이다.

거기에 비해 『쇼생크 탈출』의 주인공 앤디 듀프레인은 악명 높은 쇼생크 감옥의 무기수라는 상상할 수 없는 절망 속에서도 희망의 실낱을 붙잡고 19년을 버티다 마침내 자유의 품속에 안긴다.

앤디는 어떤 인물인가? 촉망받는 은행간부였다가 부인과 그녀의 정부를 살해했다는 누명을 쓰고 종신형을 선고받은 그는, 악질만 모여 있다는 쇼생크 감옥에 수감되어 동료 죄수들에게 강간을 당하는 등 야만적인 대우를 받는다. 나름대로 감옥 생활에 적응해 가던 중 신참 토미의 죽음을 계기로 탈옥을 결심한다.

앤디는 탈출을 위해 무려 20년의 세월을 쏟아붓는다. 육체파 배우 마를린 먼로의 멋진 포스터로 벽을 가려놓고, 시간이

날 때마다 조그만 망치로 바위를 쪼개고 흙을 파내어 길고 좁은 터널을 완성해 낸다.

앤디가 맞은 자유의 햇살은, 쥐가 나무궤를 쏟듯이 화두에 몰입하라는 『몽산 법어』를 생각나게 한다. 20년의 세월을 한결같이 자유의 햇살을 향해 조금씩 나아갔던 앤디의 심정은 어땠을까. 화두를 챙겨들고 몰두하는 선객처럼 오로지 자유의 품에 안기겠다는 일념만으로 굴을 파 나갔겠지만, 앤디에게는 틀림없이 자기 자신을 절제할 줄 아는 놀라운 평정심이 있었을 것 같다.

처음에는 두렵고 떨리는 마음으로 망치를 들었겠지만, 그것만으로는 일을 성사시킬 수 없다. 의욕만 앞서면 일이 성사되기는커녕 오히려 화만 자초하기 십상이다. 성취를 위해서는 자기 마음을 항복받을 수 있어야 한다. 한 번의 망치질에 나아갈 수 있는 진도가 어느 정도나 될까? 답답할 정도로 미미한 것에 지나지 않을 것이다. 과연 그렇게 해서 어느 세월에 가능하겠느냐는 의심이 솟고 또 솟을 것이다. 하지만 그런 의심을 다 떨쳐버릴 수 있어야 한다. 거의 도사와도 같은 경지에서, '함이 없는 함'으로 망치질을 하고 또 해야 한다.

그러면서도 그는 불가능하다는 생각은 추호도 하지 않았을 것이다. 처음에는 망치질에 지나칠 정도로 힘이 들어갔을지 모르지만, 나중에는 힘을 조절하는 방법을 터득하여 평상심으로 망치질을 할 수 있었으리라.

화두는 드는 방법도 이와 비슷하지 않을까. 앤디가 망치질로 굴을 파 나가 자유의 푸른 하늘을 보았듯이, 화두를 붙들고 가고 또 가다 보면, 어느 날 문득 가을 하늘처럼 맑고 푸르른 경계를 만날 날이 올 것이다.

그런 활짝 트인 경지를 몽산 선사는 이렇게 기록하고 있다.

한번은 발밑이 땅에 닿지 않고 공중에 둥둥 뜬 듯하더니, 홀연 눈앞의 검은 구름이 활짝 걷히는 듯하고 마치 금방 목욕탕에서라도 나온 듯 심신이 상쾌하였다.

마음에는 화두에 대한 의단(疑團)이 더욱더 성하여 힘들이지 않아도 순일하게 지속되었다. 모든 바깥 경계의 소리나 빛깔이나 오욕이 들어오지 못해 청정하기가 마치 은쟁반에 흰 눈을 듬뿍 담은 듯하고 청명한 가을 공기 같았다.

'확연히 깨치지 못하면 내 결코 자리에서 일어나지 않으리라' 스스로 맹세하고 배겨냈더니 달포만에 복구되었다. 그 당시에는 온몸에 부스럼이 났는데도 불구하고 목숨을 걸고 정진한 끝에 힘을 얻었다. 재(齋)에 참례하려고 절에서 나와 화두를 들고 가다가 재가(齋家)를 지나치는 것도 알지 못했다. 이렇게 하여 다시 동중공부(動中工夫)를 쌓아

얻으니, 이때 경지는 마치 물에 비친 달과도 같아 급한 여울이나 거센 물결 속에 부딪쳐도 흩어지지 않으며, 놓아 지내도 또한 잊어지지 않는 활활발발한 경지였다.

머무는 바 없이 머무는 도리

쥐가 나무궤를 쏠고 또 쏠면 쥐는 결국 궤짝 안에 든 것을 자기 것으로 소유할 수 있다. 시간을 의식하지 않고 한결같이 굴을 파내면 죄수는 결국 자유의 햇살에 미역을 감을 수 있다. 자나깨나 화두를 품고 사는 사람은 결국 윤회의 감옥에서 벗어나 자유의 푸른 하늘을 만끽할 수 있게 된다. 가고 또 가다 보면 마침내 애초의 희망이 성취되는 기쁨을 맛보게 되는 것이다.

바라고 원하는 것을 마침내 자기 영토로 편입시키기 위해서는 여러 가지 조건이 필요하다. 무엇보다도 흔들리지 않는 마음으로, '함이 없는 함'으로, 하고 또 하면 된다는 것에 대해서는 앞에서도 이야기한 바 있다.

'함이 없는 함'으로 한다는 것은 무엇인가? 이것은 실로 어렵고도 어려운 길인가 하면, 더할 나위 없이 쉬운 길이기도 하다. '함이 없이 한다'는 것은, 걸림이 없다는 것이다. 마음에 걸리지 않고 무슨 일인가를 도모하고 추구하고 성사시키기 위해서는, 진정 자유로운 정신의 소유자라야 할 것이다. 희망을 품으면서도 희망에 걸리지 않을 수 있는 길은 어디에 있을까? 욕심을 품으면서도 욕심에 걸리지 않는다는 것이 당치나 한 소리인가?

'함이 없는 함'을 금강경에서는 '응당 머무는 바 없이 그 마음을 내라(應無所住 而生其心)'라고 표현한다. 어린 나이에 부친을 여의고 매일 장작을 팔아서 늙으신 어머니를 봉양하며 살던 육조 혜능 대사는, 시장에 나갔다가 어떤 불자가 이 구절을 읽는 소리를 듣고 크게 발심을 하여 구도의 뜻을 세우기에 이른다.

한낱 나무꾼에 지나지 않았던 젊은 날의 혜능 대사는 '머무는 바 없이 마음을 내라'는 그 말을 듣는 순간, 거기에 삶의 오묘한 도리가 감추어져 있음을 직감했던 것이 아닐까.

어느 분야에서든 달인이 된 사람은 '하는 것 같지 않게' 자기 일을 해치운다. 서예의 대가가 붓을 놀릴 때도 아무런 머뭇거림이나 망설임이 없이 달려간다. 슥슥 아무 노력도 없이 붓을 놀리는 것 같은데도 금세 걸작이 탄생한다. 장작을 팰 때도 능숙한 사람은 별로 힘이 들어가지 않는다. 대수롭지 않게 내려치는데도 경쾌한 소리와 함께 통나무가 갈라진다. 달인들이 척척 아무 걸림 없이 자기 일을 해치우듯이, 깨달은 이들도

'머무는 바 없이 마음을 내어' 아무런 걸림이 없이 이 여정을 통과해 가는 것이 아닐까.
　『금강경』에는 이렇게 나와 있다.

　수보리야, 수행하는 자는 눈으로 보는 것(色), 귀로 듣는 것(聲), 코로 냄새 맡는 것(香), 혀로 맛보는 것(味), 몸으로 느끼는 것(觸), 마음으로 생각하는 것(法) 들에 집착하는 마음을 일으키지 말아야 한다. 머무는 바 없이 그 마음을 내야 한다.

　不應住色生心 不應住聲香 味觸法生心
　應無所住 以生其心

　'머무는 바 없이 마음을 내라'는 것은 '집착하지 말라'는 것과 그리 다르지 않을 것이다. 우리 마음이 괴로운 것은 집착 때문이다. 마음이 갖고 싶은 것, 누리고 싶은 것에 '머물게 되면' 애착과 번민이 생기고, 애착과 번민은 인생을 고통의 바다로 만든다.
　머무는 바 없이 마음을 내려면, 우리가 갖고 싶어하고 누리고 싶어하는 그것들의 무상(無常)한 성질을 투철히 알아야 한다. 갖고 싶은 마음을 내어 그것을 소유하게 되었다고 할지라도 그것은 임시로 잠시 내 곁에 머문 것일 뿐, 결코 영원한 것이 못 된다. 언젠가는 떠나보내야 할 것들이다. 떠나보내야 할 것들이기에 거기에 집착할수록 헤어질 때의 아픔이 클 수밖에 없다.

몸을 지니고 사는 이 '나'도 임시로 지어진 가짜의 집이고, 이 가짜의 집에 가짜의 내가 두고 싶어하는 것들 역시 임시로 주어지는 가짜의 것들일 뿐이다. 진짜라고 생각하여 오래 머무르고 싶어하고, 더 많이 누리고 싶어할수록, 헤어질 때의 비극은 더 커진다.

설봉 선사는 어느 수행승에게 이렇게 말했다.
"나는 빈손으로 집을 나왔다가 다시 빈손으로 돌아간다."

영원한 것이라고 생각하여 집착하는 마음이 클수록 살아가는 동작 하나하나에 힘이 들어가게 된다. 잔뜩 홈런을 노리는 타자일수록 삼진 아웃이나 범타에 그치는 것처럼, 욕심이 잔뜩 들어간 인생살이의 타자들은 일찌감치 아웃되기 일쑤이다. 머무는 바 없이 머무는 도리를 터득함이 없이 이 욕심 저 욕심에 부딪치고 걸려 넘어지면, 상처와 병밖에 얻을 것이 없다.

성취하고자 하는 것이 무엇이든 마찬가지이다. 부자 되고 싶은 욕심이 태산처럼 높다고 해서 부자 되는 것 아니고, 이름난 과학자가 되고 싶은 욕심이 하늘 높은 줄 모른다고 해서 뭇사람들에게 존경받는 업적을 쌓을 수 있는 것이 아니다. 노벨상을 욕심낸다고 노벨상과 한치라도 가까워지는 것이 아니다.
    부자가 되려면 돈을 버는 일 자체가 신이 나야 한다. 과학자가 되려면 학문이 흥미롭고 재미있어야 한다. 부자가 된다, 과학자가 된다, 유명인이 된다는 것은, 자신이 하는 일들에 대한 결과인 것이지 목표 자체가 될 수 없다. 극중 인물에 심취하여 열심히 연기를 하다 보니 스타가 되어 있더라고 말하는 유명인이 대부분이다. 애초에는 스타가 되겠다는 뜻과 포부를 지녔을지 모르지만, 그런 목표를 잊고 자기 할 일을 재미있게, 열의를 다하다 보니 애초의 목표도 성취할 수 있게 된 것이다.
    세상적인 성공의 안타나 홈런을 날리려면, 몸에 힘을 빼야 한다. 홈런이나 2루타, 3루타를 치겠다고 결심하는 것은 바보스러운 짓이다. 정확하게 맞추어서 있는 힘껏 치다 보면 2루타도 되고, 홈런도 된다. 홈런이나 장타를 먼저 의식하는 사람은, 자기 욕심에 걸려 넘어지게 마련이다.
    이런 원리는, 깨달음에 있어서도 예외가 아닐 것이다. 화두를 안고 정진을 하다 보면 어느 날 갑자기 깨달음의 선물이 주어지는 것이지, 수행 없이 깨달음을 이루려는 것은 부처님이 비유하셨듯이 모래로 밥을 지으려는 것과 같을 것이다.
    노벨상을 받고 싶다면, 노벨상 따위는 까맣게 잊어버려야 한다. 노벨상 따위는 잠재의식의 한 구석에 처박아두고, 자기 분야에서 열심히 정진하는 것이 오히려 노벨상과 가까워지는 지름길이다.

　깨달음 역시 마찬가지일 것이다. 깨닫고야 말겠다는 욕심은 잠재의식의 한 구석에 처박아두고, 이 우주의 원리가 무엇인지 열심히 화두를 들다 보면 어느 날 갑자기 몸 속 마음 속 머릿속이 환하게 밝아지는 것이 아닐까.

복을 받으려면 그릇부터 키워라

진묵대사(震默大師)는 법력이 과연 어느 정도였는지, 신비의 베일에 감추어져 있는 스님이시다. 석가모니 부처님의 화신으로까지 일컬어졌던 스님의 행적에 대해서는 초의(草衣)선사가 지은 『진묵조사유적고 震默祖師遺蹟攷』에 스님이 행하신 것으로 알려진 18가지 무애행이 기록되어 있을 뿐이고, 다른 행적들은 모두 세간에 회자되어 온 것들이다.

진묵 스님은 조선 명종17년(1562) 전북 김제군 만경면 불거촌(佛居村)에서 태어나 7세 때 전주 봉서사로 출가했으며 1633년 봉서사에서 열반에 드셨다.

진묵 스님은 이미 계율의 틀을 넘어선 경지에 들어가 계신 선지식으로, 곡차를 즐겨 마셨던 것으로 알려져 있다. 술 마시는 것을 타박하는 사람들에게 쌀과 누룩으로 만들었으니 곡차이지, 왜 술이냐 했다고 한다. 술을 마셔도 취하기는커녕 피로가 풀리고 기분이 상쾌해지니 곡차인 것이 분명하다는 것이다. 곡차를 동이째로 마시고 읊으셨다는 게송은 언제 읽어도 답답한 가슴을 탁 틔워주는 통쾌한 절창이다.

    하늘을 이불 삼고 땅을 자리 삼고 산을 베개 삼아
    달을 촛불 삼고 구름을 병풍 삼고 바다를 잔을 삼아
    크게 취하여 일어나 춤을 추니
    긴 소매 곤륜산에 걸릴까 걱정이네.

평소 가난한 살림으로 고생하는 어느 부부를 안쓰럽게 여기던 스님은, 칠월칠석날 부부를 찾아가 단단히 일렀다.
"오늘밤에는 특별히 칠성님들을 모셔다가 대접하려고 하니, 자정까지 일곱 개의 밥상을 차리도록 하십시오. 복을 받으려면 먼저 복을 지어야 하지 않겠소?"
이들 부부도 진묵 스님이 대단한 신통력을 지닌 대도인이라는 것은 익히 알고 있었다. 어떻게든 큰스님이 자신들을 잘 살게 해주실 것임을 믿은 부부는 열심히 손님맞이할 준비를 하기 시작했다. 온갖 정성을 다하여 맛있는 음식을 장만하여 마당에다 자리를 펴고 일곱 개의 밥상을 차렸다.
밤 12시 정각이 되자 진묵 스님이 마침내 일곱 분의 손님을 데리고 집안으로 들어왔다. 하지만 이게 웬일인가? 아무리

이리저리 뜯어보아도 거룩한 칠성님의 모습은 아니었다. 하나같이 눈가에는 눈곱이 붙어 있고 콧물까지 줄줄 흐르고 있는 것이 아닌가?

'큰스님도 참, 저런 거지 영감들을 어디서 데리고 왔노? 복을 받으려면 먼저 복을 지어야 한다고? 저런 거지들한테 복을 지어 봤자 무슨 수로 복을 받는담? 복 받기는 다 틀려 버렸네.'

부부는 기분이 크게 상하여 손님들에게 인사도 하지 않았다. 부부는 부엌으로 들어가더니 솥뚜껑을 쾅쾅 여닫고 바가지를 서로 부딪혀 깨면서 소란을 피웠다. 진묵 스님의 권유로 밥상 앞에 앉았던 칠성님들은 자신들이 초대받지 않은 손님이 되었음을 눈치채고, 하나 둘 자리에서 일어나 떠나가기 시작했다. 마침내 마지막 칠성님이 자리에서 일어서려고 하자 진묵 스님이 붙잡고 통사정을 했다.

"저를 봐서라도 한 숟갈만 드시고 가십시오."

진묵 스님이 매달리자 일곱 번째 칠성님은 차마 뿌리치지 못하고 밥 한 술을 뜨고, 국 한 숟갈을 먹고, 반찬 한 젓가락을 집어 드신 다음 떠나갔다. 진묵 스님은 부부를 불러 호통을 쳤다.

"여보시오, 도대체 하는 짓마다 왜 그 모양이오? 그대들을 위해 칠성님들을 모셨는데, 손님들 앞에서 그런 패악을 부리다니! 단 한 시간도 참지를 못해서 그 많은 복을 다 날려 버려요?

아이쿠 참…"

진묵 스님은 돌아서서 집을 나오다가 한 마디를 더 던졌다.

"그래도 마지막 목성대군이 세 숟갈을 잡수셨기 때문에 앞으로 3년은 잘 살 수 있을 것이오."

이튿날 부부는 장에 나갔다가 돼지 한 마리를 사 왔다. 헐값에 사온 이 돼지가 며칠이 지나지 않아 새끼를 열두 마리나 낳았고, 이놈들이 모두 부지런히 잘 자라 주어 몇 달이 지나자 집안에는 돼지가 가득하게 되었다. 돼지들을 팔아 암소를 샀는데, 그 암소가 송아지 두 마리를 한꺼번에 낳았다.

진묵 스님의 말대로, 가난했던 부부의 살림살이는 3년 동안 몰라보게 불어났다. 하지만 만 3년째 되는 날, 돼지우리에서 불이 나더니, 불이 외양간으로 옮겨붙고 다시 안채로 옮겨 붙어, 모든 재산이 한 순간에 사라지고 말았다. 3년의 복이 다하자 박복하기 그지없는 본래의 거지 신세로 돌아간 것이다.

오늘 내가 누리는 복의 양과 질은 과거에 내가 지은 복의 씨앗이 자라서 열린 열매다. 열매가 보잘것없다면 과거에 내가 뿌린 것이 그만큼 보잘것없음을 깊이 들여다보고 참회하여야 한다. 부처님이나 하느님이 복을 내리는 것이 아니다. 부처님이나 하느님께 빌고 또 빌어서 복을 받을 수 있을지는 모른다. 하지만 근본적으로 복이란 누구한테 빌어서 받고 빌지 않으면 받을 수 없는 것이 아니다. 복은 내가 짓고 내가 받는 것이다.

뿌린 대로 거둔다는 이치를 깨달아 누가 시키지 않아도 뿌릴 수 있어야 한다.

복을 짓는 데에는 조건이 필요하지 않다. 진묵 스님이 마음을 냈던 가난한 부부는 칠성님들의 외모를 보고, 복을 지어도 돌려받을 만한 상대가 아니라고 지레짐작하여 베풀려고 했던 마음을 거두어들이고 말았다. 우리가 대접해야 하는 사람들이 귀하고 부자인 사람들이라면 그들은 굳이 우리에게 대접을 받아야 할 이유가 없다. 헐벗고 굶주린 자라야 한 끼 식사가 소중하고, 그런 자들을 돕는 것이 진정한 도움이다.

우주는 그 무엇도, 그 누구도 차별하지 않는다. 모두가 다 소중한 생명들이다. 생명이 생명을 위해서 사랑을 베풀면, 그 사랑은 자기 스스로 자라고 커져서 자기 자신에게로 돌아온다.

베푸는 마음, 그것이 곧 복의 원천이다. 우리가 받는 복의 크기는 우리가 얼마나 많이 베푸느냐 하는 베풂의 크기에 정비례한다. 많이 베풀수록 많이 받는다. 베푸는 마음의 크기는 우리 자신이 되돌려 받을 복의 그릇이 아닐까. 많이 받고 싶으면 많이 베풀어야 하지만, 이것이 대가를 바라는 마음과 연결되면 안 된다. 불교에서는 무주상보시를 공덕의 초점으로 삼아 왔다.

베풀면서 베푼다는 마음이 앞서면 진정한 베풂이 될 수 없다. 진묵 스님은 가난한 부부에게 베풀고자 하는 생색을 조금도 내지 않았다. 그러나 가난한 부부는 칠성님들의 겉모양에 사로잡혀 자신들의 인색한 마음을 그대로 노출시키고 말았다.

인색한 마음을 쓰면 돌려받을 것은 인색한 마음밖에 없다. 콩 심는 데에 콩 난다는 것은 한치의 착오도 없는 우주 법칙이다. 복을 받으려면 먼저 복을 주어야 한다. 복을 베풀 마음이 없다면, 복을 받을 수 있는 그릇이 전혀 준비가 안 되어 있다는 뜻이다.

대접하는 대로 대접받는 법

　박상길이라는 나이 지긋한 백정이 장터에서 푸줏간을 하고 있었다. 어느 날 양반 두 사람이 고기를 사러 왔다.
　"어이, 상길이! 고기 한 근 달아 봐라."
　"예, 그럽지요."
　박상길은 솜씨 좋게 칼로 고기를 베었다.
　함께 온 다른 양반은 상대가 비록 백정의 신분이기는 하나, 나이가 지긋하여 말을 함부로 한다는 것이 거북스러웠다.
　"박서방, 여기도 한 근 부탁하네."
　"예, 고맙습니다."
　기분좋게 대답한 박상길이 고기를 자르는데, 먼젓번 고기보다 갑절은 되어 보였다. 먼저 양반이 화를 내며 소리를 질렀다.

"이놈아! 같은 한 근인데 어째서 이 사람 것은 크고 내 것은 작으냐?"

박상길이 바로 서서 말했다.

"그야 손님 것은 상길이가 자른 것이고, 이 어르신 고기는 박서방이 잘랐으니까 그렇지요."

세상살이의 근본은 '상대성 원리'에 다 담겨 있다. 아름다운 아가씨와 함께 보낸 한 시간은 마치 일 분처럼 짧게 느껴지고, 뜨거운 난롯가에 가까이 붙어 앉아 보낸 일 분은 마치 한 시간처럼 길게 느껴진다. 상대성 원리는 결코 어려운 것이 아니다. 사랑이 사랑을 낳고, 미움은 미움을 낳는다.

내가 소중한 존재라면, 그와 조금도 다름없이 상대 역시 소중한 존재다. 그것을 살펴서 알고, 나를 소중하게 여기듯이 상대도 소중하게 여겨야 한다. 이런 간단한 원리조차 이해하지 못하는 일들이 세상살이에는 다반사로 일어난다.

자기만 소중하고 남은 소중한 줄 모른다면, 좋은 대접을 받기는 그른 일이다.

양자(陽子)가 송나라에 가서 여관에 유숙했을 때의 일이라고 한다. 양자는 여관 주인의 부인이 둘이라는 것을 어렵지 않게 눈치 챌 수 있었다. 한 부인은 대단한 미인이었고, 다른 부인은 대단히 못생긴 얼굴이었다. 하지만 이상한 일이었다.

대단히 못생긴 부인이 오히려 주인의 사랑을 듬뿍 받고 있는 것이었다. 미모의 부인은 웬일인지 천대를 받았지만, 거기에 제대로 이의를 달지도 못하고 있었다. 의아하게 여긴 양자가 여관 심부름꾼에게 그 내력을 물었더니 심부름꾼의 대답이 이랬다.

"미모의 부인은 자신이 예쁜 것만 믿고 늘 교만하게 굴었기 때문에 오히려 미움을 받게 된 것 같습니다. 못생긴 부인은 늘 겸손한 마음을 잃지 않고 주인을 극진하게 대접하여 주인으로 하여금 못난 얼굴이라는 것을 잊어먹게 만든 것 같습니다."

죄는 본성이 없으니

　삶이 고통이고 비극인 것은, 고정된 무엇이 존재한다는 인간 스스로의 오해에서 비롯된다. 우리의 몸도 고정된 무엇이 아니고, 세상 만물도 고정된 무엇이 아니다. 고정된 것은 아무 것도 없다.
　이 인생에서 무엇을 가지려고 하고, 그것을 내내 자기 곁에 두겠다는 것은, 고정된 무엇이 있다고 오해하기 때문에 생긴다. 수증기를 자기 것으로 만들려고 애쓰는 사람이 있는가? 공기를 자기 것으로 하겠다고 손을 뻗어 움켜쥐는 사람이 있는가? 곰곰 따져보면, 무엇엔가 집착하는 우리 자신의 모습이 이와 다르지 않다.
　우리 몸뚱이는 지, 수, 화, 풍이 모였다가 흩어지는 것이다. 언젠가는 각기 흩어져서 주체적인 그 무엇도 찾아볼 수 없게 된다. 아무리 아름답게 치장을 하고 애지중지하여도 이 몸은 지수화풍 외에는 아무것도 아닌 것이다.

법구경에서는 '목숨이 다해 의식이 떠나면 철이 지난 뒤에 버려진 표주박처럼 살은 썩고 흰 뼈만 뒹굴게 된다'고 하였다. 몸뚱이는 구름과 똑같은 것이다. 지상의 수증기가 올라가 모여서 구름이 되고, 구름은 다시 언젠가는 물방울이 되어서 떨어진다. 인생살이도 이보다 더하지 않다. 세상에 태어나는 것도 뜬 구름과 같고 죽는 것도 뜬 구름과 같다.

이렇게 무상한 성질을 지니고 있는 것은, 세상을 살 동안 우리가 지니고 있는 몸뚱이뿐만이 아니다. 고정된 것은 그 무엇도 없다. 우리가 짓는 죄 또한 고정된 무엇이 아니다. 그러기에 씻을 수 없는 죄 같은 것은 애초에 있을 수 없다. 아무리 용서받을 수 없는 죄도, 고정되어 있는 무엇이 아니다. 우리의 본질이 무엇인가를 돌아보고 참회의 뜨거운 눈물을 흘리는 순간, 죄는 녹아버린다.

죄에는 고유한 본성이 없어서, 우리 마음의 작용에 따라 뭉쳐져서 나타나기도 하고 흩어져서 사라지기도 한다. 그러기에 마음먹기에 따라서는 얼마든지 죄에서 자유로울 수 있다.

구름이 하늘을 더럽힐 수 있는가. 먹구름이 끼었다고 그 배경이 되는 하늘의 존재를 부정할 수 있는가. 구름은 우리가 살아가는 동안 짓는 죄와 같고, 배경이 되는 하늘은 우리 안에서 우리를 한시도 떠날 수 없는 불성이다.

인간이 만들어 온 역사 속에는 엄청난 죄인들이 존재한다. 왕권이 절대시되던 시절에는, 반역죄인에게 삼족을 멸하는 끔찍한 처벌을 내리기도 했다. 오늘날에도 인간이 인간을 처형하는 사형제도가 존속하고 있지만, '돌이킬 수 없는 죄'란 있을 수 없다. 알면서 지은 것이든 모르고 지은 것이든 죄란 구름과도 같은 것이어서, 자신의 참모습을 돌아보는 참회의 바람이 불면 그 자리에서 다 흩어져 사라져버린다.

참회의 바람으로 번뇌의 구름을 몰아 버리면 천지가 교묘히 빛나게 된다. 우리를 어지럽게 하는 8만 4천 번뇌도 참회의 불 속으로 들어가면 한줌의 재가 되고 만다.

어떻게 해야 내 안에 참회의 바람을 불게 할 수 있을까? 어둠을 몰아낼 수 있는 방법은, 어둠과 맞서 싸우는 데에 있지 않다. 어둠과 맞서 싸우려 든다면, 천 년이 가고 만 년이 가도 어둠을 몰아낼 수 없을 것이다.

어둠에게는 빛이 최대의 적이다. 빛이 있는 곳에 어둠은 설 자리가 없다. 참회는 자기가 저지른 잘못된 자리에 빛을 불러오는 일이다. 본래 자기 안에 있는 불성의 빛을 가리고 있었음을 뉘우치는 것보다 더 큰 참회, 더 진실한 참회, 더 참회다운 참회가 있을 수 있을까.

거울이 존재하는 까닭

　인류 역사에 거울이 등장하기 시작한 것이 언제부터였을까? 부처님 당시에는 거울이 있었을까? 오늘날과 같은 거울은 없었겠지만, 청동거울 정도는 분명히 있었을 것이다.
　화엄경에는 제석천궁에 걸려 있다는 인타라망(因陀羅網)이라는 그물이 나온다. 이 그물에는 하나하나의 그물코마다에 보배 구슬이 달려 있다고 한다. 구슬은 서로를 비추기 때문에 각각의 구슬에는 다른 모든 구슬의 영상이 겹쳐서 나타난다. 무한한 수의 보배 구슬이 서로의 빛을 받아서 반사하니, 얼마나 눈이 부실까. 인타라망은 각자가 중심이면서 서로가 서로에게 영향을 받을 수밖에 없는 세계를 상징한다. 우리 모두가 각자 따로인 듯싶지만 기실은 하나인 것이다.
　인타라망을 이루는 보배 구슬은 서로를 비춘다는 점에서

거울과 똑같은 구실을 한다고 볼 수 있다.

거울이 존재하는 것은 사실, 자기 자신을 비추어 보기 위해서이다. 타인을 비추어 보기 위해서는 거울이 필요치 않다. 두 눈으로 보면 되기 때문이다.

자기 모습을 보기 위해 거울이라는 도구를 발달시킨 것은, 인간이 다른 동물과 다른 괄목할 만한 특징 중의 하나인 듯싶다. 백유경에는 거울이라는 것을 한 번도 본 적이 없는 어리석은 사람의 이야기가 나온다.

몹시 가난한 사람이 있었다. 항상 곤궁한 나머지 빚만 잔뜩 짊어진 채 허덕이면서 살았다. 그는 고향을 떠나 아무도 모르는 곳으로 가서 살기로 했다. 길을 가는 도중, 겉이 거울로 덮여 있는 보물상자를 발견했다. 그는 사방을 두리번거리며 그 보물상자를 열려고 했다. 그런데 이게 웬일인가. 웬 사람이 자기를 노려보고 있는 것이 아닌가? 그는 놀라서 얼른 합장을 하고 말했다.

"나는 상자 속에 아무도 없는 줄 알았습니다. 당신이 이 속에 있을 줄은 정말 몰랐습니다. 그러니 제발 용서해 주십시오."

거울은 타인들의 살림살이를 들여다보기 위한 도구가 아

니다. 자기 자신을 들여다보기 위해 저마다 거울을 가지고 다 닌다. 하지만 자신의 겉모습을 살피고 꾸미는 것보다 중요한 것은, 보이지 않는 마음의 거울을 통해 자기 내면을 비추어 보는 일이다.

자기 마음을 잘 비추어 보고 깨달은 자를 부처라 하고, 자기 마음을 비추어 볼 생각을 하지 못해 깨닫지 못한 자를 중생이라 한다.

고통의 바다를 넘어선 부처님과 조사스님들에게는 어떠한 비결이 있었던 것인가? 바깥 어딘가를 찾아 헤매다가 굉장한 보물을 발견하여 자기의 것으로 삼은 것이 아니다. 자기 마음을 잘 비추어 본 것뿐이다. 그리고 그 마음이란 것은 어느 누구에게나 다 갖추어져 있다.

자기 마음을 들여다보지 않은 채 아무리 바깥을 찾아 헤매면서 진리를 찾은들 아무 소용이 없다. 자기 마음을 들여다보지 않은 채 염불을 하고 경을 외우고 계를 지켜도 아무런 이익이 없다.

자기 마음의 거울을 들여다보는 사람은 자신의 욕심과 어리석음을 보게 되고, 스스로 참회하게 된다. 마음의 거울을 비추어 볼 줄 몰라 자신의 욕심과 어리석음을 보지 않는 사람은, 자기 스스로를 어둠과 고통 속에 가두게 되므로 하는 일마다 걸리고 막히게 된다. 그러니, 걸리고 막히는 일이 나에게 닥친다면 자기 마음의 거울을 바라보라는 경고의 신호탄으로 해석할 줄 알아야 한다.

자기 욕심을 들여다보고 참회를 한다는 것은, 오물이 잔뜩 들어 있는 물을 가라앉혀 맑게 한다는 것 이상의 의미가 있다. 물 자체가 깨끗해질 뿐만 아니라, 맑아진 그 물에는 푸른 하늘과 밝은 태양이 비칠 수 있기 때문이다. 참회를 하는 순간 우리 마음이 맑아짐과 더불어, 우리 자신 안에 내재된 불성(佛性)의 태양이 저절로 드러나게 되는 것이다.

자기 마음을 들여다보고 참회할 줄 아는 사람은
안개와 구름을 스스로 거두고
밝은 태양으로 하여금 자기 인생을 비추도록
행복을 초대하는 사람이다.

자기 자신을 팔아버리지 말라

모든 불행은 '나'라는 개체의 보전과 번성을 위한 욕망이 있기 때문이지만, 욕망 자체에는 아무런 잘못이 없다. 식욕과 성욕이 없다면 인류는 더 이상 생존할 수조차 없다. 그러니 욕망 자체가 죄는 아니다. 욕망이 문제가 되는 것은 욕망을 다스리고 제어할 수 있는 통제력을 상실하기 때문이다. 욕망을 다스리기는커녕 욕망에 주인 자리를 내주고 욕망의 노예가 되기 때문에 문제인 것이다.

인간이 어떤 식으로 욕망에 주인 자리를 내주는가에 대해서는 불전(佛典)에 나오는 '육창일원(六窓一猿)'의 비유에 잘 나타나 있다.

원숭이 한 마리가 여섯 개의 창문이 있는 방에 갇혀 있다.

침착성이 없는 원숭이는 여섯 개의 창문을 통해 얼굴을 내밀고는 숨고, 숨고는 내밀며, 어찌할 바를 모른다.

여섯 개의 창문이란, 인간의 여섯 가지 감각기관인 안(眼) 이(耳) 비(鼻) 설(舌) 신(身) 의(意)를 가리킨다. 눈, 귀, 코, 혀, 몸이 있고 생각이 있기 때문에 보고 듣고 냄새 맡고 맛보고 감촉하는 순간 인간은 갖고 싶다는 생각, 만나고 싶다는 생각, 보기 싫다는 생각을 일으켜서 마음을 어지럽힌다.

자신을 조금이라도 지켜본 사람이라면 우리의 마음이란 것이 나뭇가지를 붙들고 이리저리 옮겨 다니는 어리석은 원숭이처럼 잠시도 쉬지 않고 산만하다는 것을 인정할 것이다. 이 모양에 끌리고 저 소리에 끄달려서 즉각즉각 마음 내키는 대로 혀를 놀려서 스스로 화를 자초해 몸을 망친다.

정보가 범람하는 오늘날에는 옛날과는 비교할 수 없이 유혹거리가 많아졌다. 자기 마음을 들여다볼 여유도 없이 키보드나 마우스를 움직거림으로써 이 정보에서 저 정보로 옮겨 다니면서 스스로를 어지럽히는 사람들을 무수히 보았다.

파도가 사나운 바다는 하늘을 능히 비추지 못하듯이, 마음이 어지러워서는 자기 인생의 주인이 될 수 없다. 이리 끄달리고 저리 끄달리는 인생은 욕망의 노예가 될 뿐이어서, 아무런 열매도 맺을 수 없다. 바깥의 수많은 유혹거리에서 벗어나 먼저 마음을 가라앉혀야 한다.

마음을 가라앉히는 수행법에는 여러 가지가 있다. 호흡이 들어오고 나가는 것에 마음을 집중하는 방법, 염불을 반복함으로써 실제로 울림이 있든 없든 소리에 온 마음을 집중하는 방법, "이 뭣꼬?" 같은 화두를 들고 자나 깨나 앉으나 서나 큰 의심 덩어리를 안고 사는 법…

마음이 어지럽고 산란한 때는 숨을 천천히 들이쉬고 천천히 내쉬는 것만으로도 크게 도움이 된다. 호흡에 맞추어서 1부터 100까지 세고, 다음에는 거꾸로 100부터 1까지 세는 방법도 어지러운 마음을 가라앉혀 집중을 하게 해주는 효과적인 방법이 될 수 있다.

일상생활을 하면서도 숨이 들어올 때 숨이 들어오는 것을 알아차리고, 숨이 나갈 때 숨이 나가는 것을 알아차리는 것은, 쉬운 것 같지만 결코 만만치 않은 수행법이다. 오감을 통해서 오는 수많은 자극들에 반응하면서 우리는 너무나 쉽게 자기 자신을 욕망에 팔아버리기 때문이다.

비구들이여, 다시 비구는 걸어가면서 '나는 걷는다'고 분명하게 안다. 서 있을 때는 '나는 서 있다'고 분명하게 안다. 앉아 있을 때는 '나는 앉아 있다'고 분명하게 안다. 또 누워 있을 때는 '나는 누워 있다'고 분명하게 안다. 이와 같이 그는 어떤 자세를 취하고 있든지 그는 분명하게 안다.

『사념처경』의 한 대목은, 소위 말하는 위빠사나 수행법의 핵심이라 할 만하다. 여기에서 가장 중요한 말은, '알아차린다'는 것이다. 걸으면서 걷는다는 것을 알아차리고, 밥을 먹으면서 밥을 먹는다는 것을 알아차리는 이것이 왜 그렇게 중요한가? 우리는 밥을 먹으면서도 과거에 매달려 기억 속을 헤집으며 원망하고 후회하거나 오지 않는 미래에 매달려 이 걱정 저 걱정을 하느라 현재를 살지 못하기 때문이다.

과거와 미래는 힘이 없다. 지나간 것은 이미 지나간 것이어서 아무리 헤집어 보아도 쓸모 있는 하나도 건질 수 없다. 미래 또한 아직 오지 않았기 때문에 아무런 힘을 발휘할 수 없다. 미래의 희망에 아무리 매달려 보았자, 지금 이 순간 무엇인가를 행하지 않으면 도로아미타불이다. 모든 위대한 일은 '지금 여기'에서 벌어진다. '지금 여기'에서 벌어지지 않는 역사적인 사건은 존재하지 않는다.

알아차림이 중요한 것은 과거나 미래에 우리 자신을 팔지 않기 위해서이다. 우리는 다만 지금 이 순간만을 살 수 있기 때문에, 우리가 온 마음을 다하여 집중해야 하는 것도 지금 이 순간뿐이다. 지금 이 순간 내가 하고 있는 것에 관심을 갖고 생각과 행위에 집중하지 않으면, 우리는 우리 자신을 변화시킬 수가 없다.

과거를 회상하고 아름다운 추억에 가슴 저린다 해도 그것은 아무런 알도 깔 수 없는 무정란에 지나지 않는다. 오지 않는 미래를 공상하면서 꿈에 부풀어도 그것은 어떠한 실제적인 효력도 가질 수 없다.

반드시 실현하고 싶은 꿈이 있고 욕망이 있다 할지라도, 관심을 갖고 집중을 해야 할 곳은 지금 여기이지, 다른 시간 다른 장소가 아니다. 모든 구도자가 희구하는 깨달음 역시 지금 여기에서 이루어진다.

영운 선사는 깨달음을 얻기 위해 온갖 노력을 다했지만 좀처럼 확철대오를 할 수가 없었다. 확철대오를 했는지의 여부는 누구보다도 자기 자신이 안다. 자신이 생각하기에 아직 미치지 못했다면 아직은 덜 익은 것이다. 아직은 갈 길이 남아 있는 것이다. 영운 선사는 먹는 것도 자는 것도 잊은 채 용맹정진을 계속했다.

어느 화창한 봄날, 암자에 홀로 앉아 좌선을 하고 있을 때였다. 복사꽃 향기가 슬며시 흘러 들어오더니 꽃잎 몇 장이 그의 무릎 근처에 떨어져 내렸다. 바로 그 순간, 영운 선사의 머릿속을 번개처럼 스쳐 지나가는 것이 있었다. "엇!" 하는 외마디 비명과도 같은 외침이 선사의 입밖으로 흘러나왔다.

수천 수만 년 동안 내내 산하대지를 채우고 있었던 것, 시간과 공간이 있기 전부터 존재해 왔던 것, 그저 두 눈만 활짝 뜨면 만날 수 있었던 그것이, 그제서야 슬며시 비밀의 장막을 영운선사에게 열어젖혀 보였던 것이다. 그는 이렇게 읊었다.

삼십 년토록 검을 찾던 나그네
몇 번이나 잎이 지고 가지가 뻗었던가
복사꽃 한 번 본 후
이제 다시는 의심이 없도다

三十年劍探尋客　幾回落葉又抽枝
一見桃花卽時後　直至如今更不畿

복사꽃은 늘 피고 지건만 복사꽃 피는 소식에 깨달음의 꽃망울을 터뜨린 것은 어찌하여 영운선사뿐인가? 그리고 깨달음의 소식을 날라다 줄 것이 어찌 복사꽃뿐이랴? 지금 이 순간, 마음의 눈을 뜰 수만 있다면….

가는 곳마다 주인이 되라

어디에서 무엇을 하든 그대 자신이 주인이 되라.
어디에 있든 그대 자신이 참이고 진리이다.
―임제

모진 추위를 견디며 꽃을 피워낸다고 하여 옛 사람들이 사군자 중에서도 단연 으뜸으로 꼽았던 매화는, 봄을 기다리는 모든 이들에게 대망의 꽃이기도 하다. 어느 시인은 이렇게 읊었다.

진종일 봄을 찾아 헤맸지만 찾지 못하고
짚신 끌며 구름 핀 재 넘어 두루 돌아다녔네
집에 돌아와 우연히 매화향기 맡아보니
봄은 매화가지 끝에 이미 와 있는 것을

盡日尋春不見春 芒鞋踏遍嶺頭雲
歸來偶把梅花嗅 春在枝頭已十分

구도자란 무엇인가? 간단히 말해서, 진리를 찾는 사람이다. 진리를 찾는다는 것은, 지금 이 자리가 아닌 어딘가에 진리가 있으리라고 가상하고 황금이 묻혀 있는 맥을 찾듯이 탐사를 하는 것이다. 온갖 진리의 책들을 뒤지고 팔만대장경을 다 뒤져도 문자 자체는 문자일 뿐 진리가 아니다.

진리를 찾는 사람은 결국 진리를 찾고 있는 자기 자신에게로 돌아와야 한다. 진리를 찾고 있는 당사자를 제외한 어딘가에 진리가 있다면, 그 사람은 애초에 진리와는 거리가 있다는 증거이다. 내가 아닌 외부에서 찾아낸 진리로 인해 내가 완전케 된다면 나는 애초에 불완전한 존재라는 이야기가 된다. 진리가 저 바깥에 있어서 내가 그리로 가서 진리를 만지고 향유하면서 그것을 내 것으로 해야만 내가 비로소 자유로워진다면, 나는 본질적으로 불완전한 존재라는 이야기인 것이다.

그러나 과연 그러한가? 한 날 한 시도 쉬지 않고 돌고 돌면서도 한 치의 어긋남이 없는 별들처럼, 우리 또한 100조 개의 세포라는 어마어마한 중생을 거느리고 한 치의 착오도 없이 생명을 운행하고 있는 주인공들이다. 버러지 한 마리 속에서도 엄연한 생명의 법칙이 깃들어 있고, 우주의 그 무엇도 이 점에서는 예외가 아니다. 불성이 깃들어 있는 나는 어떤 외부의 진리가 나를 채워야만 완전해지는 존재가 아니라 이미 완전한 존재이고, 자유로운 존재이고, 보태고 뺄 것이 없는 존재이다. 불완전하고 부자유해서 보태고 뺄 것이 있는 존재처럼 보이는 것은 어디까지나 그렇게 보이는 것일 뿐, 진실이 아니다.

임제 선사가 설법을 하고 있는데 어느 학인이 갑자기 물었다.
"스승님, 말씀해 주십시오 제가 누구입니까? 진정한 저 자신을 찾고 싶습니다."
임제 선사는 법상에서 내려와 제자에게로 향했다. 모인 제자들 사이에 긴장된 침묵이 흘렀다. 도대체 무슨 일인가? 스승님은 왜 말씀으로 답변하시지 않고 직접 자리에서 내려오는가? 도대체 무얼 하려는 것인가? 언제나처럼, 귀청이 떠나가도록 "할!"을 외치시려는가? 아니면 몽둥이 찜질이라도 손수 하시겠다는 것인가?
임제 선사는 질문을 한 그 제자에게로 다가갔다. 그리고는 제자의 눈을 들여다보기 시작했다. 제자는 진땀을 흘렸다. 임제 선사는 계속해서 제자의 눈을 들여다보았다. 그런 다음 이렇게 말했다.
"그런 질문은 하지 마라. 그저 눈을 감고 너의 내면으로 들어가, 그런 질문을 던지는 자가 누구인지를 찾아라. '나는 누군가?'라고 묻지 마라. 내면으로 들어가서 그런 물음을 던지는 자가 누구인지를 찾아라. 스승 따위는 잊어버려라. 너 스스로 질문을 던지고, 질문이 떠오르는 그 자리를 찾아라."

임제 선사의 말을 들은 제자는 즉시 깨달을 수가 있었다고 한다.

임제 선사는 말한다. "어디에서 무엇을 하든 그대 자신이 주인이 되라. 그대가 어디에 있든 그대 자신이 참이고 진리이다."(隨處作主 立處皆眞) 과거 생을 지나오는 동안 지옥에 떨어질 만한 업을 지어 아무리 나쁜 버릇과 못된 사고방식으로 물들어 있다 할지라도, 그것은 겉보기에 그러한 것일 뿐, 그 사람 자체의 본질은 더럽힐래야 더럽혀질 수 없는 순수 자체이다. 자기 자신의 속안에 든 것을 외면한 채 바깥으로 찾고 구하면서 떠돌아 보아야 모두가 가짜의 헛것들이니, 그것들을 잔뜩 가져와서 나를 채운들 내가 더 가치 있게 빛나게 될 리 없다. 오히려 진정한 나 자신의 보물들을 가짜의 헛것들로 가리는 일이 될 뿐이다.

부처를 만나면 부처를 죽여야 하는 이유가 여기에 있다. "안에서나 밖에서나 마주치는 대로 죽여라. 부처를 만나면 부처를 죽이고, 조사를 만나면 조사를 죽이고, 부모를 만나면 부모를 죽이고, 나한을 만나면 나한을 죽이고, 친척 권속을 만나면 친척 권속을 죽여라."

흔히 살불살조(殺佛殺祖)로 표현되는 이 경구를 '어떤 것에도 구속받지 말라'는 뜻으로만 풀이한다면, 임제 선사가 가리켜 보이는 바를 대단히 왜곡하고 축소시킨 것이다. 부처를 만나면 왜 부처를 죽여야 하는가? 내 안의 부처를 놓아두고 외부의 누군가를 찾고, 그가 말하는 진리에 의존하려 한다면, 그것은 곧 내 안의 부처를 경시하는 것이 되어버리기 때문이다. 어쩌다 부처를 만난다 할지라도 그는 결코 숭배의 대상이 될 수 없다. 그가 부처라면 나도 부처이고, 그가 대선사라면 나도 대선사이다. 그가 달마라면 나도 달마이다. 부처가 존재하고 달마가 존재해야 하는 이유가 있다면, 바로 그것을 가리켜 보이기 위함일 것이다. 그런데 내가 왜 그의 종노릇을 해야 한단 말인가? 왜 손님으로 떠돌아야 한단 말인가? 어엿하고 당당하게 주인 노릇을 할 수 있는데, 왜 하인으로 굽신거려야 한단 말인가? 그것은 부처와 달마가 바라는 바도 아닐 것이다.

그가 신성하다면 나도 신성하다. 그에게 불성이 깃들어서 꽃을 피웠다면, 나에게도 불성이 깃들어 있어서 꽃을 피울 수 있다. 만약 그렇지 않다면 그것이야말로 신성모독이요, 자기 자신의 본래면목을 부정하는 짓거리가 아닐 수 없다.

    15세기 인도의 신비가였던 까비르는 노래한다.
    꽃을 보려고 그대의 집 밖으로 나가지 말라.
    나의 친구여, 그렇게 떠돌면서
    마음을 어지럽히지 말라.

그대의 몸안에 꽃들이 피어 있다.
천 개의 꽃잎을 가진 꽃들이 피어 있다.
그것이 그대의 앉을자리가 되어 주리라.
그 꽃잎 위에 앉으라, 그대여,
거기에 앉아
몸 안팎의 아름다움을 한눈에 보라.

2
지금 여기에서 좋은 씨앗을 뿌려라

속일 수 없는 업의 법칙

콩 심은 데 콩 나는 것이 업의 법칙이라면, 이런 법칙을 가능하게 하는 배후에는 도대체 어떤 힘이 작용하고 있는 것일까? 우주 삼라만상의 존재들이 저마다 업의 법칙에 따라 과거에 뿌린 씨앗에 따라 싹을 틔우고 열매를 맺으려면, 도대체 그 배경에는 얼마나 거대한 힘이 작용해야 하는가?

우주에는 초대형 녹음기나 비디오레코드 같은 것이 있어서 한시도 멈추지 않고 돌아간다는 것을 과거에는 선뜻 이해하기가 어려웠다. 그러나 과학기술이 발달한 오늘날에는 훨씬 더 이해하기가 쉬워졌다. 최근에는 손가락 한 마디만한 메모리 스틱이란 것을 들고 다니는 것을 보았는데, 1기가짜리 용량이면 300쪽짜리 단행본 책자가 1,500권 정도 들어갈 수 있다고 한다. 명함보다 작은 크기의 메모리카드 한 장이면 전세계 5대양

6대주의 지리정보를 모두 담을 수 있어서, 이를 내비게이션에 저장하면 지도책 한 장 없이 세계일주가 가능하게 된다. 이런 카드를 열 장만 가진다면, 우리나라 국회 도서관에 있는 220만 권에 달하는 책들을 모조리 저장할 수 있다. 어마어마한 도서관을 주머니 속에 넣고 다닐 수 있는 시대가 된 것이다.

인간의 과학기술로 이미 도달한 경지가 그 정도이니, 이 우주 전체의 행동거지를 낱낱이 기록하고 있는 대형 컴퓨터 같은 것도 상상 속에서만 가능한 일은 아닐 것이다.

하늘을 속일 수만 있다면 몰래 나쁜 일을 저질러도 과보를 받지 않아도 되련만, 사정은 그렇지가 않다. "낮말은 새가 듣고 밤말은 쥐가 듣는" 정도가 아니다. 그 무엇도 감출 수 없고, 속일 수 없다. 이 우주에서는 "비밀"이 없다. 그 무엇도 낱낱이 기록된다.

한 마디 말을 하면 그 말의 파장이 우주 끝까지 메아리 친다고 보아도 전혀 지나친 말이 아니다. 내가 기침 한 번 하는 것까지, 이 우주 컴퓨터는 빼놓지 않고 기록한다.

1909년 네덜란드 태생의 제라드 크로이셋이라는 사람은 아기 때부터 사물의 파장을 읽는 탁월한 능력을 지니고 있었다. 부모가 아기 손에 물건을 쥐어 주면, 아기는 그 물건에 따라 웃기도 하고 찡그리기도 했다. 아이의 부모는 아이가 왜 물건에 따라 그렇게 다른 반응을 보이는지 이해할 수 없었다. 똑같은 칼이라도 이 칼을 쥐어 주면 웃던 아이가 다른 칼을 쥐어 주면 얼굴을 잔뜩 찡그리는 것이었다.

수수께끼는 아이가 말을 하기 시작하면서부터 풀려 나갔다. 아이는 어떤 물건이든 그것을 손에 쥐는 순간 그 물건의 주인이 누구이고 어떤 성격을 지니고 있으며 그 물건과 어떤 사연을 지니고 있는지를 족집게같이 알아맞혔다.

제2차 세계대전에 참전했던 제라드는 전쟁이 끝나자 직업을 찾기 위해 유럽을 전전하다 우연히 어느 경찰서에서 능력을 발휘할 기회를 잡게 된다.

한 형사가 제시한 작은 가방에서 나온 시계와 귀걸이를 만져보고, 제라드는 그것이 피살당한 어떤 여인의 유품이었음을 밝혀낸다. 더구나 놀라운 것은, 여인이 피살된 범행 현장을 자세히 묘사하는 것이었다. 형사는 내친김에 "그러면 누가 이 여인을 해쳤는지 알 수 있습니까?"라고 물었고, 제라드는 어렵지 않다는 듯이 "스티븐슨"이라고 답해 주었다. 스티븐슨이라는 이름을 들은 형사들은 전기를 잘못 만진 듯이 놀랐다. 살인사건의 유력한 용의자 이름이 스티븐슨이었던 것이다. 형사들은 스티븐슨이 여인을 언제 어떻게 살해했는지 낱낱이 알아냈고, 형사들은 스티븐슨이 생각하기엔 '신출귀몰한(?)' 유도심문으로 범행의 자백을 받아내기에 이른다.

우주의 도서관이나 컴퓨터가 따로 있는지는 알 수 없지만, 우리가 하는 모든 말, 모든 행동의 파장이 주변에 남게 된다는 것을 반증해 준다.

　사이코메트리(Psychometry)라는 용어는 그리이스어의 'Psyche(혼)'과 'metron(계측)'이라는 말이 합성된 단어로서, '사물의 혼을 계측할 수 있는 능력'이라는 뜻이다. 이 용어는 미국의 저명한 지질학자인 덴튼 박사에 의해 이름 지어진 것이다. 덴튼 박사의 누이인 앤 덴튼 크리지는 동생이 수집하는 돌멩이나 화석 같은 것의 내력을 알아맞히는 신통력의 소유자였다. 그녀는 어떠한 광석이든 이마에 갖다대기만 하면, 그 과거 역사를 영상으로 볼 수 있었다.

　더욱 신기한 것은 그녀가 물건의 형상과는 아무 상관 없이 그 파장을 통해 역사를 읽어낸다는 사실이었다. 어떤 물건인지 알 수 없도록 단단히 포장을 하여 이마에 갖다대어도 그녀는 마음의 눈을 통하여 그것의 생생한 역사를 풀어냈던 것이다.

　내가 하는 모든 생각과 말과 행위는 그 자체로 닫혀 있는 것이 아니라 주변의 모든 것에 파장을 아로새기고 있다고 할 수 있다. 내가 하는 생각과 행위만 주변의 것들에 영향을 미치는 것이 아니다. 나 또한 주변의 모든 것으로부터 영향을 받는다.

　제석천 궁전에 있다는 인타라망은 이러한 세계관을 여실하게 드러내는 비유다. 화엄경에는 인타라망이 다음과 같이 묘사되어 있다.

제석천 궁전에는 투명한 인타라망이 드리워져 있다. 그 물코마다 박힌 투명구슬에는 우주 삼라만상의 영상이 찬란하게 투영된다. 삼라만상이 투영된 구슬들은 서로서로 다른 구슬에 투영된다. 이 구슬은 저 구슬에, 저 구슬은 이 구슬에, 작은 구슬은 큰 구슬에, 큰 구슬은 작은 구슬에 투영된다. 동쪽 구슬은 서쪽 구슬에, 서쪽 구슬은 동쪽 구슬에, 남쪽 구슬은 북쪽 구슬에, 북쪽 구슬은 남쪽 구슬에 투영된다. 너의 구슬은 나의 구슬에, 나의 구슬은 너의 구슬에, 정신의 구슬은 물질의 구슬에, 물질의 구슬은 정신의 구슬에 투영된다. 인간의 구슬은 자연의 구슬에, 자연의 구슬은 인간의 구슬에, 시간의 구슬은 공간의 구슬에, 공간의 구슬은 시간의 구슬에 투영된다. 동시에 겹겹으로 서로서로 투영되고 서로서로 투영을 받아들인다. 총체적으로 중중무진하게 투영이 이루어진다.

개체로서의 내가 그리는 일거수일투족이 다른 무한한 우주 만물에 그대로 투영되고, 삼라만상이 내 안에 그대로 투영되니 나 또한 '소우주'이다. 욕망을 지닌 개체로서 어떤 생각, 어떤 행위로 어떤 파장을 그리는가에 따라 내 주변의 세계가 달라지고, 미래의 내가 달라진다.

덴튼 박사의 누이나 제라드처럼 특수한 능력을 지녀서 파장을 읽을 수는 없다고 해서, 그 파장 자체가 없는 것은 아니다.

여인을 목졸라 죽인 살해범의 역사를 시계를 통해 읽을 수는 없다 할지라도, 우리의 잠재의식은 범인의 파장이 그려내는 영향권에서 벗어나 있는 것은 아닌 것이다.

우리가 하루하루 어떤 마음을 품고 사느냐는, 우리가 예측할 수 있는 것보다 훨씬 더 광범위한 영향력을 행사한다. 오늘 내가 말과 생각과 행위로써 주변에 흩뿌리는 파장은 어디엔가에는 반드시 새겨져 있어서, 언제 어느 때고 반드시 싹이 트고 자라서 나 자신에게 되돌아온다. 이것이 엄정한 업의 법칙이다. 이 인과의 법칙에는 한 치의 오차도 있을 수 없다. 오차가 있다면 이 우주가 불공평한 것이 되어 버린다.

내가 저지른 모든 말과 행동은 이 우주라는 공명통 속에서 아무런 거짓 없이 고스란히 되비추게 되고, 그럼으로써 오늘의 나는 과거의 내가 저지른 업의 메아리 속에서 살고, 과거의 메아리를 어떻게 되받아치느냐에 따라 내일의 나를 창조하고 있는 것이다.

뿌린 씨앗은 반드시 거둔다 1

　동서를 관통하는 막힘없는 지혜로 선풍을 날리셨던 성철 스님은 선에 관한 주옥 같은 책들을 세상에 널리 알리셨지만, 스님의 추천으로 세상에 선보인 『윤회의 비밀』은 세간에 큰 충격을 안겨주었다. '잠자는 예언자'로 알려진 에드가 케이시의 투시능력에 의해 밝혀지게 된 윤회 전생(轉生)의 전모와 원칙들이, 그동안 불교가 말해 왔던 윤회론에 구체적인 현실감을 역동적으로 부여해 주었다고 할 수 있다.
　이번 생에 각 개인이 가지고 태어난 성격과 자질, 각 개인이 경험하는 것들은 대개가 전생에 어떻게 살아왔는가의 결과물이며 그림자라는 사실을 실감할수록, 삶을 바라보는 우리의 시각은 깊어지고 진지해질 수밖에 없다.
　나도 몇 권의 책을 통해 이런 실감나는 전생담을 접한 적이 있어, 소개하고자 한다.

"당신, 내 돈 떼먹을 수 있을 줄 알았어? 어림없는 이야기야. 내가 바로 당신에게 돈을 꿔 준 그 사람이야. 그러니 나에게 진 빚을 갚도록 하게."

채권자의 죽음으로 해방감을 느끼고 있던 채무자에게 어느 날 갑자기 낯선 사람이 나타난다. 그리고는 자신의 전생에 돈을 빌려준 일이 있다면서 그 빚을 갚으라고 주장한다면 채무자의 심정이 어떨까. 더구나 전생에 돈을 빌려주었다는 그 사람은, 돈을 빌려줄 당시의 여러 가지 정황까지 들이댄다.

이런 사태는 한낱 우스갯거리가 아니다. 실제 상황이다. 이안 스티븐슨이 쓴 『전생을 기억하는 아이들』에 나오는 이 사례를 좀더 자세히 들여다보자.

쁘라모드는 1944년 10월 인도의 좋은 집안에서 둘째 아들로 태어났다. 두 돌 반쯤 되었을 때 쁘라모드는 엄마에게 자기 아내가 있으니 엄마는 요리를 하시지 말라고 했다. 그게 무슨 소리냐고 엄마가 눈을 크게 뜨고 묻자, 아이는 거기에서 150여 킬로미터가 떨어진 모라다바드에 자기 아내가 살고 있다고 했다. 엄마는 웃지 않을 수 없었다.

아이는 비스킷에 유난히 관심이 많았다. 다른 아이들이 비스킷을 사는 것을 보면 자기에게는 모라다바드에 커다란 비스킷 공장이 있다고 말하곤 했다. 슈퍼 같은 큰 상점에 데리고 가면, 모라다바드에 있는 자기 가게가 훨씬 크다고 했다. 그곳에는 또 아주 큰 소다수 공장도 있다고 주장했다.

아이의 부모는 아이가 전생에 관해서 하는 이런 말들을 귀담아 듣지 않았다. 그런데도 아이는 계속해서 그런 말들을 했고, 때로는 모라다바드로 데려다 달라고 조르기까지 했다. 발 없는 말이 천리를 간다고 했던가. 이 이야기가 우연히 모라다바드에서 소다수와 비스킷 공장을 소유한 집안 사람들의 귀에 들어가게 되었다. 그 집에서는 형제 중의 하나가 1943년 5월 9일에 죽은 터였다. 너무나 그럴듯한 이야기인지라, 그 집안의 가장인 모한 랄이 친척들을 데리고 이 아이를 만나러 왔다.

그때 쁘라모드는 멀리 떨어진 친척집에 가고 없었으므로 그들은 그를 만나지 못했으나, 소년의 아버지는 아들을 모라다바드로 데려가기로 약속했다. 그 후 아버지는 약속대로 다섯 살배기 소년을 데리고 모라다바드로 갔다. 기차에서 내리자마자 소년은 마중 나온 모한 랄을 알아보았다. 형인 모한 랄과 함께 집안의 모든 일을 함께 했다면서, 그에게로 달려가 반갑게 끌어안았다.

이륜마차인 '통가'를 타고 모한 랄의 집으로 가는 동안, 쁘라모드는 한 건물을 가리키며 전에는 시청이었다고 말했으며, 그들의 가게가 거기에서 그리 멀지 않다고 했다. 모한 랄은 쁘라모드의 반응을 지켜보려고 가게 앞에 통가를 세우지 않고 그대로 지나치려고 했다. 그러자 쁘라모드는 그 즉시 통가를 멈춰 달라고 외치면서 여기가 바로 자기 가게라고 하는 것이었다.
마차가 멈추자 소년은 전에 살던 집이 여기라면서 앞장서서 길
을 안내했다.

집에 들어가자 아이는 전생의 자기 어머니를 알아보았다.
또 전생의 자기 아내를 알아보고는, 왜 이마에 '빈두' 점을 달
지 않았느냐고 캐물었다. 아이는 전생의 딸과 두 아들, 몇몇
친척들을 알아보았으나, (아버지였던) 그가 죽은 다음 모습이
크게 변한 자신의 맏아들은 알아보지 못했다. 소다 공장에 들
어섰을 때, 웬일인지 기계가 작동되지 않고 있었다. 쁘라모드
가 공장 사정을 얼마나 알고 있는지를 시험하려고 물이 공급되
는 연결 부위를 일부러 잠가놓는 등 몇 가지 조처를 취해 놓았
기 때문이었다. 아이는 즉시 기계가 작동하지 않는 이유를 알
아내고, 공장 직원에게 어떻게 해야 되는지를 설명해 주어 곧
제대로 돌아가게 만들었다. 작업자들에게 이런 지시를 내린 아
이는 이제 겨우 다섯 살배기였다!

쁘라모드는 이틀 동안 모라다바드에서 즐겁게 보냈다. 많
은 사람들을 알아보았고, 앞서 이야기했듯이 모슬렘 채무자를
알아보고는 '당신한테 빌려준 돈을 돌려받아야겠다'고 말했다.

아이가 모라다바드를 너무나 좋아하는 바람에, 그곳을 떠
나게 하기가 매우 힘들었다. 아버지는 하는 수 없이 아이가 잠
든 사이에 아이를 다시 집으로 데려갔다. 그 후에도 아이는 늘
모라다바드를 그리워했다. 한번은 몰래 집에서 도망쳐 나와 역

까지 갔지만 아버지에게 들켜 소원을 이루지 못했다.

쁘라모드는 어떻게 하여 자기 전생을 기억할 수 있게 되었을까? 쁘라모드뿐만 아니라 이안 스티븐슨이 조사한 사례에 등장하는 '전생을 기억하는 아이들'에게 어떤 신통한 능력이 있었다는 증거는 없다. 그 아이들의 재능이나 자질이 평균적인 다른 아이들보다 탁월하다는 증거가 있는 것은 아니다. 아직까지 밝혀지지 않은 어떤 돌연변이로 인해 장막 속에 가려져야 마땅한 전생에 대한 기억이 우연히 돌출된 것일까? 알 수 없는 일이다.

불교에서는 참선 수행을 통해 마음이 청정해지면 정신적인 시계가 트여 전생을 기억하는 능력이 생긴다고 말한다. 이른바 숙명통(宿命通)이 그것이다. 이런 경지에 이르렀던 부처님과 아라한들은 자신의 전생뿐만 아니라 타인의 전생도 볼 수 있었다.

하지만 이런 수행의 경지와는 상관없이 자기 전생을 기억하는 사례들이 적지 않게 튀어나와, 일반인들의 호기심을 불러일으키곤 했다. 이를 어떻게 받아들여야 할까?

한 가지 분명한 사실은, 그렇게 전생을 기억하는 사람들은 전생과 이승을 구분하는 칸막이가 눈에 띄게 낮아져서 삶을 바라보는 스케일이 훨씬 더 광범위해졌다는 점이다. 이들로 인해서 일반인들의 전생에 대한 관심이 높아져서, 윤회라는 것이 도대체 무엇인가에 대한 질문이 사회적인 화두로까지 진입하게 된 것도 빼어놓을 수 없는 공덕이라 할 것이다.

왜 어떤 아이는 천재로 태어나고, 어떤 아이는 태어날 때부터 둔하기만 한가? 여덟 살에 교향곡을 쓸 정도로 일찍이 천재성을 보인 모차르트가 하늘의 소리를 들을 줄 아는 천이통(天耳通)의 능력자였다면, 그런 능력을 갖게 된 배경은 단지 궁정 음악가였던 아버지로부터의 유전 탓인가? 아버지의 피를 이어받은 결과라면 그것은 단지 우연의 선물일 뿐인가?

전생과 이승, 삶과 삶을 나누고 가르는 망각의 칸막이가 있어 우리들 대다수는 자신의 전생을 보지 못한다. 오늘의 내 삶이 어제 내가 뿌린 씨앗의 결과임을 알지 못하여, 재앙이 닥치면 "왜 하필이면 나에게만!"이라거나 "하늘도 너무한다"고 원망하기 일쑤다. 자신이 누리고 받는 모든 행복과 불행이 모두 자신이 심은 씨앗이 맺은 열매임을 여실하게 안다면, 과거에 내가 뿌린 것들을 담담하게 거두어들이는 한편 내일 거둘 열매를 위해 좋은 씨앗을 뿌리는 데에 마음을 쓸 것이다.

뿌린 대로 거둔다는 이 원칙만 분명히 안다면, 우리네 삶이 훨씬 밝아질 것이 분명하다. 오늘 내가 받는 고통과 번뇌가 어제 내가 뿌린 씨앗의 열매임을 모르기 때문에 부모를 원망하고 환경을 탓한다. 오늘 내가 말하고 행한 것이 고스란히 내일 나에게 열매가 되어 닥쳐올 것을 알지 못하기에 함부로 말하고 행동하고 범죄를 저지른다.

　오늘 내가 하는 행위가 업이 되어 고스란히 나에게 돌아온다면, 어떤 행위이든 그것은 타인에게 행한 것이 아니요 자기 자신에게 행한 것이 된다. 선을 베풀어도 타인에게 베푼 것이 아니라 자기 자신에게 덕을 베푼 것이요, 악을 행해도 타인을 해치는 것이 아니라 미래의 자기 자신을 해치는 것이다. 이를 명확하게 안다면, 어찌 악행을 일삼을 수 있겠는가? 그러기에 부처님은 "무지가 곧 죄"라고 하셨다. 그런 인과의 엄정함을 알지 못하기 때문에 죄를 저지르게 되는 것이다.

뿌린 씨앗은 반드시 거둔다 2

전생에 관한 여러 사례들을 조사하여『환생 Rebirth』이라는 책을 써서 서구사회를 놀라게 한 프란시스 스토리(Francis Story)는 다음과 같은 흥미 있는 실화를 전해준다.

태어날 때부터 오른편 가슴 빗장뼈와 겨드랑이 사이에 구멍처럼 움푹 패인 상처를 안고 태어난 아이가 있었다. 아이의 오른손은 가늘게 야위었으며 오른손 손가락은 정상 길이의 절반밖에 되지 않았다.

아이는 세 살 무렵부터 집 주위를 빙글빙글 돌며 혼자 중얼거리는 버릇이 있었다. 아이의 이런 행동을 맨 처음 발견한 것은 아이의 어머니였다. 그녀는 아이가 웅얼거리는 소리에 귀를 기울였다.

"내 손이 기형인 것은 내가 아내를 칼로 찌른 탓이야."

아이는 걸핏하면 자기 오른손을 들여다보며 그런 말을 뇌까리곤 했다.

아버지는 자기 아들이 그런 소리를 못하게 하려고 여러 차례 나무랐지만 통하지 않았다. 아들이 그런 말을 할 때마다 아버지는 자신의 처를 죽인 죄로 사형에 처해진 자기 동생을 떠올리지 않을 수 없었다. 사실 자기 아들이 말하는 전생의 상황은 자신의 동생이 저지른 살인 사건의 내용과 너무나 흡사했다.

마을에 잠시 머물게 된 어느 스님이 아이의 얘기에 관심을 갖고, 소년과 그 부모들에게 여러 가지 질문을 했다. 소년은 자신이 전생에 저지른 일과 처형당했던 일을 자세히 설명했다. 더구나 사형을 당하기 전에 반드시 형 곁으로 돌아오겠다고 다짐한 적이 있다고도 했다. 소년의 아버지는 살해된 여자의 친척들이 아이에게 복수할까 두려워 이 사실이 알려지는 것을 원치 않았다.

훗날 프란시스 스토리 씨는 더 자세한 조사를 하여 많은 것을 알아냈다. 이 사건에 대한 법원의 서류철을 조사한 결과, 소년이 말한 부부간의 불화 원인이 사실과 부합된다는 확신을 갖게 되었다. 놀라운 것은, 법원의 기록에 따르면 살해된 여인이, 왼쪽 겨드랑이 바로 아래를 칼로 찔렸다는 사실이었다. 기묘하게도 소년의 가슴에도 뚜렷한 상처가 있었다. 다른 점이 있다면 소년의 상처는 왼쪽이 아닌 오른쪽이라는 것뿐이었다.

소년이 흉터 자국을 갖고 태어난 것을 과연 우연의 소산만으로 돌릴 수 있을까? 업은 소름이 끼치도록 어긋남이 없이 작용한다는 것은 보여주는 사례라고 하지 않을 수 없다.

이것은 극단적인 사례이지만, 우리 모두가 전생의 상처를 안고 살아간다는 점에서는 이 소년과 다를 바가 없다고 해야 할 것이다. 어느 누구든 일단은 전생의 그림자 속에서 오늘의 자기 인생을 꾸려 가고 있다. 흐르는 물을 칼로 자를 수 없듯, 삶에서 삶으로 이어지는 흐름의 어느 한 토막을 잘라내어 독립시킬 수가 없다.

한치도 어긋남 없는 업의 법칙이니 당할 것은 당해야 마땅하다. 자기가 뿌려 놓고 거두기를 거부한다는 것은 있을 수 없는 일이다.

그럼에도 불구하고 한 번 돌이켜 생각해 보자. 업의 법칙이 엄정하다면 무엇 때문이겠는가? 모든 중생을 진화의 길로 인도하고 깨달음으로 가는 길을 가리켜 보이기 위해 존재하는 것이 업의 법칙이기에, 바로 거기에서 열쇠를 찾아야 한다. 생각해 보라. 벌이 필요한 것은 죄를 깨닫고 다시는 죄를 저지르지 않기 위함인 것이지, 벌 자체를 위해서가 아니다. 참회의 통렬한 눈물로 씻을 수 없는 업장은 없다.

죄 자체는 고정된 성질을 갖고 있지 않다. 죄에는 본성이 없다. 우리가 세상을 살면서 알고 짓는 죄, 모르고 짓는 죄를 구름과 같다고 한다면 참회는 바람과 같다. 죄를 몸에 있는 때와 같다고 한다면 참회는 물과 같다. 바람으로 번뇌의 구름을 몰아버리면 온 천지가 환하게 빛나게 된다. 참회의 물로 씻을 수 없는 죄악은 없다.

이 세상에 태어난 이상 누구나 두터운 업장의 그늘 속에서 살게 마련이다. 자신에게 닥치는 모든 시련과 역경과 곤란은 모두가 자신이 불러들인 것이지 어느 누구의 탓도 아니다. 자기 자신을 들여다보고 참회하라는 암시이다.

그렇게 자기를 알고 참회하면서 지금이라도 늦지 않았으니 내일을 위해 복덕의 씨앗을 심는 것이 잘사는 비결 중의 비결일 것이다.

지금 이 순간 좋은 씨앗을 뿌려라

　업의 법칙은 전생과 이승 사이에만 통하는 것이 아니다. 삶과 삶을 이어주는 고리로서만 작용하는 것이 아니다. 한 생애 안에서도 업의 법칙은 분명히 작용한다. 젊은 시절에 뿌린 것을 장년과 노년에 거두고, 봄에 뿌린 것을 가을에 거두고, 아침에 뿌린 것을 저녁에 거둔다.
　어떻게 해야 좋은 씨를 뿌릴 수 있을까? 에밀 쿠에라는 프랑스의 약사가 제시하는 방법은 너무나 간단하면서도 효과가 좋기로 소문난 명처방이다. 하루에 스무 번씩 "나는 날마다 모든 면에서 점점 더 좋아지고 있다"라고 자기 암시를 하라는 것이다.

　어느 날 쿠에가 잘 아는 처지의 사람이 찾아와 약사인 쿠에에게 사정을 했다. "당장 아파서 죽을 지경이지만 시간이 늦어서 병원에 갈 수가 없으니 약을 지어 달라"는 하소연이었다. 쿠에는 처방전이 없었기 때문에 처음에는 거절했지만, 그 사람의 사정이 딱하여 거짓말을 했다.

쿠에는 그 사람이 하소연하는 통증과는 실제로 아무 상관도 없으나, 인체에 아무런 해도 끼치지 않는 포도당류의 알약을 지어주면서 이렇게 말했다.

"우선 이 약을 드십시오 증상이 한결 나아질 것입니다. 내일은 꼭 병원에 가서 치료를 받으세요."

환자는 약을 받아 집으로 돌아갔다.

며칠 후 쿠에는 그 환자를 우연히 다시 만났다. 그런데 그가 던지는 말이 너무나 의외였다.

"무슨 약을 주셨는지 정말 신통하더군요. 다음 날 병원에 갈 필요도 없이, 깨끗하게 나았거든요. 너무나 감사합니다."

어떻게 해서 이런 결과가 나왔을까? 그 환자는 무엇보다도 에밀 쿠에라는 약사를 믿었다. 그가 지어준 약을 먹으면 나을 수 있으리라는 확신을 갖고 있었다. 그런 믿음과 확신이 약의 성분과 상관없이 그의 병을 낫게 했던 것이다.

쿠에는 이와 같은 우연한 발견을 통해, 정신영역에 적용할 수 있는 공식 하나를 만들었다. 지금도 전세계 사람들에게 도움을 주고 있는 쿠에의 공식은 다음과 같다.

나는 내가 좋다.

나는 날마다 점점 더 좋아지고 있다.
오늘이 내 일생을 통해서 가장 좋은 날이다.

언뜻 보면 너무 간단하고 단순한 공식 같지만, 이로 인해 인생이 송두리째 바뀌었다고 고백하는 사람들이 부지기수로 많다. 쿠에는 위의 세 문장을 하루에 스무 번씩 큰소리로 외치라고 한다. 자기 암시를 통해 삶에 대한 자신감이 붙고 일을 추진해 나가는 에너지가 샘솟는다는 것이다.

아침마다 거울을 보고 위의 세 문장을 반복하는 것으로 하루를 연다면, 그 사람의 하루는 몰라보게 달라질 것이다. 하루가 달라지면 한 달이 달라지고, 한 달이 달라지면 일년이 달라지고, 일년이 달라지면 인생이 달라진다.

물론 쿠에의 자기암시만을 고집하는 것은 아니다. 좋은 에너지를 충전하는 방법은 무수히 많다. 아침마다 잘 다녀오시라고 사랑에 가득 찬 말을 해주는 배우자가 있다면 그것 또한 대단한 에너지원이 될 수 있다. 멋진 음악을 듣거나 아름다운 자연 풍경을 보는 것으로 하루는 여는 것도 알게 모르게 좋은 영향을 미친다. 한국 축구가 16강에 올랐다는 등의 소식을 들으면 하루 내내 기분이 좋다.

그럼에도 우리의 나날은 좋은 소식을 듣는 것으로 열리는 경우가 드물다. 웬일인지 경제가 좋아진다는 소식보다는 나쁘다거나 나쁘게 될 것이라는 전망이 압도적으로 많다. 신문의

1면을 장식하는 톱기사들은 대부분 엄청난 스트레스를 불러오는 것들이다. 아침 식탁에 앉아 읽는 신문의 뉴스들은 대다수가 굿 뉴스가 아니다. 어떻게든 사람의 시선을 사로잡고, 사람들을 놀라게 하려고 머리를 짜낸 자극적인 문구들이다.

아무리 좋은 음식을 먹고 비타민제를 챙겨 먹어도 굿 뉴스가 아닌 배드 뉴스를 정신의 양식으로 삼는다면, 그것이 우리의 몸과 마음에 좋을 리가 없다.

좋은 소식을 듣고, 좋은 음식을 먹고, 좋은 격려의 말을 들음으로써 시작되는 하루는 첫 출발부터 발걸음이 가볍다. 업무 중 막히는 일이 있더라도 평소보다 침착하고 현명하게 대처할 수 있다. 반면 아침부터 언성을 높이면서 갈등을 경험하고 출근할 날엔 하루 일과가 어김없이 꼬이기 마련이다.

하루 중 아침이, 일주일 중 월요일이, 한 달 중 첫째 날이, 일년 중 새해 첫 날이 중요한 이유가 여기에 있다. 첫 단추가 어긋나면 줄줄이 어긋나게 마련이다. 천양희 시인의 재미난 시를 곰곰 음미해 본 적이 있다.

단추를 채워보니 알겠다
단추를 채우는 일이
단추만의 일이 아니라는 걸
잘못 채운 첫 단추,
첫 연애 첫 결혼 첫 실패

누구에겐가 잘못하고 절하는 밤
잘못 채운 단추가 잘못을 깨운다.
그래, 그래, 산다는 건
옷에 매달린 단추의 구멍 찾기 같은 것이야
단추를 채워보니 알겠다

―천양희의 『단추를 채우면서』 중에서

  첫 단추를 잘 꿴다는 것은, 좋은 씨앗을 뿌리는 일이나 마찬가지다. "나는 내가 좋다. 나는 날마다 점점 더 좋아지고 있다. 오늘이 내 일생을 통해서 가장 좋은 날이다." 아침마다 거울을 보면서 이렇게 첫 단추를 꿰어 보자. 그것은 오늘의, 내일의 좋은 씨앗이 될 뿐 아니라, 먼 먼 미래 생에까지도 영향을 미칠 좋은 씨를 뿌리는 일이다.
  지금 이 순간 좋은 씨를 뿌리자.

사람은 죽을 때 무엇을 가지고 가는가?

　부인을 넷이나 거느리고 살았던 어떤 부자가 최후를 맞게 되었다. 워낙 아끼고 사랑했던 부인들인지라 미련이 많았다. 부자는 첫째 부인을 불러 물어 보았다.
　"난 너를 평생 동안 먹여 주고 입혀 주었다. 자나 깨나 너를 잊은 적이 없다. 배가 고프면 먹을 것을 찾아서 입에 넣어 주었고, 더우면 시원하게 해주고 추우면 따뜻하게 입혀 주었다. 정성을 다해 널 돌봐주었는데, 이제 죽음을 눈앞에 두게 되었다. 자, 어떠냐? 날 따라가지 않겠느냐?"
　첫째 부인은 고개를 외로 꼬고 냉정하게 거절했다. 부자는 속이 상했다. 첫째 부인인 '몸'을 그렇게 보살펴 주었건만, 이제 와서는 부자를 오히려 쌀쌀맞게 내치는 기색이 너무나 역력했기 때문이었다. 부자는 둘째 부인을 불러 물었다.

"그동안 나는 언제나 마음에 품고 살았다. 한시도 너를 잊어본 적이 없었던 것 같다. 네가 있으면 늘 마음 든든했고, 네가 없으면 그렇게 허전할 수가 없었다. 너는 늘 내가 가지고 누렸던 자부심의 원천이었다. 나는 언제나 너와 함께 있으려고 온 정성을 다 기울였다. 자, 이제 세상을 뜨려 하는데, 나와 함께 가지 않겠느냐?"

둘째 부인 역시 고개를 저었다. 부자는 '재물'이라는 이름을 가진 둘째 부인이 야속하기 짝이 없었다. 첫째와 둘째 부인에게 버림받은 부자는 셋째 부인에게 기대를 걸었다.

"난 누구보다도 널 극진하게 사랑해 왔다. 너를 세상에 두고 떠나자니 너무나 마음이 아프다. 그러니 함께 가는 것이 어떻겠느냐?"

셋째 부인은 첫째와 둘째와는 달리 제법 슬퍼하는 기색을 보여주었다. 부자는 잔뜩 기대를 걸었다. 하지만 셋째 부인은 이렇게 말했다.

"당신을 사랑하는 마음이 아무리 지극해도 어쩔 수가 없습니다. 무덤까지는 함께 가 드릴 수 있지만, 그 이상은 안 됩니다."

'처자권속'이라는 이름을 가진 셋째 부인도 부자에게는 조금도 위안이 되지 않았다. 결국엔 혼자서 외롭게 가야 하는 길이라는 것이 부자를 더욱 서글프게 만들었다.

이제 남은 것은 넷째 부인뿐이었다. 부자는 애시당초 넷째 부인에게는 기대를 걸지 않았다. 살아생전 자신과 함께 했다는 점에서는 다른 세 부인들과 다를 바가 없었지만, 부자는 이 넷째 부인을 가장 홀대했기 때문이었다. 사실 넷째 부인이야말로 부자와 가장 가깝게, 아니 부자와 하나가 되어 움직여 왔다고 해도 과언이 아니었다. 그럼에도 부자는 늘 넷째 부인을 거들떠보지 않았다. 자신이 그동안 해온 것을 생각하니 아무리 넷째 부인이라고 해도 자신과 동행해 줄 것 같지 않았다. 하지만 내친 김에 묻기로 했다.

"난 지금껏 당신을 남달리 대접해 준 일이 없었던 것 같소 하지만 나와 함께 가지 않겠소?"

그러자 넷째 부인이 말했다.

"저야 당신과 떨어질래야 떨어질 수 없는 몸입니다. 아무리 황천길이라도 당신이 가는 곳이라면 마다하지 않겠어요 전 당신을 그림자처럼 따를 거예요."

넷째 부인의 이름은 '마음'이었다.

빈손으로 와서 빈손으로 가는 인생, 가지고 갈 것은 아무 것도 없다. 재물도, 권력도, 명예도 놓고 가야 한다. 아무리 사랑하는 사람도 함께 갈 수 없다. 오직 한 가지, 마음만큼은 그대로 안고 가야 한다. 이것만큼은 떨치고 갈 수가 없다.

죽을 때의 마음가짐, 이것은 평생에 걸쳐 뿌리고 가꾸고 땀 흘려서 거둔 수확과도 같은 것이다. 그래서 짐승 같은 마음으로 산 사람은 짐승으로 태어나고, 늘 넉넉해서 베푸는 마음으로 산 사람은 늘 넉넉하고 베풀 수 있는 환경에서 태어난다. 여기에는 예외가 없다. 더하고 뺄 것이 없다.

육신은 지수화풍 사대로 흩어져 원점으로 돌아가지만, 육신을 떠난 마음은 그대로 살아서 여행을 계속한다. 이것이 바로 업식이다.

업식이 여행을 할 때는 오직 한 가지 법칙에 따라 행동한다. 같은 종류의 것만 내 편으로 끌어들인다는 법칙이 그것이다. 쉽게 말하면 콩 심는 콩이 날 뿐, 아무리 팥이 나기를 기대해도 그럴 가능성은 없다는 것이다. 그래서 업의 법칙을 '엄정하다'고 한다.

육체의 옷을 벗을 때는 어디에도 의지할 곳이 없다. 어느 누구도 데려갈 수 없다. 오직 한 가지, 평소에 갈고 닦은 마음만을 끌어안고 간다.

재물이나 권력이나 명예는 마음을 닦는 도구일 뿐, 그것 자체가 목적이 될 수 없다. 삶의 목적은 마음을 깨치는 데에 있다. 세세생생 윤회를 거듭하면서 마음 하나 깨치기 위한 공부를 한다. 사는 것이 고생스럽다면 어서어서 마음을 깨쳐야 한다. 깨쳐서 다시는 이 고생길에 들어서지 말아야 한다.

죽으면서 가져갈 수 없는 것에 매달리지 말고, 죽어서도 가지고 갈 수 있는 것에 관심을 쏟고 사랑을 주는 것이 마땅하다.

죽어서도 가지고 가는 것

　　인생은 흔히 만남의 연속이라고 한다. 누구를 만나느냐에 따라 인생의 빛깔과 향기가 달라진다. 그 사람을 만나지 못했더라면, 내 인생은 돌이킬 수 없는 수렁에서 헤매었을 텐데…. 그가 있기에 내 인생이 의미가 있는 그런 소중한 인연들이 우리들의 인생을 지탱해 주고, 밝게 빛나게 해준다.
　　화가 김환기의 "어디서 무엇이 되어 다시 만나랴"라는 그림 제목으로 널리 알려지게 된 김광섭 시인의 "저녁에"라는 시는, 인연의 소중함을 노래한 절창이다.

　　저렇게 많은 중에서
　　별 하나가 나를 내려다본다
　　이렇게 많은 사람 중에서
　　그 별 하나를 쳐다본다

밤이 깊을수록
별은 밝음 속에 사라지고
나는 어둠 속에 사라진다

이렇게 정다운
너 하나 나 하나는
어디서 무엇이 되어
다시 만나랴

　김광섭 시인은 자못 낭만적으로 "어디서 무엇이 되어 다시 만나랴"라고 읊고 있지만, 목숨이 끊어지고 난 뒤에 벌어지는 현상들은 어찌보면 '낭만'과는 너무나 거리가 멀다.
　숨길이 끊어져서 저세상으로 갈 때, 지니고 갈 수 있는 것이 있다면 오직 하나, 임종 당시의 마음가짐이다. 평생 공들인 많은 재산도, 애틋한 사모의 정도 다 놓고 가야 하지만, 마음가짐만큼은 놓고 갈 수가 없다.
　좋다, 나쁘다, 크다, 작다, 곱다, 밉다는 등의 집착이나 분별심이 조금이라도 남아 있다면 그 마음가짐은 고스란히 다음 생에 반영된다. 그리하여 우리의 마음 상태에 따라 축생계에도 태어날 수 있고 천상계에도 태어날 수 있는 것이다.
　천수경에서는 인간으로 태어나 불법을 만나기 어려운 것을 이렇게 표현한다.

위없이 깊고 미묘한 부처님의 가르침
백천만겁의 세월에도 만나기 어려워라

無上甚深微妙法 百千萬劫難遭遇

백천만겁의 세월 동안 윤회를 거듭해도 불법을 만나기가 어렵다니, 이건 지나친 과장이 아닌가? 하지만 『열반경』에서는 "눈 먼 거북이의 비유"를 통해 이를 더욱 더 실감나게 묘사한다.

한없이 오래 사는 눈먼 거북이가 있다. 이 거북이는 바다 속에서 100년마다 한 번씩 물 밖으로 머리를 내밀고 숨을 쉰 뒤 다시 물 속으로 들어간다. 그런데 망망대해를 정처없이 떠다니던 이 거북이가 머리를 내밀 때 우연히 물 위를 떠다니는 구멍 뚫린 나무판자가 있어 그 속으로 고개를 내밀 수 있는 사태가 발생한다. 이런 일이 생긴다면 얼마나 희유한 일이겠는가? 아니, 과연 가능하기나 한 일일까?
사람으로 태어나서 바른 불법을 만나기가 이렇듯 어렵고 희유한 일이라는 것이다.
어렵고 희유한 일이지만, 이것은 결코 우연의 소산이 아님을 불법은 엄정하게 가리켜 보인다. 콩 심은 데 팥이 날 수 없듯이, 불법을 만나기 위해서는 먼저 불법을 만나기 위한 토양을 우리 스스로 준비해 놓고 있어야 한다. 곡식을 수확하고자 한다면 먼저 그 씨를 뿌려야 하듯이, 인간의 몸을 받기 위해서는 먼저 도덕적이고 깨끗한 행위를 습관화해야 한다고 한다. 그것이 씨를 뿌리는 행위가 된다.

무엇이 도덕적인 행위인가? 불교에서는 열 가지 그릇된 행위를 저버리는 것을 귀한 인간으로 태어날 수 있는 씨앗으로 본다. 몸으로 짓는 살생과 도둑질과 간음, 입으로 짓는 거짓말과 중상과 욕지거리와 경솔한 말, 마음으로 짓는 탐욕과 시기와 그릇된 견해가 그것이다.

그러나 이런 '하지 말아야 할 것들'을 기억하는 것은 그리 큰 보탬이 되지 못한다. 그보다 더욱 더 중요한 것은, 그런 것을 하지 않을 수 있는 마음가짐을 애초에 갖추는 것이다. 살생을 하지 않는 것 자체가 중요한 것이 아니라, 살생이라는 것이 왜 어떻게 나쁜 것임을 투철하게 알아서 살생을 저지를 마음조차 품지 않게 되는 것이 중요하다.

도박에 빠진 사람은 잠시 도박을 하지 않는다고 해서 위험 요인이 사라진 것이 아니다. 도박을 애써 외면만 하고 있는 정도라면, 언젠가는 다시 도박에 손을 댈 가능성이 적지 않다. 누군가 그럴듯한 조건을 갖추어 놓고 유혹하면, 금방 돌아서서 유혹에 빠지기 쉽다.

윤회의 세계도 마찬가지이다. 죽을 때의 마음가짐에 따라 서로 다른 세계에 끌리게 된다. 우리가 품고 있는 마음가짐의 조건에 따라 짐승의 세계로 끌려가기도 하고, 천상의 세계로 오르기도 한다.

　짐승의 세계로 끌려가고 싶은 영혼이 어디 있겠는가? 그러나 우리 마음이 짐승의 마음 상태라면 짐승의 태 속으로 기꺼이, 즐거운 마음으로 들어가게 된다. 거짓말하고 사기 치는 것에 재미를 붙이면서 사는 사람은 거짓말하고 사기 치는 사람들 사이에서 살아야 한다. 육정에 몸 달은 사람이 이를 초월한 사람과는 같은 울타리 안에서 살 수 없다. 각기 자기 마음의 차원에 따라 스스로 끌려가는 것이다.

　죽을 때 어떤 마음을 가지고 가려는가? 이것은 벼락치기로 하루아침에 달라질 수 있는 내용이 아니다. 우리들 평상시의 마음가짐이 고스란히 반영된다. 미리미리 마음을 닦아야 하는 이유가 여기에 있다.

3
마음
그 불가해한 신비

소동파는 무엇을 보았는가

　　인생이 잘 나갈 때 여유를 갖고 즐기는 것은 누구라도 할 수 있는 일이다. 파도가 없는 잔물결에 배를 타고 노니는 것을 누가 하지 못하랴. 풍랑이 거세어 목숨이 위태롭게 여겨져도 모든 것을 섭리에 맡기고 태연할 수 있어야 초탈한 경지에 들어섰다고 할 수 있을 것이고, 고난과 역경에 부딪혔을 때에도 거기에 굴하지 않고 여유작작 인생을 관조할 수 있는 사람이라야 '경지에 오른 인물'이라 할 것이다.
　　'적벽부'로 널리 알려진 소동파(1036~1101)는 고통스럽고 파란만장한 삶을 살았지만, 거침없는 기개와 유머로 주변을 늘 즐겁게 하는 대장부였다.

　　한 잎의 갈대 같은 배를 타고서
　　술을 들어 서로 권하며

하루살이 삶을 천지에 부치니
아득히 넓은 바다의 한 알갱이 좁쌀이로다
우리 인생의 짧음을 슬퍼하고
긴 강의 끝없음을 부럽게 여기도다

한 알갱이 좁쌀처럼 작은 존재라도 대자연의 품안에 안겨 있을 때는 자기 존재의 미미함을 탓하지 않게 된다. 대자연 속에서는 나를 나라고 주장하고 싶은 마음이 저절로 스러지고, 대자연과 하나가 되기 때문일 것이다. 한 폭의 동양화를 그리게 하는 소동파의 적벽부 중에서도, 내 마음에 깊은 울림을 안겨주었던 대목이 있다.

변하는 자리에서 보면
천지도 한 순간일 수밖에 없으며
변하지 않는 자리에서 보면
사물과 내가 다 다함이 없으니 무엇을 부러워하리요?

    도라는 것을 추구해 본 적이 없는 사람이 이런 시를 읊을 수 있을까? 몇 줄 안 되는 시구라도 거기에 합당한 시심이 없이는 쓸 수 없다는 것은 불문가지이다. 외줄타기 같은 인생이지만 유난히 부침이 심한 인생을 살았던 소동파는, "이것이 도대체 뭐냐?"는 화두를 붙들고 씨름했던 것 같다. 그의 인생여정에는 도를 찾고 구했다는 흔적이 여기저기 남아 있기 때문이다.

소동파가 형남에 있을 때의 일이다. 근방의 옥천사에 승호(承皓) 선사라는 뛰어난 대선지식이 계시다는 소문을 들은 그는 한 번 찾아가서 점검을 받고 싶은 마음이 났다.

어느 날 그는 변복을 하고 승호 선사를 찾아갔다. 선사가 먼저 정중하게 물었다.

"대관(大官)의 존함은 어찌 되십니까?"

"저의 성은 칭(秤)가올시다."

"칭가라니요?"

"천하의 선지식을 달아 보는 칭가란 말이오."

선지식을 시험해 보고자 시비조로 나가는 동파의 이 말에 선사는 곧바로 "악!" 하고 할을 했다. 동파는 선사의 일갈에 정신이 나가는 것 같았다. 얼떨떨한 동파를 향해 선사가 대뜸 "그러면 이것은 몇 근이나 됩니까?" 하고 물어 왔다.

"악!" 하고 외칠 때는 천둥과도 같은 외침 소리였지만, 이어지는 질문을 할 때는 은근하고도 낮은 목소리였다. 하지만 은밀한 속삭임과도 같은 선사의 질문이 동파의 가슴을 칼날보다 더한 예리함으로 파고들었다. 동파는 아무런 대꾸도 할 수 없었다. 모든 말이 동파의 머릿속에서 자취 없이 사라져버렸다. 지금까지의 자신만만하던 태도는 간 곳 없이 사라지고, 한마디 대답도 못한 채 말머리를 돌려 집으로 돌아왔다.

그 후부터 동파는 선지식이라면 무조건 친견하고, 겸허한

태도로 법문을 청하곤 했다.

　노산의 홍룡사라는 곳에 상총(常聰) 선사라는 명성이 높은 대선지식이 계시다는 말을 들은 소동파는, 친견한 후 법문을 청했다.
　"큰스님을 뵙게 되어 무한한 영광이옵니다. 미혹한 이 중생을 위해 부디 법을 설하여 주십시오."
　동파는 공손히 예를 드린 후 청법을 하였다. 선사는 단정히 앉은 채 한동안 묵연히 말이 없었다. 침묵 속에서 기다리고 있는 동파에게 이윽고 선사의 첫 마디가 떨어졌다.
　"귀하는 어찌하여 무정설법은 들을 생각을 내지 않고 유정설법만 청하십니까?"
　그 말을 듣는 순간 동파는 눈앞이 캄캄해졌다. 무정설법(無情說法)이라고? 문자 그대로라면 마음이란 것을 가졌을 리 없는 무생물이 설법을 한다는 말이 아닌가? 동파는 더 이상 할 말이 없어, 아무런 대꾸도 못한 채 귀로에 올랐다
　말을 타고 첩첩산골을 넘고 넘어 몇십 리를 오는 동안 내내 그의 머릿속에는 '무정설법'이라는 말이 화두가 되어 뱅글뱅글 돌았다. 그가 말을 이끌고 있는지 말이 그를 이끌고 있는지 모를 정도였다.
　갑자기 옷깃이 차가워져서 위를 올려다보니 폭포 아래를 지나고 있었다. 쏴아! 하는 폭포 소리가 귀를 얼얼하게 하는

순간, 삼천대천세계가 온통 물소리로 가득 찼다. '아아, 바로 이것이 무정설법이라는 거로구나!' 큰 깨달음이 온 것은 바로 그 순간이었다. 그는 자신도 모르게 말에서 내려 삼총 선사가 계신 곳을 향해 합장하고는, 깨달음의 노래를 불렀다.

시냇물 소리가 그대로 부처님의 대설법이요
산빛이 그대로 청정법신 비로자나 부처님이 아닌가?
밤이 되니 팔만사천 게송이나 되는 것을
다른 날 다른 사람에게 어찌 전할 수 있으리

溪聲便是長廣舌 山色豈非淸淨身
夜來八萬四千偈 他日如何擧似人

어느 순간 우리는 대자연 속에서 우리 자신을 잃어버린다. 자기 자신을 잃어버리고서도 최대의 행복을 누린다. 아니, 자기 자신을 잃어버리기 때문에 최상의 행복을 맛보게 된다.

불행의 99.999%는 '나'라는 것 때문에 발생한다. 불행의 씨앗은 '나'의 생존과 번영, '나'를 내세우고 싶은 욕심을 먹고 자라난다. 내가 없으면, 불행은 발붙일 틈을 찾지 못한다. 하지만 내가 없다는 것이 살아생전 과연 가능한 일인가? '나'만 죽일 수 있다면, 내가 안고 있는 모든 문제가 깨끗이 사라질 것이지만, 나를 죽일 수 없기 때문에 인간은 늘 문제를 붙안고 씨름

한다.

　폭포 소리가 굉음으로 몸과 마음을 온전히 적시는 순간, 소동파는 문득 자기 자신을 잃어버렸다. 저것이 무엇인가? 무엇이 있길래 만물이 쉴 새 없이 변화하고 움직거리면서 자기 소리를 내는가? 보이는 것들 너머에는 무엇이 있길래 이 우주를 빈틈없이 돌고 또 돌게 하는가? 그렇다, 우주를 돌고 또 돌게 하는 그 힘을 벗어날 자 누구인가? 나도 너도 중생들 모두가, 유정 무정의 모든 것들이, 그 힘 안에서 작용하고 있지 않는가? 그 힘 안에서 누가 누구를 따로이 내세우며 분별할 수 있으랴. 모두가 하나인 것을. 모두가 그 힘 안에서 자기 살림살이를 운영해 가고 있는 것을.

　그 힘 안으로 통합됨으로써 우리 모두는 각자 자기 자신을 잃게 되지만, 잃으면서도 서운해하거나 섭섭해하지 않는다. 잃는다는 감각조차 없이 자기 자신을 기꺼이 거대한 우주적인 힘에 통합시킨다.

　우주를 움직이는 거대한 힘에 개체적인 자아를 통합시키고 나면, 더 이상 '하루살이 같은' 삶을 애석해하지도 않게 되고, '긴 강의 끝없음'을 부러워하지도 않게 된다. 변화되지 않는 것은 아무 것도 없는(無常) 자리에서 보면 인생이란 것이 덧없기 짝이 없는 것이지만, 변화되지 않는 근본 자리에서 보면 소동파가 노래했듯이 사물이든 나든 '다함이 없으니 무엇을 부러워하리요'라는 여유 속에서 살 수 있게 되는 것이다.

변하지 않는 것이 없는 자리에서 흔들리면서 살 것인가. 변하지 않는 근본 자리에서 흔들리면서도 흔들리지 않는 삶을 살 것인가? 소동파는 우리에게 묻고 있다.

겨자씨 속에 수미산이…

　학식이 높은 선비가 자신의 학문을 은근히 자랑하고 싶어 지장 선사를 찾아왔다. 선사와 마주앉자, 선비는 이것 저것을 물어보며 서로간의 높낮이를 겨루어 보고자 하였다. 그러나 선사는 어떠한 질문에도 아무 대꾸를 하지 않았다. 조바심이 난 선비가 비장의 무기를 꺼내들 듯 물었다.
　"내가 보니까 불경에 이런 구절이 있더군요. 겨자씨를 수미산에 넣고, 수미산을 또 겨자씨 속에 넣는다고 말입니다. 겨자씨를 수미산에 넣는다는 것은 의심의 여지 없이 잘 알겠지만, 수미산을 겨자씨 속에 넣는다는 것은 잘못된 표현이 아닐까요? 확대과장된 표현이거나 꾸며놓은 말장난에 지나지 않는 것이 아니겠습니까?"
　선사가 선비의 눈을 똑바로 쳐다보면서 말했다.

"소문을 통해 내가 듣기로는 자네가 만권의 서적을 읽었다고 하더군. 그게 사실인가?"

"정말 그렇습니다."

"아무리 살펴보아도 자네 머리는 대추씨보다 조금 큰 정도에 지나지 않는데, 도대체 만 권의 서적은 어디에 들어 있는가?"

선비는 머쓱해져서 할 말을 잃고 말았다.

대추씨보다 좀더 큰 정도인 머리에 만 권의 책이 들어 있는 것은 이제 와서는 더 이상 비유로 들 만한 꺼리도 되지 못한다. 현대 과학은 우리 몸의 아주 작은 세포 하나에도 몸 전체의 설계도가 들어 있음을 밝히고 있기 때문이다.

한 알의 모래알 속에서 세계를 보고
한 송이 들꽃에서 천국을 본다
너의 손바닥 안에 무한(無限)이 있고
한 순간 속에 영원(永遠)이 있다

19세기의 시인 윌리엄 블레이크는 불가사의한 세계의 비밀을 언뜻 들추어보았던 것일까.

한 개의 세포 속에 내 몸의 모든 설계도가 들어 있다면, 이 내 몸의 어느 구석에 우주의 비밀인들 숨겨져 있지 않을까.

아니, 어디를 보아도 천지의 모든 것이 다, 한 시도 쉬지 않고, 우주의 비밀을 속삭이고 있는 것은 아닌가.

그러기에 육조 혜능 스님은 말씀하셨을 것이다.

불법이 세간에 있으니 세간에서 깨달음을 떠나지 말라.
세간을 떠나서 깨달음을 구하면
마치 토끼에서 뿔을 구함과 같느니라.

佛法在世間 不離世間覺
離世覓菩提 猶如求兎角

소를 타고 소를 찾으니

　　지금부터 80여 년 전의 지리산 천은사 삼일암, 전국에서 모여든 50여 명의 선객들이 겨울 정진을 앞두고 있었다. 통도사에 계시는 성월(性月) 스님을 모셔 오기로 되어 있어서 선객들은 이번에야말로 관문을 뚫고야 말리라고 마음을 다졌다.
　　천은사 큰절에는 세수 70여 세 되는 호은(湖隱) 스님이 있었다. 일찍이 출가하였으나 강당이나 염불당, 혹은 기도처로만 다녔기 때문에 이것저것 아는 것이 많았으나, 선에 대해서는 문외한이나 마찬가지였다. 더구나 호은 스님은 대처승이었다.
　　결제 전날 그가 입승 스님에게 나타나서 말했다.
　　"소승도 큰절에서 오르내리면서 다른 스님네와 같이 공부할 수 있을까요?"
　　입승스님은 일언지하에 거절했다.

"한 철 양식을 미리 내어도 방(榜)을 받을 수 없는데 어림도 없소. 그런 소리는 하지도 마시오."

그러나 호은 스님은 끈질기게 달라붙으면서 사정했다. 그러자 그 사실을 아신 조실 스님이 "대중이 공부하는 데 방해만 되지 않는다면 받아주어야 한다. 그 노장님 뜻은 아무도 막을 수 없지 않느냐." 하시고, 그 노장님에게 직접 말했다. "이왕이면 아주 올라와서 공부하시지 그러세요?"

그러자 노장님의 대답이 가관이었다.

"아이쿠, 사정이 그럴 수만 있다면 얼마나 좋겠습니까? 하지만 제가 여기 와서 있으면 돈 빌려준 문서와 쌀 빌려준 문서는 어떡합니까? 더구나 우리 마누라 궁둥이를 어떻게 떠납니까?"

그 당시 혜암 스님 및 대중 모두는 조실 스님을 모시고 한 철 공부를 성취하기 위해 벼르고 있는 중이었는데, 이 말을 듣고 나니 모두 신심이 뚝 떨어지고 말았다. 그러나 조실 스님이 이미 허락하신 뒤여서 아무리 불평해도 어쩔 수 없는 일이었다.

결제가 시작되고 노장스님은 큰절에서 오르내리면서 참선을 했다. 본인은 시간을 잘 지키려고 애를 쓰는 것 같았지만 가끔씩 어기는 일이 생겼다. 어떤 날은 한낮이 되어서야 올라왔고, 어떤 날은 추운 새벽녘에 수염에 고드름을 주렁주렁 달고 오기도 했다.

대중들이 모여 앉아 공부 이야기를 할 때에는 그는 아예 끼어들지 못할 정도로 깜깜절벽이었다. 하지만 대중들은 "원숭이가 참선하는 흉내만 내고도 천상의 세계에서 태어나는 과보를 받는다는데, 저런 자도 과연 덕이 될까?" 하고 비웃었다.

어느 날 조실 스님이 법문을 마치고 법상에 내려오셔서 차를 마시고 계셨다.

그때 혜암 스님이 6년 전 혜월(慧月) 스님 회상에서 들은 법문이 생각나서 조실 스님께 여쭈었다. "그 당시 어떤 수좌가 혜월 스님께 '소를 타고 소를 찾는다(騎牛覓牛)는 말이 있는데 그 도리는 어떤 도리입니까?' 라고 묻자, 혜월 스님은 그를 보시고 '왜 그런 소리를 하고 다니느냐?' 라고 말씀하셨습니다. 혜월 스님이 그 젊은 수좌에게 대답하신 말씀이 과연 잘한 것이라고 할 수 있습니까?"

그 말끝에 성월 스님이 대답하셨다. "그 늙은이가 그래 가지고 어떻게 학인들의 눈을 뜨게 하겠는가?"

그러자 혜암 스님이 다시 여쭈었다. "조실 스님이 그 자리에 계셨다면 무엇이라고 말씀하셨겠습니까?"

조실 스님이 대답하셨다. "그 젊은 수좌가 혜월 스님에게 묻듯이 그대가 내게 물어보게."

혜암 스님은 가사 장삼을 수하고 큰 절을 세 번 드린 뒤에 여쭈었다. "소를 타고 소를 찾는다(騎牛覓牛)는데 그것이 무슨 도리입니까?"

"그대가 소를 타고 소를 찾는다니, 그 찾는 소는 그만두고 탄 소나 이리 데리고 오너라."

혜암 스님은 말문이 막혀 어리둥절하여 앉아 있었다. 다른 여러 스님들도 멍하니 앉아 있었다. 그때였다. 참선이 무엇인지 잘 알지도 못하고 늦게 공부를 시작한 호은 스님이 자리에서 벌떡 일어나 춤을 덩실덩실 추며 말하는 것이었다. "대중 스님들은 몰라도 나 혼자만은 알았습니다."

그리고는 이어 이렇게 큰 소리로 흐느끼며 조실 스님을 향해 외쳤다. "조실 스님께서 나를 붙들어 주시지 않았더라면 저는 영겁(永劫)으로 무명(無明) 속에서 헤맬 뻔하였습니다."

그러더니 두 눈을 부릅뜨며 다시 외쳤다. "탄 소를 잡아 대령하였으니 눈이 있거든 똑바로 보시오."

대중은 모두 웃으면서 "어지럼병이 지랄병이 된다더니 저 노장님이 이제 미치기까지 하는구나."하고 비웃었다. 그러나 조실 스님은 그러지들 말라고 만류하시며, 그 노장님을 조실 방으로 불러 불조(佛祖)의 공안에 대해 차근차근 물어 보셨다. 그러나 이게 웬일인가? 노장님의 대답은 하나도 막힘이 없었고, 조실 스님은 그 노장님을 깨달았다고 인가를 하였다.

조실 스님은 대중들에게 법상을 차리게 하고 노장님을 높은 자리에 앉게 한 후 대중들에게 삼배를 하게 하니, 호은 노장이 툭 터진 목소리로 법당이 쩌렁쩌렁 울리도록 한 소리를 읊었다.

탄 소를 데려오라는 소리를 듣자마자
문득 삼천대천세계가 내 집임을 깨달았네.
지혜의 반야봉은 늘지도 줄지도 않으매
스스로 오가며 태평가를 부르노라.

卽聞將來騎牛聲 頓覺三千是吾家
不增不減般若峰 自去自來太平歌

이것이 바로 호은 노장의 오도송(悟道頌)이었다. 이 소리를 들은 당시의 혜암 스님은 눈앞이 캄캄해지고, 사흘 동안은 먹는 밥이 마치 모래알을 씹는 것 같았다고 하였다.

그 때 대중 가운데에는 추월(秋月) 스님이라는 분이 계셨는데, 이 소리를 듣고는 돌아앉아 꼬박 16일 동안 단식을 하며 용맹정진을 하였지만 화두를 타파하지 못한 채 아래 웃니가 모두 내려앉아 거의 죽게 될 지경에 이르렀다. 혜암 스님은 나중에 증언하시기를, 백리 길을 다니면서 약을 구해 겨우 추월 스님을 살렸다고 하셨다.

그 뒤 호은 스님은 강원에서 불경 공부를 하는 자기 제자 몇 명을 선원으로 보내어 참선 공부를 하게 하고, 떨어지기 싫어하던 마누라도 한 살림을 차려 따로 내보내더니, 해제하기도 전에 큰 사찰인 금강산 석왕사의 조실 스님으로 초청되어 갔다고 한다.

태어나는 데에 늦고 빠름은 있어도 죽는 데에는 순서가 없
듯이, 깨달음에도 순서가 없다. 언제 어떻게 익어서 터질지는
개개인의 근기와 주변 상황에 따라 다르다. 겉으로 나타난 것
만 보아서는 그 사람의 근기가 어느 정도인지 알 수 없기에
그 사람이 언제 익어서 터질지 알 수 없는 노릇이다.
 부처님은 깨달음의 흐름에 든 자, 세 번 다시 태어날 사람,
한 번만 다시 올 사람, 다시 오지 않아도 될 사람 등으로 근기
를 바로바로 읽으셨다. 호은 노장스님은 기회만 되면 터질 준
비를 갖추고 있다가 "소를 타고 소를 찾는다니 찾는 소는 그만
두고 탄 소나 이리 가져와 보라"는 말 한 마디에 알밤이 터지
듯이 깨달음의 열매를 터뜨렸다. 시원하다. 이리 시원할 수가
없다.
 그러나 우리 모두가 주목해야 할 것은, 노장 스님의 이례
적인 사건 자체가 아니다. 호은 스님은 무엇을 보고 무엇을 들
었을까? 그가 말로 표현한 그 이면에는 어떠한 내면의 소식이
있었던 것인가? 어떤 것을 보고 느꼈기에 그는 흐느낄 정도로
감격하며 스승에게 감사를 표했을까? 거기에 주목해야 한다.
 거기에 눈을 맞출 수 있다면, 우리들 각자도 눈물로 감격
하지 않을 수 없을 것이다.

마음의 무한한 세계

 자폐아란, 문제 그대로 자기만의 울타리 속에서 살아가는 '발달장애 아동'을 가리킨다. 특히 사회적응 능력이 뒤떨어져서 사람들과 담을 쌓고 혼자만의 울타리 속에서 살아가는 아이들이다. 이 아이들과는 다른 사람들과 눈조차 맞추기를 꺼려한다. 왜 무엇 때문에 이런 증상이 나타나는 것일까? 부모와 의사들은 안간힘을 다하지만, 아직까지 밝혀진 것은 너무나 적다.
 그러나 아이큐가 90도 못 되는 이 자폐아들 중에는 특정 분야에서 탁월한 능력을 발휘하는 아이들이 있다. 정상인은 물론 천재들도 따라잡기 어려운 능력을 보인다.
 "1922년 7월 22일이 무슨 요일이지?" 이런 질문을 던지면 몇 초도 안 되어 100%의 정확도로 대답을 한다. 일란성 쌍둥이인 조지와 찰스는 탁월한 날짜 계산능력을 가지고 있어서,

8만 년의 범위 안에서 몇 년 몇 월 몇 일이라는 것을 지정하기만 하면 그 날이 무슨 요일인지를 정확하게 대답한다. 신출귀몰한 이런 능력의 소유자인데도, 간단한 뺄셈조차 하지 못하여 10달러를 주고 7달러짜리 물건을 사면 3달러의 거스름돈을 받아야 한다는 것조차 알지 못해 헤맨다.

100개의 단어도 제대로 구사하지 못하는 톰이라는 시각장애아는, 5천 곡이 넘는 연주 레퍼토리를 가진 음악의 천재였다. 톰은 열한 살 때 백악관에 불려가 완벽한 연주를 했고, 이를 믿지 못한 음악가들은 새로 작곡한 수십 페이지짜리 음악 두 곡을 들려주고 그대로 연주해 볼 것을 요구했다. 톰은 이를 완벽하게 소화해 냈다.

정규 음악교육이라고는 받아본 적이 없는 레슬리 렘키는 청각장애, 정신지체, 뇌성마비의 세 가지 장애를 동시에 지녔지만, 탁월한 음악적인 재능을 지니고 있었다. 열 살 때 난생 처음 TV에서 들은 차이코프스키의 피아노협주곡을 그 자리에서 완벽하게 연주했다. 아무리 복잡한 곡이라도 100% 똑같이 연주할 수 있으며, 심지어는 자신이 좋아하는 스타일로 편곡도 한다.

킴 픽은 몇 년 몇 월 몇 일이 무슨 요일이었는지를 순식간에 대답할 수 있을 뿐만 아니라, 오늘이 그날로부터 몇 일째 날인지 단 몇 초 만에 계산해 낸다. 어떤 책이든 읽은 즉시 거의 대부분을 그대로 암기하여 그가 읽은 7,600여 권의 책들이 그의 머릿속에는 통째로 저장되어 있다. 미국의 우편번호부 책도 통째로 외우기 때문에 문자 그대로 '걸어 다니는 백과사전'으로 불린다.

미술에 탁월한 능력을 보이는 경우도 있다. 말레이시아의 천재화가 핑 리안은 누구에게도 그림공부를 정식으로 받은 적이 없는데도, 여섯 살 때 처음으로 연필을 쥐고 그림을 그리기 시작했다. 한 작품이 경매에서 10만 달러에 팔리기도 한 핑 리안의 그림은 터치와 색감이 너무나 뛰어나 세상 사람들을 놀라게 했다.

이런 능력은 도대체 왜 어디에서 어떤 과정을 거쳐서 튀어나오는 것일까? 이렇게 탁월한 기억 능력을 지닌 아이들과 10분 안에 일어난 일들밖에 기억을 하지 못하는 단기기억 상실자의 차이점은 어디에 있을까? 단지 뇌회로의 문제점들이라고만 치부할 수 있을까?

발달장애나 자폐증 등 뇌기능 장애를 가진 이들이 그런 장애와는 대조적으로 뛰어난 천재적 재능을 보이는 현상을 과학자들은 서번트 신드롬(savant syndrome)이라 부른다. 그러나 우리는 이런 돌연변이적인 특이 능력을 '비정상적인 범주'에만 묶어둔 채 우리 모두의 잠재능력과는 전혀 상관없는 일이라고만 할 수 있을까? 우리 모두의 잠재능력이 어디까지인지를 의심케 하는 또 한 가지 사례인 것은 아닐까?

자폐아인 킴 픽을 '걸어 다니는 백과사전'으로 만드는 데에 지대한 공헌을 한 킴 픽의 아버지는 말했다고 한다.

"우리는 인간의 뇌를 현재의 수준으로 제한하는 경향이 있습니다. 우리는 진화와 지능이라는 것들에 우리의 뇌의 능력을 제한시키고 있는 데서 벗어나 다음 차원으로 뛰어넘을 필요가 있습니다."

쉽게 말하자면, 우리 스스로 문을 닫아걸고 있기 때문에 재능이나 능력이 충분히 발현되고 있지 못하다는 뼈아픈 자성의 발언이다.

서번트 신드롬에 해당하는 아이들은 우리들 모두가 스스로 문을 닫아걸면 어떻게 되고, 문을 열었을 때는 또 어떻게 된다는 것을 만천하에 보여주고 있는 것이 아닐까? 자폐증과 천재의 차이는 백지 한 장의 간격도 되지 못한다는 것을 온몸과 온마음으로 증거해 보이고 있는 것이 아닐까?

자폐증 아이들만 문을 닫아걸고 있는 것이 결코 아니다. 우리 모두가 스스로 능력의 문을 닫아걸고 사는 측면이 있다. 나는 할 수 없다고 말하는 순간, 안 된다고 말하는 순간, 내 능력 바깥이라고 말하는 순간, 세계와 나 사이에는 보이지 않는 담장이 쌓아 올려진다.

우리 모두는 우리 스스로 생각하듯이 "갇힌 존재들"이 아니다. 왜 무엇이 우리를 가두는가? 우리의 생각이고, 욕망이다. 집착이다. 우리의 생각이 무엇엔가에 집착하는 순간, 우리는 우리가 집착하는 그 대상에서 벗어나지 못한다. 그것이 감옥이다. 윤회의 사슬이고 감옥이다.

우리 모두는 윤회의 사슬에 갇힌 존재들이 아니다. 한 생에서 다음 생으로 기약없이 헤매야 하는 존재들이 아니다. 우리는 우리가 생각하는 것보다 훨씬 더 큰, 더 위대한 존재들이다.

문을 열기만 하면 얼마나 광대한 능력의 영토가 기다리고 있는지, 자폐증이면서도 천재들인 서번트 증후군의 아이들이 우리에게 보여주고 있다.

자기 마음을 들여다보라

　부처님께서는 우리가 살고 있는 이 사바세계를 고해(苦海)라고 하셨다. 우리는 이 말끝에 스스로 물을 수 있어야 한다. "나에게는 이 인생이 무엇인가? 부처님이 말씀하신 것처럼 과연 고해인가?"
　인생이 고해라는 것에 선뜻 동의하지 않을 중생들도 적지 않을 것이다. 세상살이에 언제나 있게 마련인 높낮이의 어느 위치에 서 있는가에 따라, 때로는 인생의 항해가 너무나 즐거운 것일 수도 있다. 그럼에도 이 기쁨, 이 즐거움은 잠시잠깐이다. 잠시잠깐의 즐거운 시기가 지나면, 그는 결국 묻지 않을 수 없게 될 것이다. 왜 내가 이 고해에서 허우적이며 고생하고 있는 것인가?
　고해가 아니라고 자신 있게 답할 수 있는 이에게는 부처님이 필요치 않다. 부처님도 말씀하셨다. 아픈 자에게 의사가 필요하듯이, 괴로움의 바다에서 허우적이는 중생에게만 부처가 필요한 것이라고..

　　잠시 즐거움에 들떠 인생이 고해임을 잊고 지낼 수는 있다 할지라도, 결국엔 누구나 인생이 가져다주는 궁극적인 불행의 국면들을 대면하지 않으면 안 되고, 동시에 그러한 불행의 원인이 어디에 있는지 근본적인 물음과 맞닥뜨리지 않으면 안 된다. 탐욕에 빠져 있을 때는 그것이 탐욕인 줄도 모르고 광분하다가, 그것을 이루고 났을 때의 허망함이라든가 헛됨, 영원하지 못한 만족감, 탐욕을 추구하는 과정에서의 부작용 등을 몸소 경험하게 되면, 그제야 자신의 탐욕을 탐욕으로 바라보게 된다. 하지만 그것으로 탐욕의 행진을 멈추는 법은 거의 없으니, 탐욕인 줄 알면서도 다시 탐욕에 빠지고, 다시금 시행착오를 되풀이하곤 한다.

　　어쩌다 전생에 좋은 선업을 지어 좋은 일을 많이 경험할 수도 있지만, 그렇다고 하여 생로병사의 큰 틀에서 벗어날 수 있는 것은 아니다. 남 보기엔 너무나 많은 복을 누려서 선택받은 인생을 살고 있는 것처럼 보이는 사람도 그 내막을 들여다보면 이만저만한 고민이 있는 것이 아니다.

　　행복이란 무엇인가? 어떻게 살아야 행복하게 살 수 있는 것인가? 어떻게 해야 행복하게 살 수 있는 마음가짐을 가질 수 있을까?

　그 무엇보다도, 마음이란 것을 깨쳐야 한다. 마음을 깨치려면 자기 자신을 비추어 볼 줄 알아야 한다. 자기 자신을 비추어 보고 진실한 삶이란 무엇인가를 스스로 터득해야 한다. 자기 마음을 비추어 보지 않은 채, 남의 행복한 마음만을 훔치려 드는 자들이 너무나 많다. 우리 스스로 우리 마음을 들여다보고 그 본질을 깨치기 전에는, 누구도 부처님 마음이 될 수 없다.
　부처님이 굉장한 그 무엇인가를 깨친 것인가? 아니다. 누구나 가지고 있는 마음을 깨친 것이다. 그런데도 자기가 가지고 있는 마음은 들여다볼 생각을 하지 않은 채 부처님 마음만 들여다보고 그것을 흉내 내려고 애쓴다.

　선지식 80여 명을 배출할 정도로 대선지식이었던 마조 선사는, 내세울 것 없는 비천한 농가에서 태어났지만 용모나 기상이 빼어났다. 걸음걸이는 황소처럼 여유만만했지만 눈빛이 형형하여 호랑이 눈빛이었다. 젊은 날의 마조 스님은 지극한 신심으로 좌선에 몰두했다.
　어느 날 마조 선사가 좌선에 열중하고 있을 때, 스승인 남악회양 선사가 제자가 보는 앞에서 기왓장을 열심히 갈고 있었다. 젊은 마조는 기이한 행동을 하는 스승을 향해 묻는다.
　"스님, 기왓장은 왜 갈고 계십니까?"
　"음, 기왓장을 갈아서 거울을 만들려고 그러네."

마조는 어이가 없었다.

"아니 스님, 기왓장을 간다고 거울이 됩니까?"

그러자 기다렸다는 듯이 방장 스님의 날카로운 화살이 날아든다.

"좌선을 한다고 부처가 되나?"

모든 것을 좌선에 걸고 있었던 마조는 스승이 무엇을 가리켜 보이는지 금세 알아차렸다. 좌선을 한다고 부처가 되나? 라는 이 한마디 말이 그의 존재 전체를 뒤흔들었지 않았을까. 어안이 벙벙하여 한참이나 스승을 바라보던 마조는 간신히 한마디 물음을 내놓는다.

"그럼 어떻게 해야 합니까?"

"수레가 가지 않을 때는 수레를 때려야 하겠는가? 소를 때려야 하겠는가?"

마조는 아무런 대답도 할 수 없었다. 남악회양 스님이 그런 마조를 향해 친절한 몇 마디를 덧붙인다.

"그대는 좌선(坐禪)을 배우고자 하는가, 좌불(坐佛)을 배우고자 하는가? 만약 좌선을 배우고자 한다면 선은 앉거나 눕는 데에 있지 않다. 좌불을 배우고자 하는가? 부처는 정해진 모습을 가지고 있는 것이 아니다. 그대가 좌불을 구한다면 부처를 죽이는 것이고, 좌선에 집착한다면 이치를 깨닫지 못할 것이다."

그렇다면 도대체 어쩌란 말인가? 이런 의문이 들 수 있다.

남악회양 스님이 가리켜 보이고자 했던 것은, 좌선을 하라거나 하지 말라는 이야기가 아닐 것이다. 하루 종일 앉아 있으면서 머릿속에 온통 잡념만 무성하게 기르고 있었다면 이는 부처를 기르는 것과는 천지 차이가 있다.

좌선을 해서 부처가 되는 것도 아니고, 좌선을 하지 않아서 범부가 되는 것도 아니다. 좌선을 하는 것이 습관이 되었지만 몸에 병만 키우고 있는 경우가 적지 않다.

좌선을 얼마나 오래 하느냐에 성패가 달려 있는 것이 아니다. 내 안의 부처를 꽃피우려면, 무엇보다도 자기 마음을 들여다보아야 한다. 자기 마음을 들여다보는 이것이 빠진다면, 아무리 염불을 하고 경을 외우고 계를 지켜도 유익함이 없다.

8만4천 경전을 다 외우더라도 자기 마음을 비추어 보지 못하면 나고 죽는 사바세계의 윤회에서 한 걸음도 벗어날 수가 없다. 마음을 요달치 못하면서 한가로이 책장이나 뒤지는 것은, 부처의 꽃을 피우는 것에서 오히려 더욱 더 멀어지는 결과가 될 수밖에 없다.

불법을 전하기 위해 인도에서 중국으로 건너온 달마대사는 소림사 뒤쪽의 석굴에 머물며 9년 동안 말 한마디 하지 않는 벙어리로 세월을 보내고 있었다. 그 무렵 신광(神光)이라는 젊은 스님이 달마대사의 위대함을 전해 듣고, 눈길을 무릅쓰고 소림석굴에 찾아왔다. 하지만 달마대사는 신광을 받아들이지 않았다. 신광은 석굴 어귀에 꿇어 앉아 눈보라 속에서 밤을 지새웠다.

온몸이 얼어붙었지만 신광의 뜨거운 구도 열정은 얼게 할 수가 없었다. 날이 밝아오자 달마대사는 그제서야 넌지시 돌아앉아 신광을 굽어보았다. 신광이 큰절을 올리고 나서 말했다.

"스승님, 이 어리석은 제자가 법을 구하기 위해 이렇게 왔습니다. 부디 거두어 주십시오."

달마대사는 신광을 향해 말한다.

"위없는 대도(大道)는 얇은 지혜나 가벼운 덕으로는 얻을 수 없다."

이에 신광은 허리춤에 차고 있던 칼을 빼어 단숨에 왼팔을 잘라 달마대사께 바쳤다. 용솟음치는 선혈로 하얀 눈이 붉게 물들고, 이런 신광의 지극한 구도 열정은 달마대사의 마음까지도 물들인다.

공부에 마음을 쏟기 시작했지만, 신광은 좀처럼 진도가 나가지 않았다. 아무래도 마음의 안정을 얻을 수가 없었다. 어느 날, 신광은 다시 스승 앞에 나아가 묻는다.

"스승님, 저의 마음은 아직도 편치가 않습니다. 부디 스님께서 제 마음을 편케 해주십시오."

"그러면 편안치 못한 그대 마음을 가져오너라. 내가 편안케 해주리라."

신광은 당혹하여 잠시 침묵을 지키고 있다가 대답한다.

"마음을 찾아보았으나 얻을 수 없습니다."
그러자 대사가 다시 말한다.
"네 마음을 벌써 편안케 해주었느니라."

달마대사의 한마디 가르침에 신광의 어두웠던 마음이 활짝 열리고, 이를 계기로 정진을 계속한 신광은 황금의 법맥을 이어받아 제2조 혜가(慧可, 487-593) 대사로 거듭난다. 달마대사가 혜가에게 전해 준 안심법문(安心法門), 곧 혈맥론에 대해서는 별도의 장을 통해 다시 더 자세히 다룰 것이다.

그러나 분명한 것은, "편안치 못한 그대 마음을 가져오라"는 한마디 말에 신광은 불현듯 자기 마음을 들여다보게 되었다는 점이다.

깨우침의 대상은 부처님이나 조사스님네들의 언행도 아니요, 경전도 아니다. 마음이다. 그리고 이 마음은 부처님도 가지고 있고, 나도 가지고 있다. 나도 늘 가지고 있는 이 마음을 깨치기만 하면 내 안에 있는 부처가 꽃을 피우고, 늘 가지고 있으면서도 이를 들여다볼 줄도 모른다면 범부중생의 삶을 살 수밖에 없다.

너무나 간단하다. 부처님이나 조사스님네들의 언행을 배우는 것도 내 마음을 들여다보기 위함이요, 경전을 읽거나 외는 것도 내 마음을 들여다보기 위함이요, 참선을 하고 염불을 하는 것도 자기 마음을 들여다보기 위함이다. 다른 곳에 목적이 있는 것이 아니다. 깨우친 사람들의 행실을 읽거나 전해 들으면서 감탄이나 거듭하고 있다면, 가난뱅이가 남의 집 창고의 쌀가마를 밤새도록 세면서 즐거워하는 것이나 마찬가지로 실제로는 나에게 아무런 유익함이 없다.

일체유심조

전쟁의 승패를 좌우하는 으뜸가는 요소는 무엇일까? 병사들의 싸우려는 의지, 곧 '사기'도 중요한 요소이지만, 이것도 정도의 문제일 뿐이다. 수적으로 많은 차이가 나는 경우에는 사기도 떨어지게 마련이다.

아군보다 열 배나 되는 적군을 맞아 싸우게 된 장군이 어떻게 하면 병사들의 사기를 높일 수 있을지 궁리하다가, 장군이 사당에 예를 올린 후 참모들을 불러놓고 말했다.

"이제 나는 동전을 하나 던질 것이다. 만약 앞면이 나오면 우리가 승리할 것이고, 불행히 뒷면이 나오면 패할 것이다. 승패는 운명의 손에 달려 있다."

장군은 그 말과 함께 참모들이 보는 앞에서 동전을 던졌다. 다행히도 앞면이 나타났다. 병사들은 신이 나서 열심히 싸웠고,

마침내 적군을 물리칠 수 있었다.
"아무도 운명을 거역할 수는 없는 법입니다."
돌아오는 길에 한 부하가 장군에게 당당하게 말했다.
"그럼, 그렇고말고."
장군은 모두 앞면뿐인 동전을 들어 올려 보여주었다.

세상사 모두가 마음먹기 나름임을 보여주는 이런 예화는 셀 수 없이 많다. 가장 대표적인 것이 아마도 원효 스님의 사례가 아닐까.
원효와 의상은 당나라에 불법을 공부하러 가다가 산중에서 노숙을 하던 중 비를 만난다. 어둠 속에서 민가를 찾아 헤맸으나 찾지 못하고 움집을 발견하여 그곳에서 밤을 지냈다. 원효는 밤중에 갈증을 느껴 어둠 속을 더듬다가 가까이에 웬 바가지가 놓여 있고 거기에 물이 들어 있는 것을 알고는 그 물을 달게 마셨다. 먼 길에 지치고 피곤한 그들은 단잠을 잔 뒤 이튿날 날이 새자 주위를 둘러보았다. 그들이 하룻밤을 보낸 곳은 움집이 아니라 피폐해진 무덤 속이었고, 여기저기 해골이 널려 있었다. 원효가 달게 마신 물은 해골에 고인 물이었던 것이다. 이를 안 원효는 구토를 하다가 ,그 모든 것이 마음의 도리임을 깨닫고는 속으로 환희심에 젖었다. 움집인 줄 알고는 무덤 속에서도 편히 잤고, 바가지에 고인 물인 줄 알고 해골에 고인 물을 달게 마신 이 이치는 무엇인가? 원효는 여기에서 "마음이 있어야 갖가지 사물의 형상을 인식하게 되고, 마음이 없으면 이런 것도 다 없어지게 된다"(心生卽種種法生 心滅卽種種法滅)는 마음의 향방을 깨우쳤던 것이다.

일본의 메이지 시대에 '거대한 물결'이라는 유명한 씨름꾼이 있었다. '거대한 물결'은 건장한 체격에다 씨름의 묘미를 잘 알고 있었다. 그와 개인적으로 겨루면 그의 스승도 그를 당해내지 못했다. 그러나 공식 시합에 나가기만 하면, 그는 자신감이 부족하여 그보다 훨씬 후배들에게조차 나가떨어지곤 하였다.

'거대한 물결'은 도가 높은 선승을 찾아가 도움을 청했다.
"이름이 '거대한 물결'이라고? 이름 하나는 거창하군 그래. 오늘 밤은 이 사원에 묵도록 하게. 오늘 밤에는 좌선을 하면서 자신을 크게 굽이치는 물결이라고 상상하게. 그대는 이제 결코 겁쟁이 씨름꾼이 아니야. 그대 앞에 펼쳐진 모든 것을 휩쓸고, 눈앞의 모든 것을 다 삼켜 버리는 거대한 파도지. 그 생각만 부지런히 하게나. 그러면 그대는 이 땅에서 가장 위대한 씨름꾼이 될걸세."

'거대한 물결'은 자신을 파도라고 상상하면서 명상에 들어갔다. 처음에는 잡다한 생각들이 머리를 어지럽혔다. 그러나 시간이 지나자 상상 속의 물결이 점점 실감나게 움직이기 시작했다. 밤이 깊어갈수록 물결은 점점 거세어졌다. 물결은 그의 모든 생각을 휩쓸었다. 방안의 모든 가구도, 꽃병의 꽃들도 물결에 휩쓸렸다. 단상 위에 놓인 부처마저도 거대한 물결에 잠겨 둥둥 떠다녔다. 사원은 거대한 바다 속에 가라앉아 갔다.

아침이 되자 선사는 씨름꾼의 어깨를 두드리며 말했다.

"이제는 누구도 그대를 이길 수 없네. 그대가 바로 그 거대한 물결이야. 그대 앞에 놓인 모든 것을 다 쓸어 버리게."

그 날 그는 씨름 시합에 나갔고, 승리를 거두었다. 그 후에도 연전연승이었다. 그는 일본의 역사에 남는 훌륭한 씨름꾼이 되었다.

겉으로 보기에 달라진 것은 아무 것도 없다. 물리적으로 힘이 더 세진 것이 결코 아니다. 마음의 자세가 달라졌을 뿐이다. 애초에는 마음에 부림을 당했지만, 나중에는 자신감을 갖고 마음을 부릴 수 있게 된 것이다.

장군과 '거대한 물결'은 '마음부림'을 잘 한 것인가? 말할 나위도 없이, 우리가 살아가는 동안 꼭 필요한 마음의 활용법이다. 하지만 불교에서 말하는 마음법은 이런 '마음부림'보다 훨씬 더 높은 차원에 자리한다.

불교에서의 마음은 개체에 갇혀 있는 마음만을 가리키지 않는다. 일체 모든 것이 마음에서 이루어진 것이라고 본다. 우주 만물 모든 것이 마음에서 나왔다. 콩이나 팥 같은 작은 것을 내는 것도 마음이고, 하늘의 무수한 별들을 내고 움직이는 것도 마음이다. 철이나 돌처럼 강한 것을 내는 것도 마음이고, 물이나 솜보다 더 부드러운 것을 내는 것도 마음이다.

마음은 보아도 보이지 않고 잡아도 잡히지 않는다. 크기로는 땅보다도 크고, 작기로는 먼지보다도 작고, 넓기로는 태평양보다도 넓고, 옹색하기로는 바늘귀 하나도 용서하지 않는 것이 마음이다.

이 우주를 내고 들이고 유지하는 그 마음에 계합하는 것이 깨달음이다. 일체를 짓는 마음과 자기 마음을 따로 분간하지 않아야 온전한 깨달음에 들었다고 할 수 있을 것이다. 너니 나니 옳으니 그르니 구분을 짓고, 길고 짧음을 논한다면, 그것은 깨달음과는 거리가 멀다. 어떠한 구분도 없어야 한다.

3조 승찬 대사는 "지극한 도는 어렵지 않다. 취하고 버리는 마음과 미워하고 사랑하는 마음만 버리면 저절로 명백해진다"고 하였다. 언뜻 보면 천하에 쉬운 일인 것 같지만, 바로 다음 구절에서 그는 "털끝만큼이라도 어긋나게 되면 하늘과 땅 사이처럼 차이가 난다"고 경고한다.

우주의 근본 바탕인 마음에 계합하지 못하고 '나'라는 생각을 일으키고, 좋다 나쁘다거나 해롭다 유익하다는 마음을 내는 순간, 바로 도에서 멀어진다는 것이다.

선사들이 황금의 맥을 이을 만한 법제자가 될 수 있는지 깨달음의 정도를 시험하는 기준은 언제나 여기에 있었다는 것을 어렵지 않게 알 수 있다. 나누고 분별하는 마음이 조금이라도 남아 있다면, 그는 아직도 가야 할 길이 먼 것이다.

마음, 그 불가해한 실체를 찾아서

마음, 마음, 마음이여,
참으로 찾기 어렵구나.
넓고 오랜 것으로 말하면 우주의 처음과 끝에 이르고
좁고 작기(玄玄密密)로 말하면 바늘 끝보다도 못한다.

心心心難可得
寬時遍法界 窄也不容鍼

달마대사(達磨大師) 혈맥론(血脈論)에 나오는 게송의 첫 구절이다.

'우주'로 번역된 이 게송의 법계(法界)는 산스크리트어 'dhṛ'와 'dhātu'의 합성어로 보인다. 'dhṛ'는 '늘 잊지 않고 마음에 새기어 갖는다'는 뜻이 내포된 단어이고 'dhātu'는 '요소, 구성분자, 자연조건'이라는 내용이 함축된 단어이다.

이 게송에 나오는 법계를 'dharma'와 같은 뜻으로 받아들이면 '사물', '현상세계', 또는 '우주적 질서'로 이해해도 크게 왜곡된 해석은 아닐 것이라고 생각된다.

일반적으로 우리들이 '우주'라고 하면 천문학에서 관측이 이루어졌거나 가정되는 모든 천체와 그들 현상이 물리적 영역(universe)으로 이루어진 것을 의미한다.

그러나 'dharma'가 함축하고 있는 우주는 지구를 포함한 물질과 에너지가 흐르는 모든 질서계를 총칭한 것으로 받아들여진다. 그런데 이 질서계는 정신적인 것까지 포함시켜야 하는 것으로 본다.

그런데 우리는 '우주'라는 말을 정신적 요소가 배제된 보통명사로 받아들이는 경향이 있다. 하지만 '우주'라고 했을 때 사람들이 상상하고 그리는 바는 저마다 다르다. 인식하는 방법에 따라 우주를 나누면, 거시적 관점으로 바라보는 인플레이션(inflation) 우주가 있고, 미시적 관점에서 바라보는 양자론적 우주가 있다.

거시적이든 미시적이든 출발점은 바로 '나'로부터 시작된다. 내가 지금 테이블 앞에 앉아 있다면 테이블은 내가 살고 있는 주택보다 작다. 주택은 지구보다 작고, 지구는 태양보다 작다. 태양은 태양계보다 작고 태양계는 은하계보다 작다. 은하계는 우주보다 작고, 우주는 끝이 없다고 한다. 하지만 우주가 끝이 없다는 상상은 경험적 객관성을 떠나 있다.

미시적 우주도 같은 방식으로 나타낼 수 있다. 내가 앉아 있는 의자가 나무의자라면 몇 개의 각목과 몇 조각의 널빤지로 되어 있다. 각목과 널빤지를 부수면 나뭇조각으로 변한다. 나뭇조각을 잘게 쪼개면 성냥개비처럼 변하고, 성냥개비를 잘게 부수면 먼지로 변한다. 먼지를 잘게 부수면 분자로 변하고, 분자를 쪼개고 보면 원자로 바뀐다고 상상하게 되는데, 이것 역시 경험적 객관성을 떠나 있다.

경험적 객관성을 떠나 있다는 이야기는 이미 주관적 견해가 개입되었다는 것을 나타낸다. 우주의 질서계에 대한 인식 행위는 결국 자아(自我)의 관점과 뗄 수 없는 관계에 있다고 본다.

새로움을 더하여

우리는 원자가 물질의 기본구조를 이루고 있다는 것을 다 알고 있다. 현대에 이르자 과학자들은 원자를 다시 1,000조분의 1mm 정도로 나누는 극미의 세계에까지 파고 들어갔다. 그러다 보니 물질은 입자이면서 동시에 파동(빛)이라는 불가사의한 지점에 맞딱뜨리게 되었다. 그렇다면 이 우주가 펼치는 질서, 곧 '법계(法界)'는 미시의 세계에서 소립자들이 벌이는 페

스티발이란 말인가?

　이런 물질의 본질과 '마음'은 어떤 관계가 있을까? 입자이면서 파동이고 파동이면서 입자인 물질의 본질, 그 어느 대목에 어떤 방식으로 마음이 비집고 들어갈 수 있을까? 그리고 그 '마음'이란 도대체 무엇일까?

　20세기 이전에는 물리적인 실재와 우리들의 사고가 완전히 별개의 것이라고 생각해 왔다. 그러던 것이 20세기에 이르러 '우리들에게 보이는 것은 우리들이 보려고 하는 그것'만이라는 사실이 양자역학(quantum mechanics)에 의해 밝혀졌다. 즉, 세계의 외관과 그것을 보고 있는 우리들의 사고는 근본적으로 연결되어 있다[1]는 것이다.

　그렇다면 마음도 우주(法界) 속에 함께 내재되어 있다는 이야기가 된다. 그래야만 마음을 알면 우주를 알게 되고 마음을 찾으면 우주를 찾는 것이 된다.

　그러나 마음은 참으로 찾기 어렵다고 이 게송은 이야기하고 있다.

　　나는 본래 마음을 찾을 뿐 깨달음을 찾지 않는다.
　　생명 있는 것들이 사는 이 세계는

---

1) Fred Alan Wolf, 『時空여행』, 임승혁 옮김, 소학사. 1990, p.125

본래 텅 비어 아무것도 없음을 확실히 알라.
깨달음을 찾으려거든 오로지 마음을 찾아라.
마음, 마음, 마음, 오직 이것이 부처이다.

我本求心不求佛 了知三界空無物
若欲求佛但求心 只這心心心是佛

본래 현상세계는 텅 비어 아무것도 없는데, 마음, 마음, 마음, 이것을 찾으면 최고의 지혜(bodhi)에 도달하게 된다는 뜻으로 요약된다.

'생명 있는 것들이 사는 이 세계는 텅 비어 아무것도 없음을 확실히 알라'는 구절은 현상세계의 실상을 묘사한 것으로 받아들여진다.

물리학에서는 양자이론을 성공적인 물리이론이라고 이야기한다. 양자이론에서 물리적 실재(實在)는 본질적으로 비물질적이라는 가정 위에 서 있다. 이 이론에 따르면 우리가 보고 있는 나무, 흙, 사람까지도 물질이라고만 규정지을 수가 없다. 아니, 물질의 본질은 비물질이다. 양자장이론에 의하면 오직 장(field)만이 존재한다고 말한다. '물질'이 아니라 '장'이 바로 우주의 근본 실체(實體)라는 이야기이다. 물질(粒子)이란, 우주에서 유일한 실체인 장들의 순간적 반응결과(manifestations)라는 것이다. 이들의 상호작용은 장들 자체가 극히 국한된 공간에서 극히 짧은 시간 동안 작용하기 때문에 입자처럼 보인다2)고 말한다.

그렇다면 우리의 눈앞에 펼쳐진 삼라만상이 본질적으로는 모두가 비물질이라는 이야기가 된다. 그런데도 우리들 각자는 이 비물질을 물질이라고 우기면서 살아가고 있는 셈이다. 양자역학의 공헌은 우리가 우리 스스로 구축해온 개념(perception)을 인위적인 범주(category)에서 치명적인 타격을 주었다는 데에 있다. 우리 모두가 고질화된 개념의 테두리 속에 스스로 구속되어 있다는 것을 밝혀주었다.

'생명 있는 것들이 사는 이 세계는 본래 텅 비어 아무것도 없음을 확실히 알라'고 한 이 게송의 구절은 스스로 고질화된 개념을 벗어나라는 이야기가 아닌가?

하지만 달마 대사는 어떤 연유로 마음, 마음, 마음, 이것이 부처이고, 깨달음이고, 최고의 지혜라고 했을까?

마음, 마음, 마음

내가 본래 마음을 찾지만 스스로 마음을 지니고 있다.
마음을 찾으려면 마음을 알려고 애쓰지 말라
최고의 지혜의 본성은 마음 밖에서 찾는 것이 아니니
마음이 발생하면 곧 잘못이 생기는 때이다.

---

2) Gary Zukav, 『춤추는 物理』, 김영덕 옮김, (주)범양사출판부 1981, p.298

我本求心心自持 求心不得待心知
佛性不從心外得 心生便是罪生時

우리 모두는 스스로 마음을 갖고 있다. 하지만 역설적이게도 갖고 있는 마음을 알려고 애쓰지 말라는 것이다. 왜냐하면 최고의 지혜의 본바탕은 마음 밖에 있는 것이 아니므로, 마음이 발생하면 그것은 곧 길을 잘못 찾아들어가고 있다는 것을 나타내기 때문이다.

그러나 이 게송 어디에도 마음의 실체를 적시해 놓지는 않았다. 그렇다면 도대체 마음이란 무엇인가?

마음의 실체를 파악하는 여행을 떠나기에 앞서, 이 지구상에 생명이 탄생된 경위부터 살펴볼 필요가 있다. 왜냐하면 생명의 존재에는 마음이 함께 있다고 여겨지기 때문이다.

현재의 표준 우주론에 의하면, 우리가 사는 이 우주는 150억 년 전, '무(noting)'의 상태에서 인플레이션(inflation)이라 불리는 급격한 팽창을 거쳐 불덩이 우주로 태어났다고 이야기한다. 그리하여 이 불덩이 우주는 팽창과 더불어 냉각되었고, 가스가 굳어서 은하와 별이 탄생해 우주의 구조가 생겨났다는 시나리오이다.[3]

---

3) Newton, 1997/2 p.88

우리가 사는 지구는 대략 46억 년 전, 원시 태양계 주위에서 소행성이 충돌과 합체를 되풀이하여 탄생되었고, 최초로 생명이 탄생된 것은 40억 년 전으로 추정되고 있다.

지구가 생겨난 뒤 수억 년이 지나자 뜨겁던 행성이 차츰 식어가면서 대기 중의 많은 수증기가 비가 되어 지표로 떨어져 바다가 되었고, 하늘은 번개의 불꽃방전으로 뒤덮였으며, 화산폭발이 끊임없이 일어났는데, 이 같은 현상은 오히려 화학반응을 촉진시키는 결과를 가져왔다.

그럼으로써 대기 중에 아미노산(amino acid), 핵산염기, 당(糖) 등 간단한 유기물이 합성되었다. 그들은 차츰 원시바다로 녹아 들어갔고, 생명 탄생에 결정적 역할을 할 저분자 유기물이 고농도로 모인 곳이 생겨났다.

이 같은 조건에서 생명이 탄생되기 위해서는 충분한 시간이 필요했다. 생명이 탄생하는 데는 아미노산이나 핵산(nucleic acid) 등의 유기물질에서 자기복제를 하고 대사기능을 갖춘 최초의 생명인, 단세포가 태어나기까지 한없는 시행착오가 거듭되었을 것이고, 생명의 탄생이라는 행운이 생겨나는 데는 몇억 년이 필요했을 것으로 보고 있다.

더욱 단세포에서 다세포 생물로, 다세포 생물에서 다시 지적 생명체로 진화하는 데 걸리는 시간은 몇십 억 년이 필요했을 것[4]이라는 설명이다.

예컨대 생명의 분자로서 RNA가 생기고, 이어서 DNA가

형성되어 지구상에 생명이 탄생한 이래 오늘까지 30억 년 동안, 수없이 많은 생물의 출현과 멸종이 되풀이되었던 것으로 보고 있다. 말하자면 고생대 어느 시기에는 어류가 출현하였고, 뒤를 이어 양서류, 파충류가 나타났으며, 이어서 조류와 포유류가 등장하였다.

이렇듯 생명의 실은 끊어지지 않고 꾸준히 이어져 나가 갖가지 생물을 만들어냈는데, 진화의 마지막 단계에 인류가 등장하게 된다. 말하자면 원시지구 바다에서 형성된 세포가 30억 년 후에 지구의 역사상 최고의 지적 생물인 인류를 낳은 것이다.

그런데 지금까지의 과학에서는 이 지적 생명체의 하드웨어(hardware)라 할 의식(意識)을 심도 있게 체계화해 놓은 이론이 쉽게 눈에 띄지 않는다.

> 내가 이 땅에 온 뜻은
> 우주의 이치를 전해
> 사리에 어두운 이들을 깨우치려 함이니
> 한 송이 꽃에 다섯 잎이 피어
> 저절로 열매를 맺어 성숙되리라.
>
> 吾本來此土 傳法救迷情

---

4) Newton, 1997/2 p.88

一花開五葉 結果自然成.

현상세계의 이치를 전해 사리에 어두운 인간들을 깨우치게 하려는, 즉 선종의 미래를 예견한 이 게송의 설명에 언뜻 관련이 없어 보이는 생물학 이야기를 왜 꺼내는가?

오늘날 우리의 문화와 교육환경은 인간의 심오한 내재적인 문제보다는 서구의 실용주의가 앞세워져 외적 질서의 인지에만 편향되어 왔기 때문에 이제는 내재적인 방향으로 나아가야 하지 않을까 하는 생각에서 그쪽으로 방향을 틀어 본 것이다.

자, 그럼 앞서의 이야기로 다시 돌아가 보자.

미래의 생물학은 '뇌의 시대'라고 할 만큼 뇌는 엄청난 수의 신경세포로 이루어진 거대 네트워크로 일컬어지고 있다.

사람의 뇌는 140억 개의 신경세포와 그 10배에 달하는 글리어(glia) 세포가 있고 이들이 긴밀한 세포사회를 형성하고 있다. 특히 뇌세포는 정보를 받고 그것을 처리하며 출력하는 기관으로서의 기능 외에도 몸 전체 기관의 조절 센터로 작용하고 있다. 마치 인간이 언어를 사용해 의사소통을 하는 것처럼 개체끼리의 정보교환까지 조절하고 있어서, 뇌는 기관이면서 개체 밖까지 그 영향을 미친다.[5]

생물학적 입장에서 보면 사람의 대뇌피질에는 신경세포가

6층으로 늘어서 있으며, 가장 바깥층은 신경섬유(축색돌기)로 이루어졌고, 2~6층에는 기능이나 형태가 비슷한 신경세포가 모여 있다. 이처럼 신경세포를 만들어내거나, 신경세포의 층 구조를 만드는 일이 기억이나 인식 등의 복잡한 정보처리를 가능하게 하여 '마음'을 만들어내는 기본이 되는 것이다.[6]

신경생물학이 마음의 소재를 알 수 있을까

한편 신경과학자들은 '의식을 설명하는 문제는 두뇌 안에 존재하는 의식의 신경상관물을 밝혀냄으로써 풀릴 수 있다'고 보고 있다. '한 유명한 이론에서는 그것이 의식의 양상과 관련된 뉴런(neuron)의 회로위치를 찾아내고 다른 회로와 어떻게 상호 연결되어 있는지를 알아냄으로써 가능하다'고 주장한다.[7]

이에 관한 심리학이나 정신분석학적 접근이 없는 것은 아니지만, '자연과학자가 보는 관점은 심리학자가 사용하는 방법을 인정하기 어려울 수 있다'[8]고 말한다.

그렇다면 의식, 본능, 추상작용 따위는 어디서 오는가? 중국계 미국인 과학자 존슨 얀(Johnson F. Yan)은 '오늘날 과학자

---

5) Newton, 1996/5 p.36
6) Newton, 1998/10 p.82
7) Daniel Goleman 엮음, 『마음이란 무엇인가』, 씨앗을 뿌리는 사람 2006. p.263
8) Johnson F. Yan, 『DNA와 周易』, 안창식 옮김, 몸과 마음, 2002, p.243

들은 뇌의 작용에서 나온다고 믿는 것 같다'고 전제하면서 뇌에는 '두뇌도서관'이 있는데, 그것은 DNA의 '유전자 도서관'과 다르다고 말한다. 하지만 기본적으로 의식이 지도해 주지 않는다면 생명은 존재할 수 없을 것이라는 설명이다.

프레드 호일(Fred Hoyle)은 여기에다 신성(神性)을 부여한다. '단위 아미노산 2,000개로 이루어진 '짧은' 단백질 사슬조차 아미노산이 무작위적으로 섞여 정확한 염기서열에 도달할 가능성은 없다'는 것이다. 그렇기 때문에 그는 '의식과 관련한 어떤 요소가 반드시 존재해야 한다고 주장한다. 의식은 반드시 우리 자신이나 단백질 분자에서 기원한다고 할 수 없고, 그것은 아마 어떤 '신성deity'에서 나오는 것'일 거라고 이야기한다.

존슨 얀은 단백질에서 정확한 아미노산 서열이 만들어질 가능성이 거의 없다는 프레드 호일의 견해가 지나치게 과장되어 있다는 점을 지적하면서, 거기에 반드시 '신성'이 개입할 필요는 없는 것 같다고 이야기한다.

존슨 얀은 의식이 '생명의 숨은 변수'라고 전제하고 '어쩌면 단백질과 핵산이라는 생물분자 자체 속에 의식이 숨겨져 있는지도 모른다'는 견해를 내놓는다. 단백질이 형성되기 전 단계에서 각 아미노산들은 생명의 구성분이기는 하지만 그 자체가 생명은 아니라는 것이다. 의식이 있는, '마음'에 의해 생명체를 알아보는 것은 쉬운 일이지만, 염기서열과 원자 등 기본적인 요소가 모두 주어져 있다고 해도 그것으로 생명을 재구성하기는 극히 어려운 문제라고 덧붙인다.

영국의 물리학자 로저 펜로즈(Roger Penrose)는 '과학적 관점에서는 정신을 어떤 물리적 구조의 한 특징으로 본다'는 것을 전제하면서, 그렇다고 '물리적 세계의 모든 것이 정신성을 갖는다고 말할 수는 없지만, 물질적 뿌리 없이 떠도는 정신적 대상은 없다'고 이야기한다.9)

과학자들은 '의식이 아주 복잡다단한 물건'이라고 말한다. 그래서 골치가 아프다는 것인데, 누구나 의식을 갖고는 있지만 아무도 그것이 무엇인지 말할 수 없다는 결론에 와 있다.

이같이 의식은 명확한 정의를 거부한다. 그래서 '의식이란 존재하지 않는다고 진지하게 주장하는 철학자가 생겨나는가 하면, 의식이란 순전히 망상이며 언어가 만들어낸 환영이어서 손으로 붙잡을 수도, 측량할 수도, 설명할 수도 없는 것이라는 주장까지 생겨나게 되었다.

그러나 현대의 자연과학은 의식의 수수께끼를 풀지 못하더라도 한 가지만은 자신 있게 말하고 있는데, '물질과 독립된 정신은 없다'는 것이 그것이다.

게르하르트 슈타군(Gerhard Staguhn)은 '물질을 계속 쪼개다보면 결국에는 물질을 떠올리는 그 어떤 것도 남지 않는

---

9) Roger Penrose, 『우주 양자 마음』, 김성원 최경희 옮김, 사이언스 북 2003, p.130

다'10)고 하면서, 그 이유는 '물질이 물질로 구성되지 않았기' 때문이라고 말한다.

그렇다면 물질이 의식이고 의식이 물질이라는 이야기가 된다.

이것을 좀더 세분해서 접근시켜 보면 '의식과 영혼의 근본은 분자와 세포에 있는 것'으로 모아지는데, '아주 객관적인 표현으로 정신과 영혼은 뇌 안에서 일어나는 물리화학적 과정이며, 사고와 감정은 전자화학 반응의 체계화된 뒤범벅 그 이상' 아무것도 아니라는 설명도 있다. '분자는 우리 정신의 기초'이지만, 설령 객관적 현실이 그렇다고 해도 의식은 여전히 수수께끼 같은 것으로 남게 된다.

그래서 '우리의 뇌는 우리가 세상에 나오기 전부터 세계에 대한 엄청난 양의 선지식이 구비'되어 '이런 지식이 수십억 년 흐르는 동안 진화의 과정을 거치면서 DNA 속에 입력'11)되었을 것으로 이야기된다.

이 이야기는 '무수한 세포들의 신경네트워크들 간에 일어나는 엄청난 상호작용의 결과로 의식이 출현한다'12)는 신경과학계의 이론과 맥락을 같이한다고 볼 수 있다. 하지만 불교적

---

10) Gerhard Staguhn, 『생명의 설계도를 찾아서』, 장혜경 옮김, 해나무 2004, p.253
11) Gerhard Staguhn, 위의 책, p.217
12) Daniel Goleman 엮음, 위의 책, p.263

관점에서 보면 많은 형태의 의식이 두뇌 및 감각작용과 관련되어 있다고 해도, 의식의 어떤 미묘한 요소는 두뇌활동에 한정되지 않는다. '본래적 의식'은 일반적인 의식을 넘어선다는 것이고, 만물에 존재하는 '불성'은 몸이나 두뇌에 기반을 두지 않는다는 것이다.13)

마음은 그림자

그래서 '마음은 실체가 없는 하나의 그림자이며, 어디로 가든 우리의 곁을 따라올 것이므로 그것을 없애거나 제어하려고 노력한다 하더라도, 여전히 마음은 실재한다고 여기면서 물리적이거나 정신적인 활동으로 그것을 제어할 수 있으리라고 믿는 한 성공할 수 없다'14)고 이야기한다.

지금까지 '마음의 주소'를 살펴보았지만, 마음은 주소가 없다. 마음, 마음, 마음, 그렇다면 마음을 자연의 본질로 받아들여야 할까.

생명 있는 것들이 사는 이 우주 전체가 혼돈(chaos)으로부터 생겨났지만 다 같이 한마음(一心)으로 돌아가니, 이미

---

13) Daniel Goleman 엮음, 위의 책, p.264
14) Sri Annamalai Swami, David Godman 엮음, 『마음은 없다』, 대성 옮김 탐구사 2002, p.18

열반에 드신 부처님이나 앞으로 출현하실 부처님은 말없는 가운데 마음과 마음으로 전하시고 언어나 문자를 쓰지 않으셨다.

　　三界混起 同歸一心 前佛後佛 以心傳心
　　不立文字 問曰, 若不立文字 以何爲心

달마대사 혈맥론의 첫 구절이다.

　물음 : "언어와 문자를 쓰지 않으면 마음을 어떻게 나타냅니까?"
　대답 : "네가 내게 묻는 것이 곧 너의 마음이고, 내가 너에게 대답하는 것이 곧 나의 마음이다. 가령 내게 마음이 없다면 너에게 무엇으로 대답하겠으며 너에게 마음이 없다면 나에게 무엇으로 묻겠는가? 나에게 묻는 그것이 곧 너의 마음이다.
　시작을 알 수 없는 먼 옛날부터 헤아릴 수 없이 긴긴 시간 이래로 무엇인가를 이루기 위해 활동을 시작한 모든 시간과 모든 장소에서의 일들이 다 네 본래 마음이자, 네 본래의 깨달음이었다. 곧 마음 그대로가 부처라고 한 것이 바로 이것이다.

　答曰, 汝問吾 卽是汝心 吾答汝 卽是吾心 吾若無心 因何解答汝 汝若無心 因何解問吾 問吾 卽是汝心. 從無始

曠大劫以來 乃至施爲運動 一切時中 一切處所 皆是汝 本
心 皆是汝 本佛 卽心是佛 亦復如是

혈맥론에서는 모호한 마음의 소재를 아주 쉽게 이야기해 주고 있다.
그래도 되돌아보면 마음은 없다.

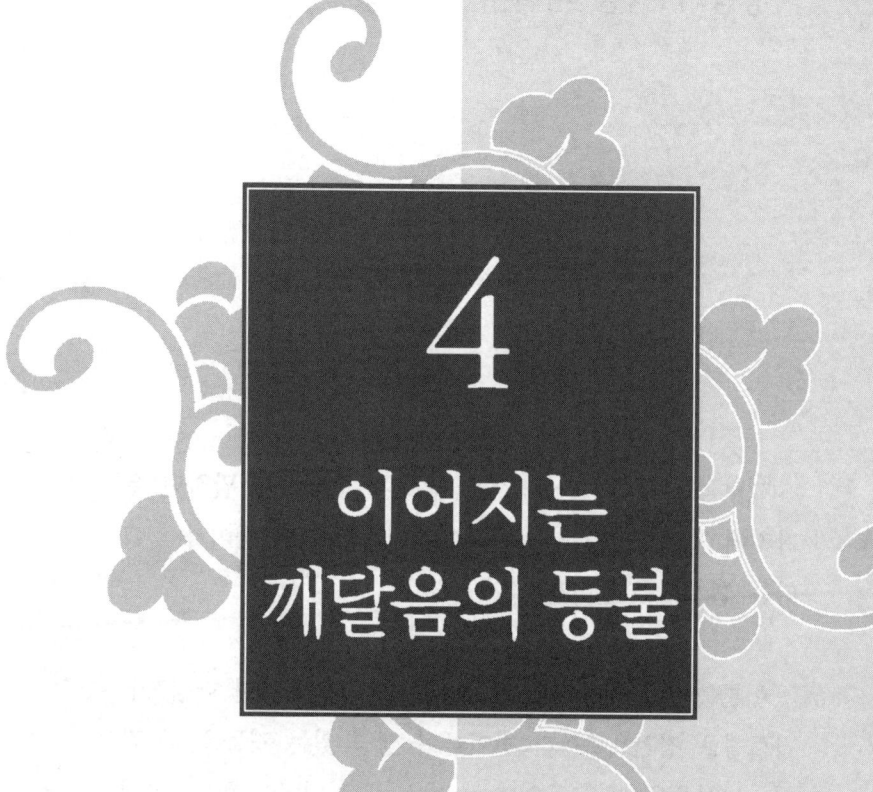

4
이어지는 깨달음의 등불

황금의 맥을 따라서

깨달음으로 들어가는 길은 많으나, 요약하여 말하면 두 가지에 지나지 않는다. 처음에는 이론을 알고 들어가서 그 다음 실천으로 들어간다.

이론을 알고 들어가는 방법이란 깨달음에 대한 핵심적인 가르침을 경전으로부터 받아들여 생명 있는 것들은 다 같이 참 성품을 가지고 있다는 것을 굳게 믿어야 한다. 부질 없이 이치에 어긋난 생각이나 밖으로부터 들어온 황당한 일에 사로잡히면 사물의 본질을 확실하게 알지 못한다.

그러므로 곧 이치에 어긋난 생각이나 밖에서 얻은 황당한 일을 버리고, 있는 그대로인 자연의 본질로 돌아가 벽을 바라보고 마음을 한 곳에 모으는 좌선을 해야 한다.

그리하여 나도 없고 너도 없고, 범부와 성인이 하나로 동등하다는 데 확고하게 멈추어 움직이지 않으면, 다시는 말이나 글의 일깨움을 따르지 않더라도 곧바로 심오한 이치와 하나가 되어 분별이 얼어날 수가 없다.

이렇게 되면 모든 것이 적연(寂然)하여 자연 그대로가 되는데, 이것을 일컬어 먼저 이론을 알고 들어가는 방법이라 한다.

若夫入道多途 要而言之 不出二種 一是理入 二是行入
理入者 謂藉敎悟宗 深信含生 同一眞性 但爲妄想客塵所覆 不能顯了 若也捨妄歸眞 凝心壁觀 無自無他 凡聖等一 堅住不移 更不隨於文敎 此卽與理冥扶 無有分別 寂然無爲 名之理入

다음은 실천으로 들어가는 방법인데, 흔히 네 가지를 말한다. 그 외의 모든 실천은 이 네 가지 속에 포함된다. 그럼 어떤 것이 네 가지 실천인가?

첫째, 지금 내가 성가시고 괴로운 것은 남에게 해를 입혀 앙갚음을 받는 것이라고 생각하고 그것을 다 감수해야 한다.

둘째, 인연을 따르는 실천이다.

셋째, 인위적인 생각에 사로잡히는 것을 멀리하고 항상 자연의 법칙을 따르는 실천이다.

넷째, 참된 이치를 따라 그대로 실천하는 것이다.

行入者 所謂四行 其餘諸行 悉入此行中 何等爲四
一者報怨行 二者隨緣行 三者無所求行 四者稱法行

이 글은 달마대사 사행론(四行論)의 앞부분이다.

앞으로 전개될 이야기는 '곧바로 깨달음의 실천으로 들어가는 방법(行入)'보다는 먼저 '깨달음의 이론을 알고 들어가는 방법(理入)'에 초점을 맞추려고 한다.

무슨 일이든 이론을 모르고 곧바로 실천으로 들어가면 많은 시행착오를 겪게 된다. 시행착오는 도리어 원래 세웠던 목표에 도달하는 데 더디게 가게 하는 결과를 가져올 수 있다.

본래의 참된 자기를 깨닫는 구극의 방법은 두말할 것도 없이 올바른 실천에 있다. 하지만 무엇을 어떻게 실천할 것인가? 요령을 알지 못한다면 그 실천이 효율적일 수가 없다.

이는 출가자들보다 상대적으로 수행의 기회가 적은 재가자들에는 더욱 그러하다. 재가자들도 언젠가는 여러 형태의 삶을 살아오면서 쌓인 습기(習氣)를 녹여 청정무제(淸淨無際)하고 원명무애(圓明無礙)한 상서로운 빛을 얻어 일대사(一大事)를 마쳐야 하기 때문이다.

선종(禪宗)에서는 불립문자(不立文字)를 표방하지만, 선과 관련된 전적들이 격조 높은 문자와 그윽한 문장으로 기록되어 문학성이 뛰어나다는 것은 잘 알려진 사실이다. 불립문자를 내세운 선종에서 이렇듯 독특하고 새로운 선문학의 새 장르를 열어보였다는 것은 퍽 역설적인 사실이다.

하지만 2,000년이 넘게 불교관계 전적들이 중국의 뜻글자로 씌어져 우리들의 생활 속에 깊숙이 스며들어 왔지만, 종래의 불교 이론들이 20세기 이후 서양문명과 맞닥뜨려지면서 새롭게 변화된 가치와 논리를 습합하는 데 적극적이지 못했다는 생각이 없지 않다.

더구나 오늘날 교육내용이 우리의 내면보다는 실용적 도구로 변해 가는듯한 인상을 떨쳐버릴 수 없는 상황이고 보면 더욱 그렇다고 생각된다.

이런 추세에 발맞추어 우리 불조(佛祖)들의 선기(禪機)가 번뜩이고 호흡이 살아 숨쉬는 게송과 시가들을 새 각도에서 조명해 보는 것도 이입(理入)의 한 방법이 되지 않을까.

* 우주 최초의 부처님

비파시(Vipaśyin) 부처님이 노래하시기를

우리 몸뚱이가 절대무한의 텅 빈 곳에서 생겨났으므로
눈앞의 갖가지 모습도 마치 환영(幻影)처럼 나타난다.
사람이 본래 환상이므로 마음과 의식도 있을 수 없다.
재앙도 행복도 모두 텅 비어 멈춰 있는 것이 없구나.

身從無相中受生　猶如幻出諸形象
幻人心識本來無　罪福皆空無所住

이 게송에 사족을 달자면, 우리의 출발점은 '최초의 대폭발' 이론으로부터 시작된다. 지금으로부터 150억 년 전 대폭발이 있기 전 우주는 아무것도 없었다. 시간도 없었고, 빈 공간도 없었고, '0(zero)'조차 없었다.

없다고 하는 것은 '없다'는 그 말까지도 없다. 그런데 사람들이 말을 만들기 시작했다.

그리스의 탈레스(Thales, BC 500전후)는 '지구가 물로 된 우주 위에 둥둥 떠 있는 평평한 섬'이라고 했고, '주위를 불과 공기가 에워싸고 있다'고 했다.

힌두교에서는 똬리를 틀고 있는 커다란 뱀 위에 거북이가 올라타고 있고, 여섯 마리 코끼리가 거북이 등 위에서 지구를 떠받치고 있다고 생각했다.

아리스토텔레스(Aristoteles, BC 384~322)는 우주가 양파처럼 여러 겹으로 겹쳐져 있고, 양파 한가운데 수정구슬처럼 자리 잡고 있는 지구의 주변에 해와 달과 별들이 박혀 하늘을 가로질러 다니고 있다고 생각했다.

우리나라 토종 스님인 함허 선사(涵虛, 1376~1433)는 금강경오가해에 설의(說誼)를 달면서 오늘날 원자구성입자(subatomic particle) 물리학에서나 들을 수 있는 이야기를 서문에 남겨놓았다.

    여기 한 물건이 있는데
    이름도 없고 모양도 없다.
    그러나 과거와 현재를 하나로 꿰뚫은
    아주 작은 물질(素粒子)로 머물면서
    천지사방(宇宙)을 에워쌌다.
    안으로는 말할 수 없는 절묘함을 머금었고,

밖으로는 온갖 형세를 따라 움직인다.
이것이 우주와 자연, 우리들을 작용하는 근원이고
존재하는 모든 사물의 우두머리(王)가 된다.(이하 생략)

有一物於此 絶名相貫古今 處一塵圍六合
內含衆妙 外應群機 主於三才 王於萬法

함허 선사보다 40년 뒤에 태어난 폴란드의 가톨릭 신부였던 코페르니쿠스(Copernicus, 1473~1543)는 숨을 거두기 직전 '하늘이 움직이는 것이 아니라 땅이 움직인다'는, 교황청에서 금지령을 내린 말을 해버려 세상을 발칵 뒤집어놓았다.

그 후 100여 년이 지난 뒤 갈릴레이(Galilei, 1564~1642)가 '지구는 둥글고 태양 둘레를 돈다'는 말을 했다가 교황청 재판정으로 끌려가 곤욕을 치렀다.

20세기 들어 과학계에서는 대폭발이론인 빅뱅(Big Bang) 이론을 정설로 받아들였다. 요즘 과학은 대폭발이 있기 전 우주는 하늘과 땅이 분화되지 않은 카오스(chaos) 상태였다고 이야기한다.

물리학에서는 이것을 특이점(特異點, singularity)이라고도 하는데, 특이점의 부피는 '0'의 상태였지만 매우 뜨겁고 밀도가 무한대로 높은 상태로 요동하고 있었던 것으로 이야기된다.

물리학에서는 그것을 시간도 공간도 없는 제로(zero)상태 즉, 무(nothing)라고 표현한다. 특이점은 원자(10^{-8}cm)나 원자핵(10^{-12}cm)보다도 작은 초마이크로 우주였는데, 그것이 폭발, 억세게 팽창하면서 지금 우리가 살고 있는 광대한 우주가 되었다는 것이다.

작위적인 해석일까?

비파시 부처님의 게송이 마치 양자장이론(quantum field theory)을 요약해 놓은 내용처럼 받아들여진다.

✽ 우주의 두 번째 부처님

시기(Sikhi) 부처님이 노래하시기를

모두에게 이익 되는 좋은 일이라도 본래는 덧없는 것,
모두에게 피해를 주는 나쁜 짓도 본래는 덧없는 것.
이 몸뚱이는 거품이 모여 이루어졌고, 마음은 바람처럼 날아간다.
덧없이 나타난 것이므로 뿌리도 없고 실체도 없다.

起諸善法本是幻　造諸惡業亦是幻
身如聚沫心如風　幻出無根無實性

실재(實在)한다는 것은 무엇인가?
'실재'는 우리가 진실이라고 보는 것을 가리킨다. 진실이라고 보는 것은 우리가 믿고 있는 것을 나타낸다. 믿고 있는 것은 우리의 인식에 바탕을 두고 있다. 인식은 우리가 지향하는 것에 의존한다. 지향하고 있는 것은 우리가 생각하는 것을 토대로 한다. 생각은 우리의 인식에 기초한다. 인식은 우리의 믿음을 결정한다. 믿음은 우리가 진실로 여기는 것을 결정한다. 진실로 여기는 것이 우리의 실재15)이기 때문이다.

14세기 티베트 승려 롱첸파(Longchenpa)는 말한다.

모든 것은 환상일 뿐
있는 그대로 완전하고
선과 악에도 관계없고
받아들임과 버림도 없고
오직 웃음만 나오는구나.

---

15) Gary Zukav, 『춤추는 物理』, 김영덕 옮김, (주)범양사출판부 1981, p.428

* 우주의 세 번째 부처님

비사부(Viśvabhŭ) 부처님이 노래하시기를

잠시 흙과 물, 불, 공기를 빌려 몸뚱이가 이루어진다.
마음은 본래 없는 것인데 외계의 사물에 따라 생긴다.
앞서 외계의 사물이 없어지면 마음도 없어진다.
고통과 행복 역시 환상처럼 사라진다.

假借四大以爲身　心本無生因境有
前境若無心亦無　罪福如幻起亦滅

우리의 몸뚱이가 흙, 물, 불, 공기라는 4원소로 되었다는 학설을 제일 먼저 제기한 사람은 옛 그리스의 철학자 엠페도클레스(Empedocles)였다. 그는 기원전 450여 년 전 사람으로, '만물의 근본은 흙, 물, 불, 공기로 구성되어 있으며, 그것은 불생불멸불변(不生不滅不變)의 4원소로서 사랑과 투쟁의 힘에 의해 결합, 분리되면서 만물이 생멸한다'고 주장했다.

이 4원소설은 고대 인도에도 있었다. 고대 인도에서는 4원소뿐만 아니라 5원소, 6원소설을 주장하기도 했는데, 현대에 와서는 '화학주기율표'에 나타난 103여 종의 원소가 모든 사물의 화학적 구성요소인 것으로 알려져 있다.

사족을 달자면, 인간의 정신은 다음 4가지 유형을 순간순간 하나하나 검증하는, 가장 침투력이 강한 도구라 할 수 있다.
첫째, 정태적인 사물로 존재하는가? 아니면 지속적으로 자유로이 움직이는 존재인가?
둘째, 경험한 것들은 모두 유쾌한가? 아니면 유쾌하지 못한가? 이것도 저것도 아닌가?
셋째, 이들 현상 가운데 그 어떤 것이 본성 속에서 '나' 또는 '나의 것'임을 나타내어 주는가?
넷째, 이것들은 단순히 의식으로 나타났다가 비인간적 사상(事象)으로 옮겨가고 마는가?[16]

이는 사물의 겉모양에 투사된 우리들의 개념구조에 나타난 구분의 양상이다.
이와 같은 현상들을 순간순간 조사하여 물리적 사상과 의식적 사상 사이의 연속적이고 인과적인 관계를 탐구한다. 감각,

---

16) Alan Wallace, 『과학과 불교의 실재 인식』, 홍동선 옮김, (주)범양사출판부 1997, p.228

경험, 감정, 욕망, 의도 등을 매우 피동적으로 바라보았을 때 우리들 경험의 영역 밖에 통제기능을 담당하는 자아가 과연 존재하는지, 의문이 일어나게 된다. 우리들의 자성 의식이 우리들의 몸뚱이와 의식을 조작하지 못하도록 적극적으로 억제하더라도 인식적, 물리적 상호작용이 계속되고 있음을 알 수 있다.

이런 방법으로 우리는 우리가 경험하는 우리의 몸뚱이와 우리의 의식 내부에서 자율적인 '나'의 실체를 발견할 수 없다는 것을 경험을 통해 깨닫게 된다. 여기에서 한 걸음 더 나아가 인간의 경험 바깥에 존재하는 자아가 지배할 수 있는 인식적 사상과 물리적 사상의 증거가 없다는 것도 알게 된다. 경험자 그 자체는 '나'나 '나의 것'이 배제된 정신이나 의식으로 확인되기 때문이다.[17]

이야기가 좀 비약된 감이 없이 않으나 양자장론 입장에서 본다면, 우리들의 일반적인 감각으로는 우주의 공간(眞空)에서 일어나는 일을 감지할 수가 없다. '진공의 요동(fluctuation)'은 원자 레벨보다 훨씬 극미의 거리와 극미의 시간의 스케일에서 일어나고 있기 때문'이라고 도쿄대 요네야 다미아키(米谷民明) 교수는 말한다.

---

17) Nyanaponika, Thera, The Heart of Buddhist Meditation. (York Beach, Maine : Samuel Weiser, 1984)

외계의 사물이 없어지면 마음도 한꺼번에 없어진다.
고통을 받는 것, 행복을 누리는 것 역시 환상같이 한꺼번에 없어져 버린다.

이 이야기는 결국 자연의 본질이 전일적(全一的) 존재라는 것이며, 그 모든 것이 전일적 존재 속으로 회귀한다는 뜻으로 받아들여진다.
벽암록(碧巖錄) 제45칙에 이런 이야기가 있다.

어떤 스님이 조주(趙州) 스님에게 물었다.
"일만 법이 하나로 돌아가는데 그 하나는 어느 곳으로 돌아갑니까?"
"내가 청주(靑州)에 있을 때 무명 장삼 한 벌을 만들었는데, 그 무게가 일곱 근이더라."

擧僧問 趙州萬法歸一 一歸何處
州云 我在靑州 作一領布衫重七斤

'하나'라는 것이 무엇일까? 정녕 그것은 마음조차 끊어진 자연의 본질과의 합일(合一)을 이야기하는 것이 아닐까?

* 우주의 네 번째 부처님

구류손(Krakucchanda) 부처님이 노래하시기를

우리의 몸뚱이가 자취 없음을 보면 그것이 곧 부처의 몸을 보는 것이다.
마음이 환상이라는 것을 인식하면 그것이 곧 부처가 본 환상을 인식하는 것이다.
몸과 마음의 본질이 텅 비었다는 것을 깨달으면
그 사람이 부처와 다를 것이 무엇인가.

見身無實是佛身 了心如幻是佛幻
了得身心本性空 斯人與佛何殊別

'자취 없음을 본다'는 것은 실재(實在)를 본다는 뜻이다.
실재란 현실에 실제로 있는 것을 말한다. 우주의 실재에는 여러 유형이 있을 수 있다.

고차원의 실재

상대성 물리학에서 4차원적 세계는 '힘과 물질이 통일된 세계'[18]를 일컫는 말이다. 그러나 우리의 눈은 '힘과 물질이 통일된' 모습을 볼 수가 없다. 왜냐하면 우리의 시각과 그 시각으로부터 인지되는 상상은 3차원 세계에 한정되어 있기 때문이다. 그 점은 물리학자들도 마찬가지이다. 그들은 시간과 공간에서 일어나는 4차원적 세계의 일들을 그들의 이론인 수학적 형식을 통해서 경험할 뿐이다.

구체적인 실재

태화(太和) 10년 12월 9일 눈이 내리는 밤, 신광(神光)은 밤을 새워 소림(少林) 굴 앞에 서 있었다. 무릎까지 눈이 쌓였다. 아침에 달마대사에게 감로(甘露)의 문을 열어달라고 말하자, 대사는 부처님의 위없는 보리(智慧)는 여러 겁을 수행해서 얻은 것이므로, 네 작은 뜻으로는 얻을 수 없다고 잘라 말한다.
신광이 죽을 각오로 칼을 뽑아 왼쪽 팔을 끊어 바치니, 대사가 신광에게 이제 보리를 구할 만하다고 대답하면서 이름을 혜가(慧可)라고 고쳐 주었다.
그러고 나서 혜가가 물었다.

---

18) Fritjof Capra, 『현대물리학과 동양사상』, 이성범 김용정 옮김, (주)범양사출판부 1999, p,34-211

"제 마음이 편안치 못합니다. 마음을 편안케 해주십시오."
"마음을 가져오너라. 편안케 해주마."
"마음을 찾아도 찾을 수가 없습니다."
"마음이 찾아지면 어찌 그것이 네 마음이겠느냐? 벌써 너의 마음을 편안케 해주었다. 너는 보는가?"

그 말에 혜가가 활짝 깨달았다.
활짝 깨달은 혜가의 그것이 구체적 실재이다.

궁극적인 실재

힌두교의 브라만(Brahman)처럼 모든 개념을 넘어선 무한한 존재가 궁극적 실재이다. 그것은 지성으로 이해될 수 없고 언어로 적절하게 기술될 수도 없다. 그것은 시작이 없는 지극히 높은 것이고 유(有)를 넘어섰고 무(無)를 넘어서 있다. 그것은 태어나지도 않고 없어지지도 않는다. 찾을 수도 없고 생각이 미치지도 않는다. 또한 헤아릴 수도 없는 영원히 불가해(不可解)한 존재를 말한다.

물리적인 실재

물에 에너지가 가해지면 파도가 일어난다. 물에 많은 양의 열을 가하면 증기가 일어난다. 반대로 물을 냉각시키면 딱딱한 모형의 얼음으로 고착된다. 그러나 그 자체가 물이 아닌 것은 아니다. 이것이 물리적 실재이다.

불가분의 실재

우주란 영원토록 움직이고, 살아있고, 유기적이며, 정신적인 동시에 물질적인 것이다. 이것을 하나의 불가분한 실재로 본다. 운동과 변화가 사물의 근본적 속성이기 때문에 운동을 일으키는 힘은 고대 그리스의 관점에서처럼 객체의 바깥에서 오는 신성(神性)과 같은 것이 아니고 물질의 본원적 성질로서 그 내부에서 통어하는 하나의 원리로 본다.

4차원적 시공의 실재

상대성 물리학의 놀라운 특성이 공간과 시간이 불가분하게 연결되어 있다는 점이다. 이러한 특성이 대승불교의 직관력으로 명료하게 표현되어 나타나 있다. 화엄경은 깨달음의 경지에서 이 세계가 어떻게 체험되어지는지를 생생하게 그려주고 있다.

원자적 실재

원자론은 우주의 본질적인 상호 연결성을 드러내 준다. 이는 세계를 독립적으로 존재하는 최소 단위로 분해할 수 없다는 것을 보여준다. 따라서 원자물리학에서의 과학자는 초연한 객관적 관찰자의 역할을 할 수 없고, 단지 관찰되는 대상의 속성에 그 영향을 미치는 정도만큼 자신이 관찰한 바로 그 세계에 개입하게 된다. 아원자 입자들은 일정한 시간에 확실히 존재하는 것이 아니라 '존재하는 경향'을 나타낸다. 그리고 원자적 사건들은 일정한 시간에 일정한 방식으로 확실히 발생하는 것이 아니라 '발생하려는 경향'을 보인다.

'몸과 마음의 본질이 텅 비었다는 것을 깨달으면 위에 열거된 우주의 여러 유형의 실재와 하나가 되는 것일까.

소리도 없고 접촉도 없고 형체도 없고 불멸하여,
맛도 없고, 항존(恒存)하며, 냄새도 없고,
시작도 끝도 없고, 위대한 것보다 더 높고 영속하는
그것을 깨달음으로써
사람은 죽음의 아가리에서 해방되나니.[19]

---

19) 莊周, 『莊子』, trans, James Legge, arranged by Clae Waltham (Ace Books, New York, 1971), ch. 26. Fritjof Capra, p.40

* 우주의 다섯 번째 부처님

구나함모니(Kanakamuni) 부처님이 노래하시기를

초월한 사람은 흙, 물, 불, 바람 따위로 구성된
몸뚱이를 보는 것이 아니라 초월한 그것을 아는 것이다.
실재를 알고 있다면 초월한 사람이 따로 있을 수 없다.
지혜로운 이는 괴롭고 번거로운 실체가 없음을 확실히 알아
죽고 사는 일에 두려움이 없어 항상 평온하다.

佛不見身知是佛　若實有知別無佛
智者能知罪性空　坦然不怖於生死.

과학의 역사를 돌이켜보면, 인류가 모든 문제를 해결했다고 자만할 때마다 자연은 그 모든 것을 뒤집어엎을 만한 비밀을 항상 숨기고 있었다. 그리고 그 비밀이 드러날 때마다 우리는 기존의 사고방식을 송두리째 바꾸는 혼돈기를 겪어야 했다.

또한 우리는 변화를 겪으면서 '지금이야말로 우주의 비밀이 드러나는 역사적 순간이다!' 하는 다소 오만한 생각을 갖기도 했다.20)

그러나 과학이 이 게송에서 말하는 '초월'을 이루어낼 수 있을까?

우리가 맨 나중에 가 닿을 곳은 텅 빈 곳
그것은 쓰고 또 써도 항상 그대로 있다.
많은 것이 모여 있으면서도 적정(寂靜)한 것이여!
만물의 본질로 이어져 있구나.
그것은 예리한 것을 둥글게 하고, 얽힌 것을 풀어
빛의 상태로 돌아가는 소립자(塵)와 같은 것,
항상 맑고 가득한 것이여!
영원히 보이지 않게 있구나.
나는 그 인자(因子)가 무엇인지 모르겠으나
아마도 하늘보다 먼저 있었던 같다.21)

道沖 而用之或不盈.
淵兮 似萬物宗

---

20) Brian R. Greene,『엘리건트 유니버스 the Elegant Universe』, 박병철 옮김, 승산 2003, p.525
21) 老子 無源編.

挫其銳 解其紛 和其光 同其塵
湛兮 似或存
吾不知誰之子 象帝之先

* 우주의 여섯 번째 부처님

가섭(Kāśyapa) 부처님이 노래하시기를

모든 생명 있는 것들의 본질이 맑고 깨끗해
본래부터 생겨나거나 없어지는 것이 아니다.
그것은 우리들이 몸으로 느끼고 마음으로 받아들여
식별하는 일련의 행위로부터 생겨난 환상일 뿐이다.
환상으로 생겨난 것 속에는 번거롭고 고통스러운 것도
즐겁고 행복한 것도 없다.

一切衆生性淸淨　從本無生無可滅
卽此身心是幻生　幻化之中無罪福

　우리는 지구 어느 한 지점을 생물권(生物圈)으로 하고 있다. 현재 우리가 살고 있는 우주적 공간은 지구라고 하는 작은 행성의 표피에 국한되어 있다. 우리 인간은 자연계의 독립된 주체가 아니면서도 자아(自我)를 탄생시키려고 해왔다. 자아의 표현방식은 에고(ego)로 나타났으며, 그 내적인 입장(inner ground)은 에고로 시작된 자아(ego-self)로 말미암아 끊임없는 좌절의 원천이 되어 왔다.22) 이것을 소위 '데카르트적 불안 (Cartesian anxiety)'이라고 하는 걸까.

대지도론(大智度論 出到品)에 의하면 '참으로 변하지 않는 존재는 텅 비어 없기 때문에 얻을 수가 없는 것(法性不可得故不可得)'이다. 그것은 '청정'하기 때문에 그렇다.

'나'라고 하는 본질은 본래 텅 비어 없기 때문에, 나의 본질도 나의 주체도 텅 비어 없는 것이다. 그 이유가 무엇이냐 하면, 이 우주의 궁극에 이르면 번거로움 따위를 모두 떠나 있게 되는데, 바로 그 본질이 청정하고 고요하고 평안하기 때문에 그렇다.

我不可得乃至知者見者不可得 畢竟靜故 不可思議性不可得 畢竟靜故 衆入界不可得 畢竟靜故

---

22) Fritjof Capra, 『생명의 그물』, 김용정 김동광 옮김, (주)범양사출판부 1999 p.328

* 우주의 일곱 번째 부처님

석가모니(Śākysmuni) 부처님이
노래하시기를

자연의 본질이란 본성 없는 것이 자연의 본질이다.
본성이 없다고 하는, 본성 없는 그것이 자연의 본질이다.
이제 때가 되어 본성 없는 자연의 본질을 전해주노니
본성 없는 자연의 본질을 언제 자연의 본질이라고 말한
적이 있더냐.

法本法無法 無法法亦法
今付無法時 法法何曾法.

'경덕 전등록'에 의하면 석가모니 부처님께서는 옛 인도 가비라국(迦毘羅國) 찰제리(kṣatriya) 왕족으로 2550년 전 4월 8일 정반왕(Śuddhodana)의 아들로 태어났다.

19세가 되던 해 2월 8일에 출가, 수행을 시작해 30세가 되던 해 12월 8일, 명상에 들어 있다가 새벽별을 보는 순간 큰 깨달음을 얻어 인류 초유의 대자유인이 되신다.

그리하여 49년 동안 가르침을 펴신 후 제자 마하가섭(Mahākaśyapa)에게 '맑고 깨끗한 내 지혜의 밝은 안목과 모습이 없이 뛰어나고 거룩한 니르바나의 마음'을 잘 간직하라 하시고 마음을 전하신다.

다시 아난(Ānanda)에게 가섭을 도와 뒷날 '이 가르침이 끊이지 않게 하라'는 말씀과 함께 이 게송을 남기신 것이다.

또한, 석가모니 부처님께서는 니련선하(Nairañjanānatī) 곁에 있는 사라쌍수 아래에서 니르바나에 드셨다. 니르바나에 드시면서 무상게(無常偈)를 남기신다.

모든 것은 변하여 그대로 멈추어 있는 것이 없다.
생겨나고 없어지는 그것이 곧 우주의 질서이다.
생겨나고 없어지는 그것이 모두 사라지면
맨 마지막 원초적 고요함이 기쁨이 된다.

諸行無常 是生滅法
生滅滅已 寂滅爲樂

부처님께서 니르바나에 드시자, 제자들과 선남선녀 재가신도들이 향을 사루며 다비(茶毘)를 거행한다. 이어 모두 다비

장에 모여 게송으로 찬탄한다.

세속의 불길이 이리도 사나운데
어찌 불에 사를 수 있겠습니까?
받들어 청 하옵나니 삼매(samādhi)의 불로
금빛 몸을 다비하소서.

凡俗諸猛熾 何能致火蓺
請尊三昧火 闍維金色身.

그때 불길 속에 놓여 있던 관이 '다라수나무 일곱 배 높이로 솟아올라 허공에서 오락가락하다가 삼매의 불로 바뀌더니, 곧 재로' 변했다. 그날 사리(舍利)를 '여덟 섬 네 말'을 얻었는데, 그 날짜가 기원 전 483여 년 2월 15일이었다.

부처님의 깨달음의 세계는 어떤 언어, 어떤 지혜, 어떤 상식으로도 설명할 길이 없다. 그야말로 불가설, 불가설, 불가설이다.

그렇다면 서양의 과학자들은 불교적 '깨달음'을 어떻게 보고 있는가? 동양사상과 물리학과의 유사성에 깊은 관심을 보여 온 미국의 물리학자 게어리 주커브(Gary Zukav)는 '깨달음(Enlightenment)'을 다음과 같이 이야기한다.

말로 표현 안 되는 온전한 실재(實在)를 직접 지각하기 위해서는 개념이란 굴레—무지의 장막—을 버려야 한다.
온전한 실재(undifferentiated reality)란 우리가 현재 속해 있
는 부분, 과거에 속했던 부분, 미래에 속하는 것과 똑같은
현실이다. 차이점은 우리가 깨달은 시각으로서 그 실재를
보고 있지 않다는 점이다.[23]

이 내용을 길주(吉州) 청원유신(靑原惟信) 선사의 '산은
산이요, 물은 물이더라'는 이야기와 대비시켜 보면 어떤 답이
나올까.

노승이 30년 전 참선을 하기 전에는 산은 산이요 물은
물이었다. 그러던 것이 밝은 지식을 가진 스승을 만나 깨달
음의 문턱에 들어서고 보니, 산은 산이 아니고 물은 물이
아니더라. 그 뒤 참으로 깨닫고 보니 산은 의연히 산이고
물은 의연히 물이더라. 대중들이여, 이 세 가지 견해가 서
로 같은가? 다른가? 만일 이것을 터득한 사람이 있다면 이
노승과 같은 경지에 있음을 허용하리라.[24]

한때 세간에 회자되던 '산은 산이요 물은 물'이라는 성철
(性澈) 대종사님의 명구(名句)도 같은 맥락으로 이해된다.

---

[23] Gary Zukav, 『춤추는 物理』, 김영덕 옮김, (주)범양사출판부 1981, p.358
[24] 高亨坤, 『禪의 世界』, 太學社 1971, p.16

주커브는 여기서 '개념이란 굴레'를 벗어나 '온전한 실재'를 깨닫고 보면 그것을 나타낸 표현방식이 상징일 수밖에 없다고 이야기한다.

'온전한 실재'는 표현될 수 없는 것이지만 더욱 더 많은 상징을 써서 그것을 에둘러 말을 할 수는 있다. 그러나 깨달음이 없는 사람에게는 물질계가 갈라진 많은 부분으로 이루어진 것처럼 보인다. 하지만 이런 갈라진 부분들은 실제로 갈라진 것이 아니다. 동양적 깨달음의 순간에는 우주의 갈라진 모든 부분이 다 같은 전체의 모습으로 나타난다. 거기에는 단지 하나의 실재만 있는데, 그것은 전체이자 하나로 통일된 것이다. 결국 그것은 '하나'라는 이야기이다.

그는 '실재를 하나의 통일체(統一體)로 보는 데서 깨달음의 현상과 물리과학은 많은 공통점이 있다'고 하면서 여러 양자물리이론을 들어 설명한다. 그 가운데 하나를 소개하면, 헝가리 수학자 노이만(Neumann)은 『양자역학의 수학적 기초』라는 저서에서 이런 질문을 던진다. '순전히 추상수학으로 지어낸 파동함수가 현실세계에 있는 어떤 것을 서술할 수 있다면, 그 어떤 것이란 무엇일까?'

주커브는 그 답을 슈뢰딩거(E. Schrödinger)의 파동함수(wave function)와 관련이 있는 것으로 이야기한다.[25]

---

25) Gary Zukav, 위의 책, p.358-361

그렇다면 불교적 깨달음의 세계를 과연 양자역학에서처럼 수학으로 나타낼 수 있을까? 양자물리학을 깊이 연구해 보지 않은 사람은 알 수 없는 문제일 것이다.

하지만 '깨달음의 언어는 상징일 뿐'이라는 주커브의 이야기는 동서양을 떠나 우리들에게 무엇인가 시사해 주는 바가 없지 않다.

상징! 그렇다면 깨달음의 언어들은 모두 상징이었다는 말인가.

원숭이는 고갯마루에서 울고
학은 숲 속에서 구구구,
조각구름 바람에 걷히고
물이 여울져 흐르는데
청명한 늦가을 서리 내린 밤,
한 기러기 소리가
하늘의 차가움을 새롭게 알리는구나.[26]

猿蹄嶺上 鶴唳林間
斷雲風捲 水激長短
最好晚秋霜午夜 一聲新雁覺天寒

---

26) 冶父, 金剛經全書, 大韓佛敎曹溪宗 1997, P.56

* 첫번째 조사 스님

마하가섭(Mahākaśyapa) 존자 노래하시기를

현상세계, 즉 자연의 본질이 본래 우주의 질서이다.
우주의 질서는 우주의 질서라는 것도, 우주의 질서가 아니라는 것도 없다.
어찌 하나로 있는 이 우주의 질서 속에
우주의 질서와 우주의 질서 아닌 것이 있겠는가.

法法本來法 無法無非法
何於一法中 有法有不法

우주론(cosmology)은 수천 년간 수많은 종교인과 수많은 철학자들이 다양한 이야기들을 만들어냈다. 그러나 현대적 의미의 우주론은 아인슈타인(Einstein)의 '일반상대성이론'이 알려지면서 비로소 시작되었다. 그 후 천체의 관측 결과 우주 전역에 골고루 퍼져 있는 마이크로 복사파가 발견되면서 하나의 가설에 불과했던 '빅뱅이론'이 최첨단 우주론으로 인정받게 되었다.

그러나 '시간의 비대칭성'이 수수께끼로 남으면서, 이 의문을 풀어줄 것으로 기대되는 인플레이션 우주론(inflation-ary cosmology)이 나왔으나, 빅뱅 후 몇 분의 1초가 지난 미시우주를 다룰 때는 양자역학이 도입되어야 한다는 필연성이 제기되었다.

뿐만 아니라 아인슈타인의 일반상대성이론에 도입되었던 방정식이 거시우주에서는 정확하게 들어맞았으나 미시우주를 다루는 양자역학과 섞어놓으면 일대 모순이 발생해 물거품이 되어버린 결과를 가져왔다.

시간과 공간은 우리가 접근할 수 없는 은밀한 영역—우주의 기원—에서 한데 얽혀 있었으므로, 그 특성을 정확하게 이해하려면 초고밀도와 초고에너지, 초고온 상태에 있었던 초기 우주의 특성을 일련의 방정식으로 서술할 수 있어야 하는데, 이 작업을 완수하기 위해 새롭게 대두된 이론이 '통일장이론(unified theory)'이었다.

통일장이론은 아인슈타인이 30년 동안이나 매달렸으나 꿈을 이루지 못했고, 이 문제에 새롭게 도전장을 던진 몇몇 물리학자들에 의해, 일반상대성이론과 양자역학을 하나의 이론체계로 통합시키려는 노력으로 최첨단 통일이론인 초끈이론(superstring theory)을 탄생시켰다.

초끈이론은 전자와 쿼크, 그리고 실험실에서 발견된 다른 소립자들의 기본적인 역할을 부정하지는 않지만, 입자들이 점의 형태를 취하고 있다는 것만은 정면으로 부정한다.

초끈이론에 의하면 모든 입자들은 핵자보다 100×10억×10억 배나 작은 가느다란 끈으로 이루어져 있으며, 각각의 끈들은 진동하는 형태에 따라 다양한 입자의 모습으로 나타난다.

초끈이론이 성공을 거두면 우주의 시공간이 3차원 공간과 1차원의 시간으로 이루어져 있다는 기존의 관념을 폐기하고 9차원 공간과 1차원의 시간이라는 황당무계한 가정을 받아들여야 한다. 여기서 더 발전시킨 M-이론(M-theory)에 의하면 이 우주는 10차원 공간과 1차원의 시간이 결합된 11차원의 시공간으로 이루어져야 한다는 것인데, 결론적으로 초끈이론은 '우리의 눈에 보이는 세계는 진정한 실체가 아니라 실체의 일부분에 지나지 않는다'고 이야기하고 있다.[27]

초끈이론 이야기를 들어보면, 제석천궁(帝釋天宮)에 있다는 화엄경에 나오는 인타라망(indrjala)을 떠올리게 된다. 인타라망이란 입방체의 그물코마다에 옥보석이 달려 있어 서로 비추고, 비춘 옥이 또 비춰 중중무진하게 교섭을 이루고 있는 무한히 큰 그물이다.

하지만 초끈이론의 이야기가 인타라망과 연관이 있는 것

---

27) Brian Greene, 『우주의 구조』, 박병철 옮김, 도서출판 승산, 2005, p.42-48

인지의 여부는 알 길이 없다. 그러나 미시세계에서 입자들이 핵자보다 훨씬 작은 가느다란 끈으로 이루어져 있다는 것은, 우리들에게 충분히 망(網)을 연상시켜 주고 있다.

양자이론가인 데이비드 봄(David Bohm)은, 이 세계는 '쪼개어지지 않는 전체(undivided wholeness)'라는 점을 강조했다. 다시 말해, 세계는 제각기 분리되어 있으면서 서로에게 작용하는 '물체들'의 집합이 아니라 '관계'의 그물망 그 자체라는 것이다.

미시의 세계에서 '임의로 일어나는 것처럼 보이는 입자현상에 관한 봄의 가설에 의하면, 입자들은 서로 다른 곳에 나타나지만 내적인 질서로 연결되어 있다'는 것이다.

요약해서 이야기하자면 '입자들은 공간—외적 질서—에서 연결되어 있지 않더라도 내재적 질서로 밀접한 관계가 있을 것'으로 추정된다. 이는 '내재적 질서의 내재적 질서'로, 누구나 이 내재적 질서를 알고 싶어하지만 이 내재적 질서는 일반 세계관과 너무 상이해, 서술을 한다고 해도 말하고자 하는 그것과 일치하지 않는 존재라고 한다.

봄은 그 이유를 우리들의 사고가 고대 그리스도의 사고방식에 기초하기 때문이라고 말한다. 이 사고방식에 의하면 존재만이 있고, 따라서 비존재는 없다. 그러나 현실 속에는 실제로 비존재와 존재가 함께 존재하며, 빈 공간까지 존재한다. 하지만 우리의 문화는 외적인 질서만 인지하도록 가르쳐왔기 때문

에 이런 내재적 질서를 쉽게 이해하지 못한다는 것이다.[28]

이러한 사고에 익숙해 있는 우리들에게 과학은 '하나로 있는 이 우주의 질서 속에 우주의 질서와 우주의 질서 아닌, 감춰진 우주의 비밀을 과연 'M-이론'과 같은 고차원의 방정식으로 풀어내어 누구나 이해할 수 있게 설명해줄 수 있게 될까?

확실하게 있다고 하면
변함이 없다는 것에 매달리게 되고
확실하게 없다고 하면
단연코 없다는 것에 매달리게 된다.
그래서 지혜 있는 사람은
있다 없다에 매달리지 않는다.[29]

定有則著常 定無則著斷
是故有智者 不應著有無

---

28) Gary Zukav, 『춤추는 物理』 김영덕 옮김, (주)범양사출판부 1981, p.425-426
29) 大藏經 30卷 p.20中

* 두 번째 조사스님

아난(Ānanda) 존자 노래하시기를

본래 그대로인 우주의 실상을 전했는데
전한 뒤에 우주의 실상도 없는 것이라 하네.
각자가 반드시 스스로 알아서 깨달으라.
확실히 깨달으면 우주의 실상이 없는 것,
그것까지 없다는 것을 안다.

本來付有法　付了言無法
各各須自悟　悟了無無法

없는 것은 없는 것이다. 없다고 하는 그것까지도 없다.
열자(列子)의 '탕왕(湯王)과 하혁(夏革)과의 대화'라는 글에 다음과 같은 이야기가 있다.

은(殷)나라의 탕왕이 하혁에게 물었다.

"이 우주의 사물은 처음과 끝이 없는 것인가?"

하혁이 대답했다.

"사물의 처음과 끝은 애초부터 그 한계가 없는 것입니다. 경우에 따라 처음이 마지막이요, 마지막이 처음이라고도 할 수 있습니다. 어떻게 한계가 없는 그 본질을 알겠습니까. 사물 이외에 무슨 일이 먼저 있었는지 저는 그것을 알지 못합니다."

탕왕이 물었다.

"그렇다면 위아래 사방팔방 어디 끝 간 데가 있는가?"

"글쎄 모르겠습니다."

탕왕이 그래도 물었다. 그래서 하역이 대답했다.

"없는 것이라면 끝 간 데가 없는 것이요, 있는 것이라면 끝나는 데가 있는 것인데, 그것을 어떻게 알겠습니까. 그러나 어디에도 없다고 하는 다른 없는 것이 없는 것 앞에, 없는 것이 다시 겹칠 수 없습니다. 끝나는 것이 없는 것 가운데, 끝나는 것 없는 그것이 다시 겹칠 수 없고, 끝 간 데 없는 것은 끝 간 데가 없는 그것이 없습니다. 끝나는 데 없는 그것은 다시 끝나는 데 없는 그것과 겹칠 수 없습니다. 저는 그렇게 알고 있습니다. 그것이 끝이 없는 것이고 끝나는 데가 없는 그것입니다. 저는 그것의 끝 간 데가 있고, 끝나는 데가 있는 그것은 알지 못합니다."

殷湯曰 然則物無先後乎 夏革曰 物之始終 初無極已 終

或爲終 終或爲始 惡之其紀 然自物之外 自事之先 朕所不知也. 殷湯曰 然則上下八方有極盡乎 革曰不知也 湯固問 革曰 無則無極 有則有盡 朕何以知之 然無惡之外 復無無先 無盡之中 復無無盡 無極無無極 無盡復無無盡 朕以是知其無終無盡也 而不知其有極有盡也[30]

이야기가 복잡하다.

그러나 없는 것은 흔적이 없다. 없는 것은 아무 차이도 만들지 않는다. 없는 것은 장애도 되지 않고, 방정식에 아무것도 보태지 않는다. 없는 것은 형태가 없고 변하지 않는다. 없는 것은 방향도 없고 크기도 없다.[31]

---

30) 『列子』 卷湯問 第五
31) K. C. Cole, 『우주의 구멍』, 김희봉 옮김, 해냄 2002, p.308

* 세 번째 조사스님

상나화수(Sānkavāsa) 존자 노래하시기를

현상세계는 물질적 존재도 아니고 마음도 아니다.
마음도 없고 또한 물질적 존재도 없다.
마음과 물질적 존재란 이야기하는 그 때,
물질적 존재와 마음의 본체에서 함께 어긋나버린다.

非法亦非心 無心亦無法
說是心法時 是法非心法
(舊本 作非法亦非 法今依寶林
　　傳正宗記改 作非法亦非心也)

일상 언어 전달의 기능을 벗어난 의미로서, 다시 말해 좀 더 본격적인 불교적 의미로서 '마음'이 무엇인가를 음미해 보려고 하면 한 순간에 막연해져 버리곤 한다.

그러나 불교에 첫발을 내려놓고 끝도 가도 없이 웅대한 불교의 숲속으로 들어서서 불교적 핵심을 이루고 있는 용어를 찾아보면 '마음(心)'과 '법(法)'이라는 두 글자에 모아져 있음을 알 수 있다.

문제는 이 두 글자가 가리키는 개념이 하도 광범위해서, 예컨대 손가락으로 사과를 가리키면 사과를 알게 하는 것처럼, 우리가 알고자 하는 내용으로 확실하게 전달되어 오는 불교적 개념이 없다는 점이다.

불교는 첫걸음에서부터 '법(法)'과 '마음(心)'이라는 용어에 힘이 실려 이를 전면에 내세운다.

'법'은 산스크리트어의 'dharma'이고 '마음'은 'citta'이다. 한역(漢譯)으로의 'dharma'는 정법(正法), 교법(敎法), 실법(實法), 묘법(妙法) 등 여러 가지 의미로 해석되나 '자연의 법칙' 또는 '확정된 질서'와 같은 개념으로 해석되기도 한다.

한역으로의 'citta'는 심(心), 식(識), 사(思), 심의(心意), 사의(思議) 등으로 해석되나 사고(思考), 사상(思想), 의지(意志), 정신(精神), 지성(知性), 이성(理性) 등 여러 의미로 쓰이는 말이다.

이와 같은 용어적 설명으로, 예를 들어 '非法亦非心 無心亦無法 說是心法時 是法非心法'을 객관성이 부여된 내용으로, 우리가 알고자 하는 핵심에 확실하게 와 닿게 옮겨 적기가 그리 쉽지 않다. 그래서 늘 사족을 달 수밖에 없다.

프리초프 카프라(Fritjof Capra)는, 이를테면 유기체, 사회

시스템, 생태계의 측면까지를 '살아 있는 시스템'으로 통칭한다. 그는 '살아 있는 시스템들에 의해 새롭게 등장하는 이론에서 생명이라는 과정은 인지(cognition), 즉 앎의 과정(process of knowing)과 동일시된다'고 이야기한다. 이것은 '마음(mind)에 대해 혁신적으로 새로운 개념을 함축하고 있기 때문'이라는 것인데, 살아 있는 시스템에 대한 이론에 따르면, 마음은 물질이 아니라 과정, 즉 생명의 과정 그 자체라는 것이다.

모든 수준의 생물에서 나타나는 생물 시스템의 조직행동은 정신적 행동이며, 생물—식물, 동물, 인간—과 그 환경 사이에서 일어나는 상호작용은 인지적, 또는 정신적 상호작용이다. 따라서 생명과 인지는 떼려야 뗄 수 없이 밀접하게 연결되어 있으며, 마음—좀더 정확하게 이야기하면 정신적 과정—은 생명의 모든 수준의 물질 속에 내재해 있다.[32]

카프라는 영국의 유전생물학자 베이트슨(W. Bateson)의 표현을 빌려 '마음은 살아 있음의 본질'이라고 이야기한다.

그렇다면 '물질적 존재와 마음의 본체에서 함께 어긋나버린다'고 하는 상나화수 존자의 게송에서 우리가 추구하려고 하는 불교의 본질적 메시지가 과연 무엇이냐 하는 문제에 부딪히게 된다. 이것이 바로 '변화하는 경험의 지속적인 주체'라는 것

---

32) Fritjof Capra, 『생명의 그물』, 김용정 김동광 옮김, (주)범양사출판부 1999, p.228

일까. 하지만 불교는 개별적이며 분리된 자아(self)란 환상이라고 말한다.

그러나 '일체지(一切知)'—깨달음을 이룬 상태—를 갖춘 사람은 각 상황의 상세한 전말을 명백히 볼 수 있다. 불교 경전은 상호의존성을 완벽하게 파악하여 연결된 일체를 알고 있는 정신, 즉 '일체지'만이 공작 꼬리의 색깔과 완두콩이 둥근 형태로 나타나게 한 원인과 조건을 모두 이해할 수 있게 한다는 것이다.[33]

천년 묵은 나무는 그림자가 없고
지금 신고 있는 신이 밑바닥이 없구나.

千年無影樹 今時沒底靴[34]

---

33) Matthieu Ricard, Trinh Thuan, 『손바닥 안의 우주』 이용철 옮김, 샘터 2003, p.214
34) 『禪門撮要』 翠岩芝

* 네 번째 조사스님

우바국(Upagupta) 존자 노래하시기를

마음이란 생각, 감정, 기억 들이 얽혀 있는 것이다.
그러나 본래 마음은 물질적 대상에서 생겨나는 것이 아니다.
물질적 대상에서 생각, 감정, 기억 들의 작용이 생긴다면 그것은 마음도 아니고 본래 자연 본질도 아니다.

心自本來心 本心非有法
有法有本心 非心非本法.

입자물리학에서는 물질의 기본 요소가 쿼크(quark)의 단계에까지 내려가 있다. 이와 같은 소립자는 원자의 1,000조분의 1mm라는 극미(極微)의 세계를 말하는데, 이보다도 더 극미의 입자가 존재할 가능성이 있다고 한다.
물리학은, 이 입자들이 전자기력(electronmagnetic), 약력

(weak), 강력(strong), 중력(gravity)이라는 우주의 네 힘에 의해 춤을 추고 있는 것이 우주의 본모습이라고 말한다. 그런데 이 아원자가 의식(意識)까지를 내포하고 있는지의 여부는 아직 밝혀지지 않았다.

하지만 이 아원자 입자는 먼지 입자와 달리 입자(particle)가 아니다. 양자역학은 아원자 입자들을 '존재하는 경향(tendencies to exist)', 또는 '일어나는 경향(tendencies to happen)'으로 본다.35)

그러나 무수한 원인(hetu)과 조건(pratyaya)들이 서로 관련되어 성립이 된다는, 불교에서 말하는 연기(緣起)와 어떤 관계가 있는지는 알 수가 없다.

의식은 두뇌 속에 위치해 있는 것이 아니며, 육체의 어떤 다른 부위에 자리 잡고 있는 것도 아니다. 그렇다고 우주의 공간 속 어디에도 위치해 있지 않다. 단 한 가지 중요한 특징은 의식이 하나의 물건이라는 것이며, 좀더 특별하게 말하면 일종의 물질이라는 것이다. 물리적인 물질이 아니라 파악하기 어려운 일종의 정기(精氣)와 같은 물질이며, 무게를 지닌 평범한 물질과는 구별된, 생각과 꿈으로 이루어진 자유로운 물질36)이

---

35) Gary Zukav, 춤추는 物理 金榮德 옮김, (株)汎洋社出版部 1981, p.77
36) Paul Davies 현대물리학이 발견한 창조주 류시화 옮김, 정신세계사 1988, p,128

라는 것이다.
 그렇다면 그것이 무엇인가? 마음도 아니고 본래 자연의 본질도 아니라고 한 그것이 바로 의식일까?
 여전히 알 수가 없다.

* 다섯 번째 조사스님

제다가(Dhntaka) 존자 노래하시기를

본래 마음과 마음의 대상이 막힘 없이 훤히 트이면
물질적 대상도 없고 물질적 대상 아닌 것도 없다.
깨닫고 나도 깨닫기 전과 한가지이니
마음도 없고 마음의 대상, 모두가 없다.

通達本法心 無法無非法
悟了同未悟 無心亦無法.

과학에서의 기능주의(functionalism)는, 끊임없이 생성 소멸하는 온갖 현상의 과정으로서 실체(實體)의 개념을 배척하고 각 요소간의 상호작용이라는 입장에서 대상을 기능적으로 파악하는 한 방법론이다.

기능주의자들은 '의식의 본질적인 성분이 하드웨어 차원 —두뇌를 구성하고 있는 재료, 또는 그것들의 물리적인 과정—

이 아니라, 소프트웨어 차원—재료들의 조직 또는 그 프로그램—이라는 사실에 인식을 같이한다.

그들은 두뇌가 하나의 기계이며, 신경세포들이 순전히 전기적인 이유 때문에 자극을 받는다는 것을 부정하지 않을 뿐 아니라, 동시에 정신 상태들 사이의 인과적인 연결을 인정한다고 말한다. 쉽게 말해 생각이 생각을 불러일으킨다'37)는 것이다.

종교에 대한 기능주의적인 관점은 '의식이 인간에게만 있는 독특한 것이라는 것을 부정하면서 원리상으로는 기계들도 생각하고 느낄 수 있다'고 주장한다. 이러한 주장은 하느님이 인간에게 영혼을 넣어주었다는 그리스도교의 생각과 조화시키기가 무척 어려운 일이지만, 다른 한편으로는 의식을 인간의 육체라는 감옥으로부터 해방시킴으로써 불멸성(不滅性)에 관한 의문을 남겨 놓는다38)고 할 수 있다.

하지만 육체를 의식의 감옥이라고 할 수는 없을 것이다. 오히려 '불멸성'이라는 자연의 본질에 이르기 위한 도구로 보아야 옳지 않을까. 육체는 의식을 견고하고 튼튼하게 보완해

---

37) Paul Davies, 『현대물리학이 발견한 창조주』, 류시화 옮김, 정신세계사 1988, p.136
38) Paul Davies, 위의 책, p.137

고뇌와 좌절(苦諦), 탐욕과 집착(集諦)을 깡그리 없앰(滅諦)으로써 자연과의 합일을 이뤄 '마음도 없고 마음의 대상도 없는' 여여한 경지(道諦)에 이르게 하는 발판이 되어야 할 것이다.

* 여섯 번째 조사스님

미차가(Mićchaka) 존자 노래하시기를

마음이 없으니 인식되는 것이 없다.
마음을 알아듣도록 납득시킬 수 있다면
현상의 궁극적 실재라고 말하지 못하리라.
마음이 생각, 감정, 기억 들로 자리 잡혀 있는 것이 아님을 곧바로 알면
비로소 생각, 감정, 기억 들이 얽혀 만들어내는 마음의 본모습을 알리라.

　　無心無可得　說得不名法
　　若了心非心　始解心心法

　물질의 기본 요소에 대한 연구가 과학으로 발전하게 된 것은 19세기 화학자들에 의해 옛 그리스의 아톰(atom)에 대한 개념이 부활되면서였다.

영국의 물리학자 루더퍼드(Rutherford)의 실험은 원자들이 견고하고 파괴될 수 없는 것이 아니라 그 안에 극도로 미세한 입자들이 운동하고 있는, 공간의 광막한 영역으로 구성되어 있다[39]고 밝혀주었다.

우주의 아주 '작은 영역을 취해놓고 보아도 진공은 침묵의 세계가 아니라 입자와 반입자의 쌍이 생성과 소멸을 되풀이하는 격동의 세계'라는 것이다.

이 게송에서 '법(法)'으로 표기된 현상의 궁극적 실재는 루더퍼드의 원자모형이 보여주듯이 끝까지 그 모습을 숨긴 양상으로 나타나 있다.

슈뢰딩거는 원자의 구성요소를 유물론적 관점에서 '입자를 영속적인 실체로 간주하는 것보다는 차라리 순간적인 사건으로 간주하는 것이 더 낫다'고 말했다. 그리하여 '가끔 이러한 사건들이 연결되어 영속적인 실체라는 환상을 만들어 낸다'는 것이다.

우주의 모든 것을 꼭 양자적 장(field)으로 보지 않더라도, 우리는 이 우주 안에 정지되어 있거나 고정되어 있는 것이 아무것도 없다는 것을 알고 있다.

햇불을 빨리 돌릴 때 우리 눈앞에서 만들어지는 빛의 고리

---

39) Fritjof Capra, 『현대물리학과 동양사상』, 이성범 김용정 옮김, (주)범양사출판부 1999, p.82

는 고정된 '사물'이 아니듯이, 현상세계는 한 순간에서 다음 순간까지 동일한 상태에 있을 수 없는 사건들로 구성되어 있다. 그렇지 않다면 현상들은 영원히 고정되어 있을 것이며, 이러한 순간들은 점적(點的)이고 지속성을 갖고 있지 않으므로, 이러한 사건들이 독립적으로 존재할 수 없게 된다. 그래서 우리가 언젠가는 '입자'라는 사건의 특성을 모두 다 알 것이라고 주장할 수가 없는 것이며, 사건은 '내적으로 고유한 실체가 결여되어 있음'과 동의어인 상호의존성의 작용에 의해 다양한 형태들로 나타난다고 할 수 있다.

중요한 점은 현상의 특징들이 현상에 내적으로 고유하게 속해 있지 않다는 것인데, 예를 들어 질량이 에너지와 등가이고 에너지로 변환될 수 있다는 것은 결국 질량이 '입자 사건'과 분리될 수 있는 속성이라는 것을 표현한 셈[40]이다. 이는 프랑스의 세포유전 과학자이자 티베트에서 불교수행에 전념하는 마티유 리카르(Matthieu Ricard)의 말이다.

그렇다고 이것을 우리의 의식까지를 포함한 '현상의 궁극적 실재(法)'라고 말할 수는 없을 것 같다. 그럼 우리들이 '심법(心法)'이라고 하는 그것은 무엇일까.

---

40) Matthieu Ricard, Trinh Xuan Thuan, 『손바닥 안의 우주』, 이용철 옮김, 샘터 2003

우주 만물에는 시원(始原)이 있다.
그것이 이치라고 하는 천하의 어머니이다.
천하의 이치인 어머니를 알면
그 아들인 만물을 알 수 있다.
그래, 그 아들을 알았으면 다시 어머니에게로 돌아가 지켜야 세상을 마칠 때까지 두려움이 없다.
쾌락을 좇는 오온(五蘊)의 문을 닫아걸면
평생 근심이 없고
오온의 문을 열어 욕망을 충족시키면
구원을 얻지 못한다.

깊이 숨어 있는 이치를 볼 수 있어야
드러나 있는 것을 알 수 있고,
부드러움의 본질을 지킬 수 있어야
참으로 강하다고 할 수 있다.
빛으로 현상세계를 샅샅이 비춰 깊은 곳에 숨어 있는,
자연의 미묘한 본질로 돌아가야
참다운 밝음을 얻었다고 할 것이다.
그래야 자연의 절대적인 본질을 지키고 따른다고 할 수 있을 것이다.[41]

　　天下有始 以爲天下母

---

41) 老子 歸元編 p.123

既得其母 以知其子
既知其子 復守其母 沒身不殆
塞其兌 閉其門 終身不勤
開其兌 濟其事 終身不救

見小曰明 守柔曰强
用其光 腹其明 無遺身殃
是謂習常.

* 일곱 번째 조사스님

파수밀(Vasumitra) 존자 노래하시기를

마음이 빈 공간의 범위와 같으므로
사물의 본모습과 똑같은 빈 공간을 보여준 것이다.
저 텅 빈 공간을 직관으로 확실히 깨달을 때
그것은 존재하지 않는, 존재하지 않는 것도 아닌 현상계
의 본질이다.

同虛空界 示等虛空法
證得虛空時 無是無非法

텅 빈 공간(空)을 무(無)와 동의어로 볼 때, 흔히 텅 비어 보이는 '무'라는 것으로부터 모든 것이 창조되었다고 한다. 더 나아가 부처님의 가르침은, 허공처럼 텅 비어 보이는 진공의 본질은 '있다고 하면 없는' 정보를 제공해 주고 있다.

불교에서의 '진공(眞空)'이란 '아트만(ātman)'이 전혀 존

재하지 않는다는 뜻으로 통용된다. 물리학에서의 '진공'은 모든 것, 모든 입자, 모든 장, 모든 파동이 제거된 영역의 공간을 말한다.

그래서 '무중력 상태'를 연상시키는 공간을 진공으로 아는 경우가 많은데, 그것은 잘못된 견해이다. 물론 '주위에 아무 물체도 없다면 당연히 무중력 공간'이 되겠지만, '진공은 중력까지를 차단하거나 없애 버리는 것을 의미하는 것'이 아니다. '중력은 진공 중에서도 작용하는 것'이고 보면 거의 완벽한 진공이라고 할 수 있는 것은 없다. 왜냐하면 우주 공간에도 바로 그 중력 때문에, 지구가 태양 주위를 계속 돌고 있기 때문이다.

진공의 정도를 알려면 기체의 압력을 재보아야만 한다. 대개 압력을 나타내는 단위로는 파스칼(pascal)을 많이 쓰는데, 1파스칼은 $1m^2$의 면적에 1뉴턴(newton)의 힘(대략 100g중)이 작용할 때의 압력이다. 지상의 대기압은 대략 1기압이고, 1기압은 10만 파스칼 정도이다. 이것은 $1m^3$ 속에 10^{25}개의 기체가 있다는 말이다. 그런데 고도가 높아질수록 공기가 희박해져 기압이 작아진다. 그래서 5km만 올라가도 기압이 0.5로 줄어들고 1,000km 높이에서는 약 10^{-9}파스칼, 즉 10^{-14}기압 정도가 된다.[42] 이렇듯 완전한 진공을 얻기란 불가능하다고 물리교과서에서는 말한다. 그런데도 진공에 대한 연구가 계속되고 있는

---

42) 박성식, "진공", Newton 1995/10, p.120

것은 자연의 힘을 완전히 이해하는 열쇠가 바로 그 속에 들어 있기 때문이다.

그렇다면 동양의 지혜(智慧)의 서(書)에서는 진공의 양상을 어떻게 이야기하고 있을까?

허(虛)의 극치에 도달하고 돈독히 정(靜)을 간직하라.
만물이 다같이 생육화성(生育化成)하지만 '허정한 도를 터득하고 지키는' 나는 만물이 근원에 되돌아감을 볼 수가 있다.
만물이 무성하게 자라고 있으나, 결국은 모두가 다 근원으로 되돌아가게 마련이다.
근원으로 돌아가는 것을 정(靜)이라 하고, 그것을 복명(復命), 즉 본성으로 복귀한다고 말한다.
복명, 즉 본성으로 복귀하는 것을 상도(常道)라 하고, 상도를 아는 것을 총명이라고 한다.
상도 즉 영구불멸의 도리를 모르면 허튼 짓을 저지르게 되고 흉악한 재화를 초래하게 된다.
영구불멸의 도리를 알고 실천하면 관대하게 모든 것을 포용할 수가 있고,
관대포용하면 공평무사하고,
공평무사하면 넓게 두루 통하고,

넓게 두루 통하므로 하늘이라 하겠고,
하늘의 경지 즉 무위자연을 바로 도라 하고,
도를 따르니 영구하고, 죽을 때까지 위태롭지 않을 것이다.[43)]

致虛極 守靜篤 萬物並作 吾以觀復 夫物芸芸
各復歸其根 歸根曰靜 是謂復命 復命曰常
知常曰明 不知常 妄作凶 知常容 容乃公 公乃全
全乃天 天乃道 道乃久 沒身不殆

---

43) 『老子』歸根編, 張基槿 譯, 三省出版社 1976, p.87-88

* 여덟 번째 조사스님

불타난제(Buddhanadi) 존자 노래하시기를

허공에 안과 밖이 없듯
마음의 뿌리도 안과 밖이 없다.
허공이 그렇다는 것을 확실하게 알면
우주만유의 본체가 그렇다는 것으로 이어진다.

虛空無內外 心法亦如此
若了虛空故 是達眞如理.

이 게송에서는 '허공은 안과 밖이 없는 것'으로 이야기한다. 그래서 마음도 안과 밖이 없다는 것이다.
산스크리트어로는 허공을 'ākāśa'로 표기한다. 'ākāśa'는 최고로 미묘한 상태에 있는 공(空)이라는 뜻인데, 이 말은 3차원적 '공간'과는 의미가 다르다.
뉴턴(Newton, Isaac)의 고전물리학에서의 시공간은 절대시간과 절대공간이었다. 절대시간은 우주의 어느 구석에서든 1초 1초가 균일하게 흐른다는 것이고, 절대공간 역시 영원히 움직이지 않고 실재로서 존재하는 공간을 말한다.

지금도 우리들 가운데에는 시간과 공간이 분리되어 있다고 생각하는 사람들이 많다. 그러나 아인슈타인은 우리에게 시간과 공간이 분리되어 있지 않다는 것을 확실하게 보여주었다.

다시 말해, 이 우주에는 시간이 없는 공간, 또는 공간이 없는 시간은 존재하지 않는다는 것이다. 그렇다면 시간이 곧 공간이고 공간이 곧 시간이라는 말이 된다. 시간과 공간의 실상이 이렇다면, 안과 밖이 있을 리 없다.

우리들 마음의 본질도 허공처럼 안과 밖이 없다는 이야기는, 높은 차원의 체험(깨달음) 없이는 이해하기 아주 어려운 문제임에 틀림없다.

하지만 마음은 '우주의 존재 일반에 대한 인간의 정신작용'으로 풀이되기도 한다. 우리의 온갖 삶의 활동이 이 우주를 떠나서는 영위될 수 없듯이, 인식 자체도 공간과 시간이라는 감성 형식 중 어느 하나라도 배제해서는 절대로 성립될 수 없는 것이다. (四方上下謂之宇 往來古今謂之宙)[44]

불교의 가르침은 '마음의 뿌리'를 찾는 데 그 핵심이 모아

---

44) 김영석, 『도의 시학』, 민음사 1999, p.272

져 있는 것처럼 보인다. 문제는 허정, 영담, 적막, 무위와 같은 관념으로서가 아니라, 오직 그것을 행위의 작용으로 제시하고 있다고 생각된다.

그래서 '허공(우주)이 모두 내 마음의 뿌리와 함께 한다'고 했을 때, 그것은 관념이 아닌 행동으로 이 우주와 하나가 되어 나타나 있어야 한다는 뜻으로 받아들여진다.

동양의 역학에서는 '음양이 합실하여 운동이 일어나면 기본적으로 정신이 있다고 인정한다.'[45] 영국의 수리 물리학자인 로저 펜로즈(Roger Penrose)는 '정신세포 및 기타 세포를 구성하는 미시세계에서 발생하는 양자역학적 현상에서 의식이 나온다[46]고 말한다. 그러나 이에 관한 뚜렷한 지식이 없는 사람들은 이 두 견해의 진위를 판단할 근거조차 알 수 없다.

그런데도 우리 조사스님들은 마음이 어디서 생성되는지를 환히 알고 있었던 듯하다. 물론 과학에서처럼 수학적 모델로 아는 것은 아니었겠지만, 마음의 뿌리를 몰랐다면 '영산회상(靈山會上)에 염화미소(拈華微笑)'와 같은 패러디가 자연의 본질과 실제로 하나가 되는 일대사건으로 발전되지는 않았을 것이다. 그리고 '달마가 동쪽으로 오는 일'도 없었을 것이다.

또 조사스님들이 마음의 뿌리를 몰랐더라면 '마조의 일면

---

45) 김영석, 위의 책, p.272
46) Antonio R. Damasio, 『의식의 정체는 드러날 것인가?』, 이창희 옮김, 세종연구원 2002, p.136

불(馬祖日面佛)'은 있지 않았을 것이고, '조주의 정전백수자(趙州庭前柏樹子)'도 생겨나지 않았을 것이다.

그렇다면 마음의 뿌리는 무엇인가?

눈과 서릿발이 차갑다는 것을 모르고서야
어떻게 한겨울의 차가운 마음을 알겠는가.
不因霜雪苦 那辨歲寒心[47]

---

47) 長靈卓(禪門拈頌)

* 아홉 번째 조사스님

복다밀다(Buddhamitra) 존자 노래하시기를

본래 자연의 이치란 밖으로 드러나지 않는다.
자연의 이치는 정신적(nāman)인 요인으로 나타난다.
현상에 대한 있는 그대로의 이치를 받아들여 간직하면
그것은 진실도 아니고 거짓도 아니다.

眞理本無名 因名顯眞理
受得眞實法 非眞亦非僞

인간이 재화(財貨) 획득에 가치를 두지 않았을 때의 자연은 한 그루 사과나무와 같은 것이었다. 사과는 사과였을 뿐, 재화와는 상관이 없었다. 사과가 많이 열리면 풍족했고 사과가 적게 열리면 궁핍했다. 그래서 늘 사과가 많이 열리기를 희망하면서 살아왔다.
그러던 것이 나무의 품종을 개발하고, 심는 방법을 연구하고, 비료를 주고, 가지를 쳐 주고, 병충해를 방제해서 더 많은 사과를 딸 수 있게 되었지만, 그런 인위적인 문제가 또 다른 어려움을 안겨주었다. 수확은 더 많아졌지만 화학비료의 남용으로 토지뿐만 아니라 자연 자체가 피폐해진 것이다. 자연이 망가지면 거기에 사는 인간들에게 피해가 고스란히 돌아온다.

그래서 자연을 지배하고 제어할 것이 아니라 협력과 동참, 상호존중의 덕을 발휘하여 공존해야 한다는 결론에 이르게 되었다.

여기에서 한 걸음 더 나아가 자연은 예측이 불가능하고, 주위 세계에 민감하고, 작은 요동에도 영향을 받는 인간의 본성에 가까운 무엇임이 밝혀지면서, 생태계(ecosystem)에 관한 문제들이 관심을 끌게 되었다. 그래서 생태계가 '공동체로서 공유하는 개념'으로 거듭나야 한다는 인식이 확산되었다.

노르웨이 철학자 나에스(Arne Naess)는 생태계를 깊이 있게 관찰해 표층생태학(shallow ecology)과 심층생태학(deep ecology)으로 이분화시켜 대중운동으로 발전시켰다.

표층생태학은 인간중심적 또는 인간을 그 중심에 놓는 관점의 생태학이다. 이 견해는 인간을 자연의 바깥쪽 또는 그보다 우위에 놓는 존재로 간주하며, 모든 가치의 근원으로 생각한다. 말하자면 표층생태학은 자연을 도구적 가치, 사용가치로 다루는 반면, 심층생태학은 인간을 자연으로부터 그리고 그 무엇으로부터도 분리시키지 않는다는 관점이다.

이 견해는 세계를 분리된 사물들의 집적으로 보지 않고, 근본적으로 상호 연결되어 있는, 상호의존적인 현상들의 연결망(network)로 본다. 그래서 심층생태학은 모든 생물을 본질적인 가치로 인정하고, 인간 역시 생명이라는 그물 속에 포함되어 있는 한 가닥의 씨줄이나 날줄에 불과한 무엇[48]이며, '개인 역시 우주에 속해 있는 전체로 연결된 의식의 양식(mode of consciousness)으로 이해'한다. 그리하여 인간이란 '영적 본질에 도달'할 수 있는 하나의 장(場, field)이라는 인식을 새롭게 펼쳐 보인다.

하지만 동양에서의 자연은 출발부터가 '영적 본질에 도달'할 수 있는 하나의 장(field)이었다. 노자의 상원(象元)편을 보면 그 내용이 잘 함축되어 있다.

> 무언가 완전하지 않은 에너지가
> 하늘과 땅보다 먼저 있었는데
> 고요하고 휑하니 비어 있었다.
> 그것은 소리가 없어 들을 수도 없고
> 형태가 없어서 볼 수도 없다.
> 홀로 나타나 있으면서도 바뀌지 않고

---

[48] Fritjof Capra, 『생명의 그물』, 김용정 김동광 옮김, (주)범양사출판부 1999, p.23

두루두루 번져나가면서도 멈추는 일이 없어서
하늘 아래 모든 것들의 어머니라 했다.
나는 그 이름을 모르지만 이름을 대라고 하면
'이치의 근원(道)'이라 하겠고, 굳이 이름 붙이랴면
'위대함'이라 하겠다.

그것은 광대무변해서 어디든지 번져나가고
끝이 없어서 멀리멀리 가지만,
멀리멀리 갔다가 원심력이 있어서 다시 되돌아온다.
이렇듯 이치의 근원이 크므로 하늘도 크고
땅도 크고 사람도 크다고 한 것이다.
이 세상에는 큰 것이 네 개가 있는데
그 가운데 사람도 한몫을 차지한다.
사람은 지구의 이치를 따르고
지구는 하늘의 이치를 따른다.
이치란 있는 그대로의 질서이다.[49)]

有物混成 先天地生 寂兮寥兮 獨立不改
周行而不殆 可以爲天下母 吾不知其名
强字之曰道 强爲之名曰大 大曰逝
逝曰遠 遠曰反 故道大 天大 地大
人亦大 城中有四大 而人居其一焉

---

49) 老子 象元編

人法地 地法天 天法道 道法自然.

밖으로 드러나지 않은 있는 그대로의 질서, 그것이 무엇일까.

영국의 시인 워즈워스(William Wordsworth)가 쓴 "우리의 겉과 속이 되는 하나의 생명"이라는 수필에는 '모든 자연의 실재(實在)─인간도 바위도 포함하여─는 어우러져 하나의 살아있는 전체'라는 구절이 나온다.

내가 걷고 있는 이 대지는 죽어 움직이지 않는 물체가 아니라, 영혼을 가진 물체이고 유기적이며 그 영혼의 작용에 따라 변한다. 더구나 내 속에 있는 영혼이 아무리 작다 하더라도 그것에 따라 변한다.

* 열 번째 조사스님

협(Parśva) 존자 노래하시기를

진실의 본모습은 가장 완전한 자연 그대로의 모습이다.
항상 그대로 있는 것에 의거해 이치의 존재를 말한다.
자연 그대로 있는 진실한 질서의 요긴한 점을 마음에 간직하면
무엇을 실행할 것도 마음을 다잡을 것도 없다.

眞體自然眞　因眞說有理
領得眞眞法　無行亦無止

물리학에서는, 자연은 궁극적으로 하나의 초자연력(superforce)의 활동에 의해 지배를 받는다고 이야기한다.
　네 번째 조사 우바국 존자가 게송에서 이야기했듯이 자연계에는 강력(strong), 약력(weak), 전자기력(electronmag- netic), 중력(gravity)의 네 힘과 글루온(gluon), 광자(photon), 위크 게

이지 보존(weak gauge bosons), 중력자(graviton)라는 특정 질량과 전하를 가진 매개입자들이 존재한다. 그러나 현재까지 이를 설명해 줄 과학자는 아직 없다고 한다.

이렇듯 초자연력은 우주를 존재하게 하고 빛, 에너지, 물질, 그리고 조직체를 이루어 나가게 하는 힘을 가졌을 것으로 여겨진다. 그런데 이 초자연력은 창조적인 행위자 이상의 역할을 하고, 물질, 시공, 힘이 조화된 통합의 틀 속으로 융합시킴으로써 이제껏 생각지도 못했던 통일성을 부여해 준다.[50]

장자(莊子) 제물론(齊物論)에는, 초자연력을 연상케 하는 '천뢰(天籟)'라는 말이 나온다. 천뢰란 우주의 물질이 자연 상태에 따라 울리는 소리이지만, 불행하게도 우리 일반 사람들은 그 소리를 들을 수가 없다. 그렇다면 천뢰란 초자연력이 내는 하늘의 소리일까.

남곽자기(南郭子綦)가 하루는 책상에 기대앉아 숨을 길게 내쉬며 모든 것을 잊고 하늘을 우러러보고 있었는데, 자연과 하나가 된 그의 모습이 어찌 보면 멍청하기도 하고 짝을 잃은 사람 같기도 했다.

그 모습을 본 제자 안성자유(顔成子游)가 물었다.

"어찌하여 그리하시고 계십니까? 선생님의 몸이 마치 마

---

[50] Paul Davies, 『초힘』, 전형락 옮김, (주)범양사출판부 1995, p.14

른 나무와 같고, 마음은 불씨가 없어 죽은 재와 같습니다. 지금 책상에 기대고 앉은 분은 전에 그분이 아닌 것 같습니다."

자기가 대답했다.

"언(偃)아, 지금 내가 나를 잊고 있는 것을 알겠느냐?"

언은 안성자유의 이름이다.

"너는 사람이 내는 소리(人籟)를 듣겠지만 대지가 울리는 소리(地籟)를 듣지 못했을 것이고, 대지가 울리는 소리를 듣는다고 해도 하늘이 내는 소리(天籟)를 듣지 못했을 것이다."

자유가 물었다.

"무슨 말씀입니까?"

자기가 대답했다.

"큰 덩어리, 즉 대지가 내뿜는 숨을 바람이라 한다. 바람이 일지 않으면 몰라도 바람이 일면 대지의 모든 구멍이 성을 낸 듯 울부짖는다. 너는 그 웅! 웅! 하는 소리를 듣지 못했느냐? 산속의 숲이 우거지고 백 아름이나 되는 큰 나무에 패인 구멍이 콧구멍과 같고, 입과 같고, 귀와 같고, 기둥머리의 공포(栱包)와도 같고, 둥근 구멍과도 같고, 절구통과도 같고, 깊은 웅덩이와도 같고, 얕은 웅덩이와도 같은 것들에 바람이 부딪쳐 웅! 웅! 하는 소리, 화살이 날아가듯 쉭! 하는 소리, 꾸짖듯 하는 소리, 숨을 들이쉬듯 하는 소리 , 목청을 높여 부르짖듯 하는 소리, 흐느끼듯 하는 소리, 재잘

거리듯 하는 소리, 속삭이듯 하는 소리들을 내기도 한다. 그래서 앞엣것이 우우! 하면 뒤엣것도 우우! 한다. 작게 부는 바람에게는 작게 화답하고, 크게 부는 바람에게는 크게 화답한다. 그러다가 바람이 자면 구멍들이 텅 비게 되는데, 너만이 나무들이 휘청휘청 흔들리다가 다시 산들산들 움직이는 모습을 보지 못했단 말이냐?"

자유가 물었다.

"대지가 울리는 소리는 모든 구멍에서 나는 소리이고, 사람이 내는 소리는 퉁소와 같은 악기를 불어 내는 소리라는 것을 알겠습니다. 그런데 하늘이 내는 소리는 무엇입니까?"

자기가 대답했다.

"말하자면 이 우주에 불어대는 소리가 만 가지나 되지만 그것들이 서로 같지가 않아, 제멋대로 내는 소리를 하늘이 내는 소리라고 한다. 그런데 그 소리를 내게 하는 것이 누구냐?"

우리가 듣지 못할 뿐 초자연력이 내는 소리가 없다고 단정지을 수는 없을 것 같다. 만일 초자연력이 내는 소리가 있다면 어쩌면 그 소리까지가 자연 그대로 있는 진실한 질서가 아닐까. 초자연력의 요긴한 점을 마음에 그대로 간직하면 그것이 곧 깨달음이 아닐까.

* 열한 번째 조사스님

부나야사(Punyayasas) 존자 노래하시기를

흐릿한 것은 가리어져 있는 것과 같고
탁 트여 총명한 것은 나타나 있는 것과 같다.
그래서 밝음과 어둠은 서로 떼어놓을 수가 없는 것이다.
이제 가려져 있고 드러나 있는 이치를 전하려 하는데
그것은 하나도 아니고 둘도 아니다.

迷悟如隱顯 明暗不相離
今付隱顯法 非一亦非二

 이 우주를 '아주 큰 것' 하나로 보았을 때, 현재 관측이 가능한 공간의 반지름은 은하계를 중심으로 약 150광년이라고 한다. 그 끝은 우주 팽창으로 광속에 가까운 속도로 한없이 멀어지고 있으며, 어떠한 빛도 입자도 관측 가능한 에너지보다 낮아져 볼 수가 없다는 것이다.

우주는 어디를 중심으로 보아도 완전히 같아 보이는데 이것을 '등방(等方)'의 원리라 하고, 또 어디서나 같은 성질을 가지고 있으므로 이것을 '평균의 원리'라고 이야기한다.

수억 광년이라는 큰 규모에서 보면 우주는 한결 같고 등방이다. 그리고 우주의 팽창도 한결같다고 한다.[51]

한결같고 등방이라고는 하지만 자세히 보면 우주도 한결같지 않음을 알 수 있다. 가장 큰 규모는 '우주의 대규모구조(네트워크)'라 불리는 그물구조인데, 우주 공간을 축구공에 비유하면 그 솔기에 해당하는 곳에 은하가 밀집해 있고, 솔기로 둘러싸인 곳은 공동(空洞)으로 되어 보인다.[52]

그물을 확대하면 무수한 은하가 모여 있는 것이 보이며, 큰 집단은 '은하단', 작은 것은 '은하군'으로 불린다. 우리 은하계는 지름이 약 10만 광년인 나선 은하로, 비교적 작은 '국소은하군'에 속해 있으며, 태양계는 우리 은하계의 가장자리에 위치해 있다.

태양계는 태양을 중심으로 8개의 행성과 64개의 위성, 무수히 많은 소행성과 혜성으로 구성되어 있다. 태양에서 가까운 쪽에는 암석과 금속으로 이루어진 '지구형 행성'이고 바깥쪽은 수소나 헬륨을 주성분으로 하는 '목성형 행성'인 것으로 알려져 있다.

---

51) Newton, 1998/11, p.64
52) Newton, 위의 책, p.64

이 우주를 구성한 물질의 90퍼센트 이상을 암흑물질(dark matter)이 차지하고 있는데, 이 암흑물질은 전파나 적외선, 가시광선, 자외선, X선, 감마선과 같은 전자기파로는 관측이 되지 않고 오로지 중력을 통해서만 그 존재를 인식할 수 있다고 한다.

자연계는 밝음보다는 어둠이 더 많은 비율을 차지하고 있는 듯하다. 그러나 여기에서 한 가지 분명한 것은 우주는 평면적인 것이 아니라는 점이다. 우주에는 시간이 배제된 공간이 없고, 공간이 배제된 시간이 없다. 또 한 가지는 질량과 에너지가 둘이 아니어서 질량은 언제든지 에너지로 바뀔 수 있고, 에너지는 다시 질량으로 돌아간다.

그래서 양자적 대상들을 둘이 아닌(不二) 것으로 보아야 한다는 설명인데, 여기서 가장 중요한 문제는 자연의 실체가 '무(無)가 아니면서 비물질적 영역으로 존재한다'는 점이다.

이 게송은 가리어져 있고 드러나 있는 어둠과 밝음, 시간과 공간, 질량과 에너지를 떼어놓을 수 없다는 이치를 전하고 있는 듯하다. '하나도 아니고 둘도 아니'라는 이야기는 바로 이런 이치를 가리켜 보이는 것이 아닐까.

* 열두 번째 조사스님

마명(Aśvaghosa) 존자 노래하시기를

숨거나 드러남이 본래 현상세계의 질서이다.
밝음과 어두움이 처음부터 둘이 아니었다.
이제 밝게 깨달아 아는 가르침을 전하노니,
그것은 받아들이는 것도, 버리는 것도 아니다.

隱顯卽本法 明暗元不二
今付悟了法 非取亦非離.

    과학에서뿐만 아니라 우리가 관측을 할 때도 가장 중요한 것은 '나'이다. 내가 어디에 있는가? 두말 할 것도 없이 내가 있어야 할 곳은 '절대적인 원점'이다. 즉, 우주의 중심에 있어야 한다. 모든 것의 시작, 그 중심에 내가 있어야 한다. 물론 우주의 팽창도 내가 그 중심이 되어야 한다.
    불교 경전들에 따르면 논리(pramana)는 유효한 인식을 의미한다. 과학적 지식이든 명상적 지식이든, 지식의 거의 모든 양상들에서 논리는 꼭 필요하다고 말한다. 하지만 우리는 유효하지만 '습관적인' 지식과, 유효하면서 궁극적이고 절대적인 지식을 구별해야 한다. 전자의 지식은 사물들의 겉모습에 대해 가르쳐 주므로 우리는 그런 지식에 의거하여 물웅덩이와 신기루를, 그리고 줄과 뱀을 구별할 수 있다. 그러나 오직 후자의 지식만이 사물들의 궁극적 본질, 즉 공, 내적으로 고유한 실체들의 부재를 이해할 수 있게 해주는데, 이 둘 모두가 각각의 영역에서 유효하기[53] 때문이다.

현상계의 '밝음과 어두움이 처음부터 둘이 아닌 것'을 알기 위해서는, 물리학자 리처드 파인먼(Richard Feynman)의 말을 먼저 음미해 볼 필요가 있다.

'자연을 배우고 인식하려면, 자연이 사용하는 언어를 이해할 필요가 있다. 자연은 오직 한 가지 형식으로 스스로의 정보를 제공하고' 있으므로 인간은 교만한 자세를 버리고, 자연의 표현 방식을 바꾸라고 하기 이전에 먼저 주의를 기울여야 한다.'[54]

그렇게 되면 '숨거나 드러남이 본래 현상세계의 질서'임을

---

53) Matthieu Ricard, Trinh Xuan Thuan, 『손바닥 안의 우주』, 이용철 옮김, 샘터 2003, p.314
54) Richard Feynman, 『The Character of Physical. Cambridge』, MIT Press 1983, p.58

깨닫게 될 것이라는 이야기이다.

　　깨달음과 습관적인 지식 사이에는 여러 가지 차이가 있다. 우선 깨달음은 겉으로 나타나는 현상들에 대한 지식이 아니라 그것들의 본질에 대한 앎이다. 인식방식도 다르다. 주체와 객체라는 그릇된 이원론은 사라지고, 추론적 인식 능력은 직접적이고 명석하고 각성된 의식에 의해 밀려나 그 의식현상들의 궁극적인 본질과 섞여 마침내 하나에 이르게 된다. 이러한 앎의 방식은 비논리적이기는커녕 그 자체가 공의 이해에 근거를 둔 절대적인 논리에 속하고 선조적(線條的) 사유에서 나오는 습관적 논리를 넘어서는[55] 데에 이른다고 마티유(Matthieu)는 이야기한다.

　　깨달음에 이르게 되면 '밝음과 어두움이 처음부터 둘이 아님'의 인식으로부터 '받아들이는 것도, 버리는 것도' 없는 것으로 귀결된다.

---

55) Matthieu Ricard, Trinh Xuan Thuan, 위의 책, p.315

* 열세 번째 조사스님

가비마라(Kapimala) 존자 노래하시기를

숨은 것도 아니고 드러난 것도 아닌 우주적 질서는
현상세계에 그대로 있는 실제를 말한다.
이처럼 숨고 드러난 원인과 조건을 깨달으면
이미 어리석지도, 지혜롭지도 않다.

非隱非顯法　說是眞實際
悟此隱顯法　非愚亦非智.

2차원 공간은 1차원 공간 바로 이웃에 있다. 3차원 공간은 2차원 공간 바로 위에 존재한다. 마찬가지로 4차원 공간은 3차원 공간 속에 무한히 크게 이웃해 있다.
　우리는 4차원, 그보다 훨씬 더 높은 차원에서 살고 있다. 우리가 그것을 모르고 있을 뿐이다. 이를테면 2차원 생물체가 1차원의 직선을 따라 걷다가 바위를 만나 옆으로 돌아갔는데,

1차원 생물체의 눈에는 2차원 생물체가 감쪽같이 사라진 것으로 인식된다.

우리 인간은 3차원 공간에 익숙하게 길들여져 있다. 예를 들어 배구공을 만들 때 배구공보다 작은 야구공을 그 안에 넣고 만들 수 있다. 3차원의 인간은 그런 공쯤 만드는 것은 조금도 어려운 일이 아니다.

그런데 배구공 안에 들어 있는 야구공을 꺼내려면 꿰맨 실밥을 도로 뜯거나 가죽의 겉에 구멍을 내지 않으면 안 된다. 하지만 4차원에서는 아무런 손상도 남기지 않고 배구공 속에 들어 있는 야구공을 감쪽같이 꺼낼 수가 있게 된다.

만일 4차원 생물이 배구공 안에 든 야구공을 꺼냈다면 3차원의 생물은 야구공이 어디를 거쳐 밖으로 나왔는지 알 수가 없다. 그러나 공은 4차원의 공간을 확실히 통과[56]했던 것이다.

영국의 뉴캐슬 대학 이론물리학교수인 폴 데이비스(paul Davies) 교수는 다음과 같이 말한다.

우리는 공간과 시간의 구조를 바꿀 수 있게 될 것이며, 아무것도 없는 데다 매듭을 묶을 수 있을 것이고, 그리고 주문에 의해 물질을 마음대로 만들 수 있게 될 것이다. 초힘을 조절하여 입자를 마음대로 만들고 변형시킬 수 있게 될 것이므로, 특이한 형태의 물질을 생산할 수 있을 것이다.

---

56) 都筑卓司, 4차원의 세계, 김명수 옮김, 전파과학사 1997, p.28-38

우리는 공간 자체의 차원조차도 다룰 수 있게 될 것이고, 그래서 상상하기 힘든 기괴한 성질을 갖는 인공의 세계를 만들 수도 있을 것이다. 진실로 우리는 우주의 지배자가 되는 것이다.'57)

현재 우리는 아인슈타인의 4차원 시공간이론으로 폭넓은 자연의 실체를 이해하게 되었다. '숨는 것도 드러난 것도 아닌 자연의 실체'는 우리들이 손에 들고 다니는 휴대전화로 3차원 그 너머 차원의 전자기파를 활용하면서 우리들로 하여금 3차원 그 너머의 목소리와 그림까지 볼 수 있게 해주었다.

또 컴퓨터로 작성한 문서를 그 자리에서 서울에서 부산, 그보다 수만리 떨어진 외국으로까지 보내고 있다. 3차원에서 이러한 일들은 상상도 안 되는 사건이다. 그러나 우리는 지금 그러한 전자기기에 익숙해 있다.

이러한 현상이 물리학이 아닌 '인간의 마음'에서도 얼마든지 가능하다.

그래서 나가르쥬나(龍樹)는 말한다. '실체'란 존재하는 어떤 것, 혹은 '거기 있는' 어떤 것으로, 우리가 깨달아야 할 영원한 절대'라는 것을.58)

---

57) Micho Kaku, 『초공간』, 최성진 한용진 옮김, 김영사 2000, p.377
58) Frederick J. Streng, 『용수의 공사상 연구』, 남수영 옮김, (주)시공사 1999,

* 열네 번째 조사스님

용수(Nāgārjuna) 존자 노래하시기를

　숨어 있기도 하고 드러나 있기도 한 현상계의 질서를 분명히 밝히기 위해
　쓸데없는 생각들이 일으킨 번거로움에서 해방되는 방법을 견주어서 말한다.
　현상세계의 본질을 분명히 알아 의심이 없게 하려는 마음조차 없으면
　눈 부릅뜨고 화 낼 일도, 기뻐서 좋아할 일도 없다.

　　爲明隱顯法　方說解脫理
　　於法心不證　無瞋亦無喜

　자연은 우리들이 몸을 의탁해 살고 있는 시공간이다. 그런

p.156

데 자연계 안에 내재된 자연의 본질은 누구나 쉽게 접근할 수가 없다. 그 본질은 누구에게나 똑같은 모습으로 얼굴을 드러내고 있지만 아무에게나 찾아지지는 않는다. 이것이 우리들의 언어 개념을 넘어선 심오한 무엇일 것이다.

불교적 지성이란 이 심오한 무엇을 깨닫는 것을 말한다. 깨닫고 나면 그 모든 것을 초월해, 말로 표현이 안 되는 그것을 실행하여 얻은 의식과 체험만이 남게 된다.

물리학에서는 이 같은 현상을 상보성(complementarity) 원리로 설명하기도 한다. 상보성 원리는 '이 세계가 사물로 구성되어 있지 않고 상호작용으로 이루어져 있다'[59]고 본다. 쉽게 설명하면, '전자는 입자이지만 파동의 성질을 가지고 있고, 빛의 경우는 파동이지만 입자의 성질을 갖고 있는 것'이 그것이다.

그것은 입자와 파동의 두 성질을 동시에 가짐을 의미하기보다는 어느 경우에는 입자의 성질을, 어느 경우에는 파동의 성질을 갖는 것으로, 그 어떤 상태를 설명할 때 하나의 이론만으로는 할 수 없고, 두 개 이상의 이론이 필요'[60]한 것으로 설명된다. 우리가 경험하는 두 종류의 상반된 명제가 동시에 성립한다고 보는 것이 그것이며, 말하자면 '상반된 양 측면을 함께 잡아야만 미시세계의 경험을 제대로 기술할 수 있으며 동시

---

59) Gary Zukav, 『춤추는 物理』, 김영덕 옮김, (주) 범양사출판부, 1981, p.219
60) Fred Alan Wolf, 『時空여행』, 소학사 1990, p.129

에 새로운 질서를 창출할 수 있다'고 보는 것이다.

데이비드 봄(David. Bohm)이 이야기하듯이, 물의 소용돌이(vortex)가 물의 한 형태인 것처럼 '숨어 있기도 하고 드러나 있기도 한 현상계의 질서'는 '존재하는 그것'의 내재적인 질서와 다른 것이 아니다.

그런데 이 게송에서는 번거로움으로부터의 해방(解脫)을 먼저 이끌어내어 역설적으로 그 다음을 설명해 주고 있다. 곧 '현상세계의 본질을 분명히 알아 의심을 없게 하려는 마음이 아예 없으면, 눈 부릅뜨고 화 낼 일도, 기뻐서 좋아할 일도 없다'는 구절이 그것이다.

장자 응제왕(應帝王) 편에도 이와 비슷한 역설이 나온다.

설결(齧缺)이 왕예(王倪)한테 '현상세계의 이치(道)'를 물었다.
네 번이나 물었는데 네 번 다 모른다고 대답했다. 설결은 뛸 듯이 기뻐하면서 포의자(蒲衣子)를 찾아가 이 사실을 이야기했다.
그러자 포의자가 대답했다.
"그래, 너는 그것을 이제야 알았느냐? 유우(有虞)씨는 태(泰)[61]씨의 수준에 이르지 못했다. 그래도 유우씨는 어질고

---

61) 有虞는 舜임금이라고도 하고 泰는 神壇 같은 것을 의미한다고 하나, 이들

의로운 덕을 깊숙이 간직해 사람들에게 베풀었으므로 인심을 얻었다. 그러나 그는 일상적인 모든 것에서 벗어나지는 못했다. 하지만 태씨는 잠 잘 때 안온하고 깨어 있을 때는 덤덤해서, 남들이 소라고 말하든 말이라고 말하든 그런 것은 그들에게 맡겨 내버려두었기 때문에 늘 한결같았다. 그래서 그는 있는 그대로의 현상계의 본질에 자기를 내맡겨 진실했으므로 애초에 뭘 따지는 사람들 속에 들어가지 않았다.

바로 이것이 '눈 부릅뜨고 화 낼 일도, 기뻐서 좋아할 일도 없다'는 것일까.

은 세상에 자취는 있으나 흔적이 없는 가공적인 인물로 여겨진다.

* 열다섯 번째 조사스님

가나제바(Kāna-deva) 존자 노래하시기를

사람들에게 현상 그대로의 이치를 전하려 하는 뜻은
번거로움으로부터 벗어날 방책을 설명하기 위함이다.
그런데 현상계의 이치는 증명해 보여줄 실체가 없다.
그것은 끝도 없고 시작도 없어서….

本對傳法人 爲說解脫理
於法實無證 無終亦無始.

시작도 없고 끝도 없는 것을 흔히 무(無)라고 말한다. 물론 무는 실체가 없다.
　무는 시공간이라는 무대도 아니고, 'zero'도 아니고 'zero'의 결과도 아니다. 그것은 침묵도 아니고 어둠도 아니다. 그것은 하얀 종잇장도 아니고 검은 구멍도 아니다.
　그러나 무는 무한한 잠재성으로 있다. '아무것도 들어 있

지 않지만 고갈되지 않은 창고'이다. 그래서 무는 무한한 가능성의 보고이다.62)

뉴턴의 시공관(view of space and time)은 사건이 시간의 흐름과 동시 전개된다(develops). 시간은 1차원이며 앞으로 움직인다(moves). 과거 현재 미래가 순서대로 일어난다. 하지만 특수상대성이론에 따르면 정적(static), 즉 정지된(non-moving) 시-공(時-空)의 상(像)으로 바뀌어야 한다는 설명이다.

이러한 정적구도(靜的構圖)의 시간-공간 연속체에서는 사상(事象)들이 전개되지 않고 그냥 있을 뿐이라고 한다. 우리들이 4차원적 방법으로 우리의 실재를 볼 수 있다면, 지금 이 시간의 흐름에 따라 우리 앞에 펼쳐지고 있다고 생각되는 그 모든 것들이 완전한 모습으로(in toto) 이미 존재해 시공의 화폭 위에 그려져 있음을 알게 될 것'63)이다. 그래서 물리학에서는 이를 수학적 명제라고 한다.

그러나 우리는 언어로 '4차원(fourth dimension)'을 표현해 낼 수가 없다. 수학적으로는 묘사가 가능한데 그것을 말로 표현해 낼 수가 없다는 이야기이다. 하지만 경험으로 알고 있는 그것에 언어가 개입되면 어떤 표현으로 나타날까.

어떤 중이 운문 스님에게 물었다.

---

62) K. C. Cole, 『우주의 구멍』, 김희봉 옮김, 해냄 2002, p.303
63) Gary Zukav, 『춤추는 物理』, 김영덕 옮김, (주)범양사출판부 1981, p.235

"어떤 것이 부처와 조사를 뛰어넘는 말입니까?"
운문 스님이 대답했다.
"호떡!"64)

擧僧問雲門 如何是超佛越
祖之談 門曰餬餅

의사를 전달하는 말이라기에는 매우 뜻밖의 표현이 아닐 수 없다. 이것이 4차원에 나타난, 수학적으로만 그려낼 수 있는 사건들의 모습일까? 선종(禪宗)의 스승들은 우리의 관념적인 습관을 깨뜨리고 정신적 구성물에서 벗어난 마음의 자연적인 신선함을 발견하도록 만들기 위해 이따금 뜻밖의 방법을 사용하게65) 되는데, 이것을 곧 공안(公案)이라고 말할 수 있다. 현상계의 본질이 4차원 이상의 시공간으로 얽혀 있어서 3차원의 언어로는 애초부터 묘사가 안 되기 때문에 공안이라는 특수 비방이 등장하는 것이다.

영국의 물리학자 데이비드 봄(David Bohm)은 그 공간적 개념은 '깨어지지 않은 전체성'이며, 보다 깊고 '드러나지 않은 수준'에서 일어나는 우주적 관계망이 내재되어 있는 것으로 보고 있다. 봄은 이와 같은 공간적 개념의 질서를 함축된

---

64) 碧巖錄 제77칙 雲門餬餅.
65) Matthieu Ricard, Trinh Xuan Thuan, 『손바닥 안의 우주』, 이용철 옮김, 샘터 2003, p.317

(implicate), 또는 내장된(enfolded) 질서라고 부르고, 그것을 '관계망'으로 설명한다.

 가나제바 존자의 이 게송도 끝도 없고, 시작도 없고, 증명해 보일 실체도 없는 현상계의 본질과 하나가 됨으로써 번거로움으로부터 완전히 해방될 수 있다는 한 방법의 제시가 아닐까?

* 열여섯 번째 조사스님

나후라다(Rāhulata) 존자 노래하시기를

현상계의 질서는 증명해 보여줄 실체가 없다.
그것은 이미 받아들일 것도 버릴 것도 없어서이다.
현상계의 본질은 모습이 있는 것도 아니고 없는 것도 아닌데
안과 밖을 어떻게 보여주겠는가?

於法實無證 不取亦不離
法非有無相 內外云何起.

오스트리아의 과학철학자 칼 포퍼(Karl Poopet)는 세계를 세 부분으로 나누어 설명한다.
 제1세계는 물리적 세계로, 인간과는 별도로 존재하는 우주 자체를 말하는데, 전자와 쿼크, 그리고 이들로 이루어진 모든 체계들을 여기에 포함시킨다.

제2세계는 주관적 감정과 무의식, 그리고 심리적 속성들의 세계이다.

마지막으로 제3세계는 의식과 사고의 모든 영역이 포괄된다.[66]

그런데 독일 뮌헨 대학 교수인 하랄드 프리쯔쉬(Harald Fritzsch)는 칼 포퍼의 제2, 제3세계를 심리적 상태, 그리고 논리적 상징과 언어 등이 플라톤(Platon) 이념들의 세계와 대체로 일치한다는 점에서, '정신우주'로 부른다.

정신우주는 '살아 있는 세계이며 유동하는 세계'로, 이 세계의 상징들은 명확하게 규정되어 있는 경우가 극히 드물다고 한다. 그래서 개념이 불확실성 투성이'[67]이다.

그러나 우주가 질서를 가지고 있는 것만은 '자명한 사실' 이라고 과학자들은 입을 모은다.

우리가 보는 모든 곳, 멀리서 빛나는 은하계로부터 원자의 가장 깊숙한 곳에까지 규칙성과 복잡한 조직을 만나게 되는데, 물질이나 에너지가 혼란스럽게 흩어져 있는 경우는 발견되지 않는다. 그것들은 원자와 분자, 결정체, 생명체, 혹성계, 별무리

---

66) Harald Fritzsch, 『철학을 위한 물리학』, 이희건 김승연 옮김, 가서원 1992, p.303
67) Harald Fritzsch, 위의 책, p.304

등 단계별, 차원별로 질서 있게 배열되어 있다. 동시에 모든 물질계는 우연에 지배를 받는 것이 아니라, 법칙에 따라 체계적으로 행동한다. 과학자들은 이 같은 자연의 미묘한 미(美)와 우아함 앞에서 경외감과 놀라움을 자주 체험[68]한다는 것이다.

미국의 물리학자 리처드 파인만(Richard Feynman)은, 모든 자연의 평범한 현상은 원자와 같은 알갱이들의 작용과 운동으로 설명할 수 있다고 말한다.

예를 들어 생명 자체는 원리적으로 원자들의 운동으로 이해될 수 있고, 이 원자들은 중성자, 양성자, 전자들로 이루어져 있는데, 여기서 원리적으로 이해한다는 것은, 생명 현상을 이해하기 위해 발견해야 하는 새로운 것이 물리학에는 아무것도 없다는 것을 의미한다.[69]

그렇다면 현대 과학이 생명현상을 규명하지 못하고 있다는 이야기가 된다.

하지만 화엄경을 보면 '일체의 세계가 한 터럭 속에 들어가고 한 터럭 속에 일체의 세계에 들어가며, 일체 생명 있는 것들의 몸이 한 몸에 들어가고, 한 몸이 일체 생명 있는 것들의

---

[68] Paul Davies 『현대물리학이 발견한 창조주』, 류시화 옮김, 정신세계사 1988, p.214
[69] Richard Feynman, 『물리법칙의 특성』, 안동완 옮김, 해나무 2003, p.244

몸에 들어가며, 말로 할 수 없는 영겁의 시간이 한 찰나(eka kṣaṇ)에 들어가고, 한 찰나의 시간이 영겁의 시간 속에 들어간다(一切世界入一毛道 一毛道入一切世界 一切衆生身入一身 一身入一切衆生身 不可說劫入一念 一念入不可說劫)'70)는 가르침이 있다.

물리학에서는 흔히 원자의 구조를 태양계에 비교한다. 원자핵과 전자 사이의 거리를 태양과 행성 사이의 거리를 비율로 비교하는데, 원자핵과 전자 사이의 거리가 오히려 더 크다고 한다. '모든 세계가 한 터럭 속에 들어간다'는 화엄경의 가르침은 곧 '안과 밖이 없는 현상계의 본질'을 설명한 것이 아닐까.

화가전연경(化迦旃延經)의 교설 가운데에는 '유를 떠나고 또 무를 떠난다'라고 하며, 다음과 같이 말하는 대목이 나온다.

    있다고 하면 상주론(常住論)이 되고
    없다고 하면 단멸론(斷滅論)이 된다.
    그러므로 지혜가 있는 사람은
    있는 것에도 없는 것에도 응하지 않는다.
    만일 법(法)에 자성(自性)이 있고

---

70) 新修大藏經 10권 p.258 中

없는 것이 아니면 곧 상주론이요
앞서 있었다가 지금 없다면
이것은 곧 단멸론이다. (中論 觀有無品)71)

---

71) 김용정, 『과학과 불교』, 석림출판사 1996, p.48

* 열일곱 번째 조사스님

승가나제(Samgha-deva) 존자 노래하시기를

마음이란 본래부터 갖추어져 있어서 생겨날 것이 없다.
마음은 활동하는 무대의 원인과 조건에 의거해 생겨난다.
모든 조건에서의 행위가 서로 훼방을 놓지 않으면
꽃과 열매로 아름답게 화답하리라.

心地本無生　因地從緣起
緣種不相妨　華果亦復爾.

'마음이란 본래부터 갖추어져 있어서 생겨날 것이 없다'고 하는 이 구절은, '마음을 자연에 내재된 본질'로 보라는 이야기라고 생각된다.
　여기에서 마음의 본질이란 내 마음, 네 마음 하는 마음의 갈래를 말하는 것이 아니다. 인간이면 누구나 다 가지고 있는 마음의 원초적 출처가 어디인가를 묻고 있는 것이다.

중국계 미국인 과학자 존슨 얀(Johnson F. Yan)은, 동양에서 무극(無極)의 개념은 현대 우주론의 우주기원에 관한 '평형파괴이론'과 그 궤를 같이한다고 이야기한다.

평형파괴이론에 의하면, 우주가 존재하기 이전에는 완전한 평형상태였으며 어떤 것도 존재하지 않은 '공허'였다고 한다. 물질이나 반물질, 에너지조차 존재하지 않았다는 이야기이다. 에너지 혹은 에너지의 한 형태인 물질이 시작되는 순간 평형상태가 깨지고 존재와 비존재라는 두 극이 생겨났다는 것인데, 이 평형파괴 과정이 매우 격렬했을 것으로 생각되며, 바로 그것이 '거대한 폭발, 즉 빅뱅'이라 불린다[72]는 것이다.

이 이론대로라면 우주는 무에서 창조되었고 빅뱅 이후 쉼 없이 진화해 왔다는 이야기가 된다.

그렇다면 동양의 주역도 우주창조에 있어 서양의 과학이 정설로 내세우는 빅뱅이론과 다를 것이 없다는 결론이다.

자연의 본질은 바로 여기서부터 시작된다. '주역'이라고 할 때 '역(易)'의 일반적인 뜻은 변화와 변형인데, 고대부터 내려오는 역의 개념은 '새로운 생명이 생겨나게 하는 것(生生之謂易)'이다. 존슨 얀은, 이 정의에 의하면 '주역에서 말하는 변화와 분자생물학에서 말하는 변화, 즉 돌연변이를 통해 새로운

---

72) Johnson F. Yan, 『DNA와 周易』, 인창식 옮김, 몸과 마음 2002 p.64

생명체가 탄생되는 것 사이에 어떤 연결이 있지 않을까 하는 생각을 갖게 한다'73)고 이야기한다.

이것이 사실이라면 '분자생물학에서 말하는 변화, 즉 돌연변이를 통해 새로운 생명체가 탄생되는 것 사이의 어떤 연결' 지점이 우리 '마음'의 출발점이 아닐까.

그러나 이 이야기는 과학적으로 검증된 것이 아니고 그럴 것이라는 추론으로 끝나 있다.

하지만 서양의 관점은 다르다. 광범위한 철학적 관점에서 볼 때, 20세기 물리학의 뛰어난 업적은 시공간을 통합했다는 상대론도 아니고, 인과론을 정면으로 부정한 양자론도 아니라고 한다. 또 외형적으로 보이는 것이 물질 그 자체가 아니라는 점을 알아낸 원자론도 중요한 업적이 아니라고 한다.

그렇다면 현대물리학의 뛰어난 업적은 무엇인가? 수학자이자 물리학자인 제임스 진즈(James Jeans)는 "영원한 정신"이라는 논문에서, 우리들이 아직도 궁극의 실체에 대해 아는 바가 없다는 그 사실을 인식하게 해준 것, 그것이 바로 현대물리학의 가장 뛰어난 업적[74]이라고 이야기한다.

---

73) Johnson F. Yan, 위의 책, p,25
74) Ken Wilber, 『현대물리학과 신비주의』, 공국진 박병철 옮김, 고려원미디어 1990, p.157

그렇다면 동서양 모두 마음의 출발점이 어디인가를 아직 모르고 있다는 이야기가 된다. 그래서 제임스 진즈는 철학자 로케(Locke)의 표현을 빌려, '만물의 진정한 근원은 영원한 미지수일 수밖에 없다'는 것을 상기시키면서 '이 우주는 순수 수학자의 손에 의해 창조된 것 같다'고 결론을 내린다.

그런데 이 게송에서는 '마음이란 본래부터 갖추어져 있어서 생겨날 것이 없고, 단지 활동하는 무대의 원인과 조건에 의거해 마음이 생겨난다'고 말한다. 이 게송에서만이 아니라 불교에서는 마음을 '본래부터 갖추어진 존재'로 이야기해 왔다.

그렇다면 어떻게 마음을 알 수 있을까?
마음을 알기 위해서는 각기 날이 시퍼렇게 선 직관의 칼날을 들이댈 수밖에 없다는 결론인데, 평전(平田) 화상이 거기에 한마디를 더 붙인다.

신령스러운 빛이 어둡지 않아
만고에 아름답게 작용하고 있으니
이 문에 들어와서
알음알이를 들먹거리지 말라.[75]

---

75) 碧巖錄 第15則

靈光不昧 萬古徽猷
入此門來 莫存知解

* 열여덟 번째 조사스님

가야사다(Gayāśata) 존자 노래하시기를

의식이 활동할 영역이 있고 따라서 행위가 있으면
모든 조건에서의 그 행위가 원인이 되어 싹이 돋는다.
서로 작용하는 원인과 조건들이 거치적거리지 않으면
나고 죽고 나고 죽는 삶으로부터 태어남이 멈추리라.

有種有心地　因緣能發萌
於緣不相礙　當生生不生.

서양에서는 숨겨진 자연을 이야기할 때 플라톤의 '동굴의 비유'를 곧잘 인용한다.

동굴의 비유는 비가시적 세계를 가시적 세계로 착각함으로서 잠재의식과 현재의식이 일치되어 일으키는 인식이 아니라는 점을 우화로 보여주는 내용이다.

동굴 속에서 입구를 돌아볼 수 없도록 쇠사슬에 묶여 입구로부터 들어오는 빛을 등지고 앉아 있는 죄수들은, 동굴 벽에 비친 그림자만 볼 수 있고 다른 것은 보지 못한다. 그래서 동굴 벽에 비친 자신들의 그림자를 실체로 받아들인다.

그들 가운데 누구 한 사람이 묶인 쇠사슬을 끊고 동굴을 빠져나가 바깥 세계의 실체를 보고 돌아와서 그 사실을 이야기한다. 그러나 동굴 벽의 그림자에 익숙하게 길들여져 있는 그들은 엄청난 그 사실을 받아들이려 하지 않는다.

이것이 우리들의 삶이다.

우리들이 살고 있는 지구는 우주 전체의 규모에서 보면 하나의 점에 불과하다. 우리가 알고 있는 한, 사고할 줄 아는 우주 안의 유일한 존재, 즉 인간이라는 존재는 어느 모로 보아도 우연한 것이며, 우주의 중심체계로부터 동떨어져 있다. 따라서 우주의 참된 의미는 우리의 '지구적(地球的)' 체험을 완전히 초월해 있을지도 모른다. 그렇다면 우리의 지각력으로는 그런 것을 도저히 이해할 수 없게 된다. 이것이 사실이라면 우리는 우주의 참된 의미를 탐구하고자 하는 발판이 전혀 없는 셈이 된다. 이것은 분명 사실일 가능성이 높다.

그러나 동굴 벽에 드리워진 그림자 가운데 몇 가지 행위를 보여줄 가능성이 없지는 않다. 이를테면 낙체(falling body)의 그림자는 떨어뜨린 물건을 상기시켜 줄 수 있을 것이며, 그로 인해 낙체의 운동을 하게 될 것인데, 우리는 그것을 기계적으로 해석하려 했던 것[76]이라고 제임스 진즈(James Jeans)는 말하고 있다. 이것이 바로 지난 세기의 '기계론적 물리학'이라는 설명이다.

다 알다시피 기계론(mechanism)적 사유란 자연현상을 물질과 운동과 그것들의 법칙에 의거해 설명하면서, 실체적 형상으로 관찰할 수 없는 것, 또는 수학의 방법으로 탐구할 수 없는 것들은 과학에서 제외시켰다.

그리고 데카르트(Descartes)주의자들은 거기에서 한 걸음 더 나아가 세계가 정신과 물질이라는 두 개의 유한실체로 이루어져 있다는 형이상학적 이원론을 주장했고, 정신의 본질은 자기의식의 사유이고 물질의 본질은 3차원의 연장(延長)선이라고 인식했다.

다시 말해서 마음과 물질이라는 두 개의 세계가 따로 존재해 영원히 만날 수 없는 평행선 위를 달리고 있다는 생각을 갖게[77] 했던 것이다. 이것은 뉴턴(Newton)의 기계론적 세계관에 근저를 둔 철학이다.

그러나 수학자들은 생각이 달랐다. 자연을 이해하는 데 있어서 근본을 이루는 개념, 다시 말해서 유한 공간과 빈 공간처럼 그 성질이 전혀 상반되는 개념, 4차원 및 7차원 등 고차원의 공간, 영원히 확장되고 있는 공간, 인과율이 아닌 확률의 법칙

---

76) Ken Wilber,『현대물리학과 신비주의』, 공국진 박병철 옮김, 고려원미디어 1990, p.158
77) Ken Wilber, 위의 책, p.169

을 따르는 일련의 사건들, 즉 시공을 벗어난 시야를 가져야만
완전하고 합당한 서술을 할 수 있다는 일련의 사건들….78) 이
러한 사건들은 '마음과 물질의 성질은 같은 것'이고, '모든 사
물은 그 마음속에 갖고 있는 영원한 존재'79)라는 가정에 이르
게 된다.

그래서 현재의식이 활동할 영역에서 과거의 잠재된 행위
가 마음의 싹을 틔운다고 이야기한 것일까. 그리고 의식의 영
역에서 마음을 작용시키는 원인과 조건이 마찰을 일으키지 않
는다면 되풀이되어 온 삶(輪廻)을 멈추고 완전한 자유를 얻는
다는 뜻으로 받아들이게 한다.
그러나 알 수 없는 일이다.

슬쩍 스쳐가는 바람의 참모습을 보았는가?
우주의 베틀이 자연의 이치를 면면이 짜놓았구나
오래전부터 죽 잇따라 봄 풍경을 감추어두었건만
어찌하랴? 봄바람이 먼저 누설하였네.80)

一假眞風見也麼 綿綿化母理機梭
織成古綿含春象 無奈東君漏泄何

---

78) Ken Wilber, 위의 책, p.167
79) Ken Wilber, 위의 책, p.169
80) 『從容錄』

* 열아홉 번째 조사스님

구마라다(Kumaralabdha) 존자
노래하시기를

사물의 본질에는 다른 요소가 생겨나지 않는다고
그런 이치를 묻는 사람들을 위하여 그렇게 말한다.
현상계의 본질은 처음부터 얻을 수가 없으므로
깨달음에 이르겠다는 약속을 하고 말고 할 게 있느냐?

性上本無生 爲對求人說
於法旣無得 何懷決不決.

자연계 안에는 몇 가지 보존법칙(conservation law)이 있음을 우리는 알고 있다. 자연계 안의 이 법칙들은 시간이 경과하더라도 변하지 않고 일정하게 유지된다는 것을 의미하는데, 그 가운데에서 이 게송의 첫 구절과 관련해 질량과 에너지 보존법칙을 예로 들어본다면 다음과 같다.

    에너지에 관한 보존법칙은, 우주의 에너지 총량은 언제나 같았고 미래에도 같을 것이란 이야기이다. 우리들은 에너지를 한 가지 형태에서 다른 형태로, 즉 역학적 에너지를 마찰을 통해 열에너지로 바꾸는 경우처럼 변환할 수 있으나, 에너지 총량은 변하지 않는다는 것은 잘 알려진 사실이다.
    그와 마찬가지로 물질보존의 법칙은 지금까지 우주 안에 있는 물질의 총량은 변함이 없고, 앞으로도 변하지 않을 것이라는 이야기이다. 예를 들어 얼음을 물로, 물을 증기로 바꾸듯이 물질을 한 가지 형태에서 다른 것으로 전환시킬 수는 있지만, 우주의 물질총량은 변함이 없다[81])는 뜻이다.

    아인슈타인의 특수상대성이론의 수학적 공식은 '$E = mc^2$'이다. 'E'는 정지 에너지이고, 'm'은 관성질량이고 'c'는 빛의 속도를 나타낸다.
    물질 한 조각에 들어 있는 에너지는 매우 큰 숫자인 광속(光速)의 제곱에 물질의 질량을 곱한 것과 같다는 뜻이다. 따라서 아주 작은, 지극히 작은 물질의 입자까지도 그 안에 방대한 양의 농축에너지가 들어 있다는 의미가 거기에 함축되어 있

---

81) Gary Zukav, 『춤추는 物理』, 김영덕 옮김, (주)범양사출판부 1981, p.244

다.

　아인슈타인은 당시 그것을 알지 못했으나, 천체 에너지의 비밀을 발견했던 것이다. 천체는 끊임없이 물질을 에너지로 전환시킨다. 그 이유는 천체가 헤아릴 수 없는 세월을 통해서 계속해서 불 탈 수 있는 이유를, 소비된 물질에서 방출된 에너지의 거대한 비율에서 찾을 수 있기 때문[82]인 것으로 이야기되고 있다.

　'사물의 본질에는 더 이상 다른 요소가 생겨나지 않는다'고 한 것은 현상계의 물리적 법칙의 한 예로 받아들이면 이해하는 데 많은 도움이 될 것 같다. 아마 그것이 우리들이 통상 이야기하는 '본래면목'이고 '실재(實在)'가 아닐까.

　불교문헌에서는 '실재'에 대해 새로운 것을 배운다는 말이 전혀 없다. 단지 그것은 이미 나, 즉 우리로 나타난 본래면목 사이를 가로막고 있는 무지의 장막을 걷어낸다[83]는 말로 바뀌어져 나온다.

　현상계의 본질은 처음부터 얻을 수가 없으므로,
　깨달음에 이르겠다는 약속을 하고 말고 할 게 있느냐?

---

82) Gary Zukav, 위의 책, p.242
83) Gary Zukav, 위의 책, p.242

이는 현상적 세계가 존재하지 않는다는 것이 아니라 상대적 세계로 보고 있음을 의미하는 것으로 이해된다. 말하자면 바로 우리 자신들이 현상적 세계를 있는 그대로 보지 않고 있다는 뜻이다. 만일 현상적 세계의 본질을 있는 그대로 본다면 뭘 깨닫고 말고 할 것이 어디 있겠느냐는 메시지이다.

> 하늘은 하나를 얻어 청명하고
> 땅은 하나를 얻어 편안하고
> 신은 하나를 얻어 신묘하고
> 골짜기는 하나를 얻어 충만하고
> 만물은 하나를 얻어 생겨나 자란다.[84]

> 天得一以淸 地得一以寧
> 神得一以靈 谷得一以盈
> 萬物得一以生

여기서 '하나를 얻는다'는 말은 만법귀일(萬法歸一)의 '하나'와 같은 뜻으로 받아들여도 될 것 같다.

---

84) 老子 法本編 앞부분

* 스무 번째 조사스님

사야다(Jayata) 존자 노래하시기를

한마디 말이 떨어지자 니르바나(nirvāna)에 이른다면
그 바탕이 현상계의 본질적 바탕과 다를 것이 없다.
이와 같이 그 이치를 확실하게 알면
나타나 있는 현상이 막힘이 없이 훤히 트여
자연계의 숨어 있는 질서에 두루 미치게 된다.

言下合無生 同於法界性
若能如是解 通達事理竟.

화엄경에 '초발심 때 정각을 이룬다(初發心時便成正覺)'[85]는 말이 있다. 그렇다면 초발심이 무엇인가.

---

85) 大藏經 9권 449下

그릇에 맑은 물이 담겨 있다. 우리가 맑은 물에 잉크를 한 방울 떨어뜨렸을 때, 잉크방울이 맑은 물속에 기묘한 형상으로 번져 들어가는 모습을 볼 수 있다.

이번에는 반대로 흐린 흙탕물이 담긴 그릇에 잉크방울을 떨어뜨렸다면 잉크가 스며들어 가는 형상을 볼 수가 없다. 아예 숯처럼 까만 물에 잉크방울을 떨어뜨렸다면 그건 이야기할 필요조차 없다.

그런데 우리는 흐린 물보다는 맑은 물을 선호한다.

벌거벗은 임금님(The Emperor's New Clothes)이라는 동화가 있다. 임금님이 벌거벗은 몸으로 말을 타고 거리로 나왔는데, 아무도 임금님이 옷을 입지 않았다는 말을 못했다. 더구나 신하들이 임금님은 아주 멋진 옷을 입고 있다고 이야기했기 때문에 모두들 임금님이 멋진 옷을 입고 있다고 생각한다.

그런데 한 아이가 깔깔 웃으면서 말한다.
"임금님이 발가벗었다!"

한마디 말이 떨어지자마자 니르바나(nirvāna)에 이른다면, 그 한마디 말을 듣고 있던 그 사람의 바탕이 니르바나와 똑같이 되어 있기 때문이다.

비유해서 말하자면, 니르바나는 잉크방울이 번져나가는

모습을 환연히 볼 수 있는 맑은 물이고, 벌거벗은 임금님을 보고 벌거벗었다고 깔깔 웃는 어린아이의 마음일 것이다. 이것이 초발심이다.

맑은 물에 맑은 물을 떨어드리면 도로 맑은 물이 된다. 현상계의 본질이 맑은 물이고, 니르바나의 바탕이 맑은 물이라고 한다면 우리 스스로 '맑은 물'이 되지 않으면 거기에 이를 수가 없다.

그래서 '한마디 말이 떨어지자 니르바나(nirvāna)에 이른다면, 그 바탕이 현상계의 본질과 다를 것이 없다'고 한 것이라고 이해된다.

물리학자 주커브(Zukav)는 이런 마음을 '무의미(non-sense)'라고 표현한다. '우리들이 무엇을 무의미한 것으로 체험하는 정도가 분명하면 할수록 우리 스스로가 부과한 인식구조(cognitive structures)의 한계를 더욱 뚜렷이 체험하게 된다'[86]는 것이다. 말하자면 잘 다져진 사고노선(思考路線) 속에서도 그렇지 않은 것을 그렇지 않다고 대담하게 뛰어든 그 사람에게는 무의미가 무의미 아닌 창조적 정신의 표징이 된다는 것이다.

주커브는 거기에 남은(南隱)이라는 일본 선승의 이야기를

---

86) Gary Zukav, 『춤추는 物理』, 김영덕 옮김, (주)범양사출판부 1981, p.190

하고 있다.

　어느 대학교수가 선문답을 하려고 남은을 찾아갔다.
　남은이 교수를 맞아 차 대접을 했는데, 교수의 찻잔에 차를 넘치게 채우고도 또 계속 부었다. 교수는 찻잔이 넘치는 것을 더 이상 두고 볼 수가 없었다.
　"차가 넘치고 있습니다."
　그제야 남은이 입을 열었다.
　"이 잔과 같소. 선생께서는 아집과 사변(思辨)으로 가득 차 있소. 먼저 선생의 그 잔이 비지 않았는데 선(禪)을 이야기할 수가 있겠소?"

　인간은 누구나 으레 분명한 것(the obvious), 상식(common sense), 그리고 자명한 것(self-evident)으로 넘칠 만큼 잔이 가득 차 있다는 이야기이다.[87] 우리가 먼저 그 그릇을 비우지 않은 한 '막힘이 없이 훤히 트여 자연계 속에 숨어 있는 질서'를 영영 보지 못할 것이다.

　백장(百丈) 스님이 위산(潙山) 스님과 일을 하다가 물었다.
　"불이 있는가?"

---

87) Gary Zukav, 위의 책, p.191

"있습니다."

"어디에 있는가?"

위산 스님이 나뭇가지 하나를 들고 두어 번 분 뒤에 스님께 바치니, 스님이 말했다.

"벌레 먹은 나무 같구나."[88]

백장과 위산, 이 두 스님의 마음이 벌거벗은 임금님을 보고 벌거벗었다는 말을 한 아이의 마음과 같은 것이 아닐까.

---

88) 『馬祖錄, 百丈錄』, 선림고경총서 藏經閣 2002, p.164

* 스물한 번째 조사스님

바수반두(Vasubanandhu) 존자 노래하시기를

모든 것이 물거품 같고 환상 같아서 막힌 것이 없는데
어찌하여 그것을 분명하게 깨닫지 못하는가.
현상의 모든 이치가 그 속에서 나오므로
지금 현재가 있는 것도 아니고 또한
과거가 있는 것도 아니다.

泡幻同無礙 如何不了悟
達法在其中 非今亦非古

이 게송이 이야기하고 있는 요점은 '모든 것은 물거품과 같고 환상과 같다. 그러나 현상의 모든 이치는 그 속에서 나온다. 그래서 현재가 있는 것도 아니고 과거가 있는 것도 아니다'로 정리된다.

내용을 더욱 압축해 보면, '현상계라고 하는 것은 과거도 없고 현재도 없는 허깨비 같은 것인데, 그렇지만 모든 이치가 그 속에서 나온다. 그러니 그것을 깨달으라'로 요약된다.

이 이야기를 물리학적 논리로 해석해 보면 '시간이란 질서에서 무질서로 향해 가고 있기 때문에 과거와 미래가 대칭이 될 수 없다'[89]로 풀이할 수 있다.

한 걸음 더 접근해 보면 특수상대성이론(special theory of relativity)에서 말하는 '절대 시간과 절대 공간은 없다'는 데서 이야기를 시작해도 된다.

인류는 오래 전부터 시간과 공간에 대해 많은 의미부여를 해왔다. 멀리는 고대 그리스 아리스토텔레스(Aristoteles)에서 시작되어 데카르트(Descartes), 라이프니치(Leibniz), 톨런드(Toland), 그 밖의 수많은 사상가들에 의해 발전되어 왔다.

그래서 철학의 유파에 가운데 몇몇 유파는 시간과 공간을 경험에 의존하지 않는 선험적 범주로 받아들이는 한편, 다른 유파에서는 전적으로 인간의 지각에 의존하는 것으로 받아들였다. 또 제3의 유파에서는 시간과 공간을 물질적인 실재와 분리해 물질세계와 독립적으로 나란히 존재한다고 보는 등 여러 주장들이 있었다.[90]

---

[89] Paul Davies, 『현대물리학이 발견한 창조주』, 류시화 옮김, 정신세계사 1988, p.189

뉴턴(Newton)은 절대 시간과 절대 공간이 있다고 생각했다. 이 이론을 철학에 도입한 사람이 칸트(I. Kant)였다. 그는 공간과 시간은 우리들의 경험, 지각, 판단의 전제가 되며, 모든 것에 우선하는 선험적(先驗的) 인식이라고 말했다.

뉴턴이나 칸트의 생각에 반대하는 사람도 있었다. 뉴턴과 같은 시대의 라이프니츠는 '자연에는 지각의 기준이 되는 절대적인 것은 아무것도 없다'고 했다. '공간이란 그 속에 포함되는 물체 사이의 상대적인 순서나 관계 그 자체이며, 공간을 차지하는 것이 없다면 공간 그 자체도 없는 것'이라고 말했다.

마하(E. Mach) 또한 '역학에서 결정되는 것은 물체의 상대적 위치와 운동뿐'이라고 했다. '시간이란 물체가 변화하는 것을 보고 인간이 생각해낸 추상적인 개념에 불과하다'고 했는데, 말하자면 '어떠한 변화에도 관계가 없는 절대적인 시간은 물리적으로 무의미하며, 그것을 측정하는 수단이 없는 이상, 한낱 형이상학적(形而上學的) 개념'이라고 못 박고 뉴턴의 절대 시간이나 절대 공간을 부정했다.[91]

아인슈타인은 마하의 이 이론에서 많은 암시를 받아 상대성이론을 제안한 것으로 알려져 있다.

양자론이나 상대성이론의 형식체계에서 질량과 에너지라

---

90) D.P. 그리바노프, 『아인슈타인 철학적 견해와 상대성 이론』, 도서출판 일빛 p.195
91) Newton 4. 1987/Apri, p.63

는 이원론(二元論)은 존재하지 않는다. $E=mc^2$에 의하면 질량이나 에너지가 에너지 또는 질량으로 변하는 것이 아니라, 에너지 그 자체가 질량이다. 에너지 E가 있으면, $E=mc^2$만큼의 질량 m이 있다. 전체 에너지 E와 질량 m도 보존된다. 질량은 곧 중력장의 원천으로 정의된다[92]고 이야기한다.

우리는 시간과 공간을 함께 묶어 시공간(spacetime)이라고 부른다. 아인슈타인의 상대성이론에 의하면 '모든 물체는 시공간 속에서 항상 빛의 속도로 이동하는데'[93] 물체가 빛의 속도로 이동하게 되면 시간이 정지된다. 바꿔 말하면 시간이 정지되어 있는 존재가 '빛'이라는 이야기이다. 그래서 빛을 구성하는 광자(photon)는 150억 년 전 우주의 대폭발(big bang)이 일어났을 때의 모습 그대로 오늘날까지 지속하고 있다는 것이 과학계의 일관된 의견이다. 가령 우리가 항상 그대로 있는 것, 즉 영원이라고 하는 것, 그것이 바로 빛의 존재와 같은 것이 아닐까.

어찌되었든 물리학에서는 과거, 현재, 미래라는 것이 존재하지 않는다고 말한다. 그 이유는 '현재'라는 것을 어떤 기구로도 측정할 수가 없기 때문인데, 그래서 과거, 현재, 미래라는 개념을 심리적인 문제로 돌리고 있다.

---

92) Gary Zukav, 『춤추는 物理』, 김영덕 옮김, (주)범양사출판부 1981, p.294
93) Brian R. Greene, 『엘리건트 유니버스』, 박병철 옮김, 승산 2003, p.88

우리가 현기증을 느낄 때 세상이 돌고 있는 것처럼 '느끼고' 있음에도 그 현기증이 우주와 관련된 것으로 생각하지 않듯, 시간이 흐르는 것을 느끼는 것도 과거, 현재, 미래에 대한 언어적 시재와 무의미한 문장이 동원된 혼란한 언어 구조 때문에 과거, 현재, 미래가 실재한다는 느낌을 갖는 것[94]이라고 폴 데이비스는 말한다.

어찌되었든 깨달은 상태의 핵심적인 특징은 모든 것이 하나로 통합된다는 경험일 것이다. '이것'과 '저것'은 더 이상 분리된 실체(實體)가 아니고, 이들은 모두 똑같은 것의 다른 '형태'일 뿐이다. 모든 것은 표상(表象)인데, '무엇의 표상인가?'와 같은 질문에는 적절한 대답이 없다. 왜냐하면, 이 무엇이란, 언어, 형태, 개념, 심지어 시공을 초월해 있기 때문이다.

모든 것은 '존재하는 그 무엇'의 표상으로 존재한다.[95] 이것이 성유식론(成唯識論)에서 말하는 '유식무경(唯識無境)이 아닐까. 여여(如如)한 존재성에 대한 체험은 언어를 초월한 곳에 자리잡고 있다. 그 무엇이 나타내는 형태는 모두 그 자체로서 완전한 것이다. 우리도 그 여여한 존재의 표상이며, 모든 것, 모든 사람은 완전히, 그리고 정확히 그대로이다.[96]

여기에 과거가 어디 있으며, 현재가 어디 있겠는가.

---

94) Paul Davies, 위의 책, p.197
95) Gary Zukav, 위의 책, p.391
96) Gary Zukav, 위의 책, p,391

* 스물두 번째 조사스님

마나라(Manoluta) 존자 노래하시기를

의식이 모든 장소와 형편에 따라 변화하는데
행동이 남긴 그 자취가 잠재되어 에너지가 된다.
의식의 흐름을 알아차려 자연의 본바탕에 도달하면
기뻐할 것도, 더불어 걱정할 것도 없다.

心隨萬境轉 轉處實能幽
隨流認得性 無喜復無憂

세친(Vasubandhu)의 유식삼십송(唯識三十頌)에서는 우리의 인식단계를 크게 세 종류(能變唯三)로 나누어 설명한다. 첫째 아뢰야식(阿賴耶識), 둘째 말나식(末那識), 셋째 요별경식(了別境識)으로 대별된다. 요별경식은 '감각으로서의 전5식과 제6식을 포괄하는 여섯 개의 인식으로 규정한 후, 그 식의 행상(行相)을 요경(了境), 즉 대상의 요별(了別)이라고 설명'97)한다.

　전5식이라 함은 우리들 앞에 모습을 나타내고 있는 대상을 눈으로 보고, 소리나 음향을 귀로 듣고, 향기나 냄새를 코로 맡고, 혀로 음식 따위의 맛을 알고, 무언가 몸뚱이에 와 닿으면 감촉을 알게 하는 것을 말한다. 이렇게 알아진 것들을 생각으로 의식하는 것이 제6식이다.

　다음은 말나식이다. 말나식은 제7식이라고도 하는데, 전5식과 제6식으로 받아들여진 것을 욕망으로부터 자기소유화한다. 나타나 있는 대상의 세계를 있는 그대로의 세계로 받아들이지 않고 자기의 개념에 맞게 취사하고 선택해서 자기 입맛에 짜 맞춰 받아들이는 의식을 말한다.

　이 의식은 외부 세계가 달라지고 '그 가시적 속성들이 다양하게 변할지라도 현상 이면의 사물 자체는 변하지 않으며 자기동일성을 유지하는 항상적인 자기 자성을 가지는 것으로 실체화하고 고정화한다.'98)

　그리고 자기 자신의 잣대를 갖는다. 이는 자신의 욕망에서 출발된 것이므로 집착이 강할 수밖에 없을 뿐 아니라 나라고 하는 견해와, 나라고 하는 만심(慢心)까지 더해지게 된다.

　그 다음은 아뢰야식이다. 아뢰야식은 제8식이라고도 하는데, 이것은 말나식의 작용으로부터의 심층, 더 깊은 곳에 그림

---

97) 한자경, 『唯識無境』, 예문서원 2000, p.106
98) 한자경, 위의 책, p.111

자로 드리워져 쌓여 있는 의식을 말한다. 이것을 습기(習氣), 또는 훈습(薰習)이라고도 이야기한다. 이 의식은 종자로서 심층 깊이 감추어져 있다가 어떤 원인이 생기면 결과로서 현실화한다. 여기서 말하는 '종자는 자아의 세계로 변현하는 정신적인 힘, 즉 우주적 에너지를 의미한다.'99)

    요약해서 설명하면 이 우주에 살고 있는 생명체는 아뢰야식의 변형으로 생겨난 존재란 뜻이 된다. 마치 '수많은 촛불이 빛을 발하고 있을 때 그 밝음은 각각의 촛불로 인한 것이지만 그 빛이 서로 구별되지 않은 채 마치 하나인 것처럼 나타난다. 그렇지만 그 총체적 하나로 나타나는 빛도 각각 구별되는 개별적 촛불 이외의 다른 것으로 인한 것이 아니'100)듯 이 현상계는 아뢰야식에 의한 것이면서 구별이 없는 하나의 공동 기세간(器世間)처럼 나타나 있다고 이야기한다.

    '그때그때의 의식의 흐름을 인식해 자연의 본바탕에 도달하는 것' 그것이 깨달음이라는, 간접화법으로 표현하고 있다.

    그렇다면 간접화법이 아닌 직관적 표현은 무엇일까.

    어떤 중이 운문언(雲門偃)에게 물었다.
    "어떤 것이 행위가 자취로 남아 에너지가 됩니까?"
    운문언이 대답했다.

---

99) 한자경, 위의 책, p.132
100) 한자경, 위의 책, p.134

"혀끝을 씹었으니 노승은 3천 리를 달아나야겠다."
중이 다시 물었다.
"어떤 것이 의식의 흐름을 인식해 본바탕에 이른 것입니까?"
운문언이 대답했다.
"동당엔 달이 밝은데 서당은 어둡다."[101]

雲門偃 因僧問 如何是 轉處實能幽
師云 吃了舌頭 老僧倒走三千里
又問 如何是 隨流認得性
師云 饅頭茶子 摩訶般若波羅密
又有時 答云 東堂月朗西堂暗

---

101) 禪門拈頌 94 心隨

* 스물세 번째 조사스님

학늑나(Haklna) 존자 노래하시기를

맑고 깨끗한 현상계의 본질과
마음이 하나가 되어 있음을 인식했을 때
사유(思惟)를 초월했다고 말할 수 있다.
마음으로부터 안다는 인식조차 없는 것,
안다는 그 말조차 없는 그것이 성취인 것이다.

認得心性時 可說不思議
了了無可得 得時不說知

공간적으로 자연의 본질은 아원자의 장(field)이라고 할 수 있다. 우리들의 눈에 보이는 나무만 보더라도 나무의 섬유질은 세포들로 이루어져 있다.

세포란 분자들의 결합체이며, 분자들이란 원자의 집합이고, 원자는 또 아원자들의 집합이다. 다시 말해서 '물질'이란 서로 초점이 맞지 않은(out of pint) 무늬(pattern)들의 집합체인 것이다. 우주를 구성하는 궁극의 질료(質料)를 찾기 위한 인간의 노력은, 찾을 수 없다는 결론으로 끝나고 만다. 만약, 우주의 궁극적인 구성 '물질'이 있다면 그것은 순수한 '에너지'이며, 아원자들은 에너지로 구성된 것이 아니라, 그들 자체가 에너지[102]인 셈이다.

아인슈타인(Einstein)은 '참(實在)의 세계에서 일어나는 모든 현상이 우리가 궁극적으로 얻은 초이론(super-theory)에 의한 상응요소로 설명될 것'이라고 말한 바 있다. 그는 '우리 눈에 보이는 모든 현상을 설명해 낼 내적 일관성 있는 이론을 가지게 될 것'이라고 했으나, 그의 생의 상당한 시간을 양자역학의 반론(反論)에 소비했다.

양자역학은 20세기 초에 불확실한 속에서 나타났다. 양자(quantum)는 어떤 수량, 즉 특정한 양이다. 역학(mechanics)은 운동(motion)의 연구를 말한다. 따라서 '양자역학'은 분량의 운동을 연구하는 학문이다. 양자이론에 따르면 자연은 조각조각(양자들=quanta)으로 나타났으며, 양자역학은 이러한 현상을 연구하는 물리학[103]이다.

---

102) Gary Zukav, 『춤추는 物理』, 김영덕 옮김, (주)범양사출판부 1981, p.290-291
103) Gary Zukav, 위의 책, p.59

양자장이론에 의하면 물리적 실재는 본질적으로 비물질적이라는 가정 위에 서 있다. 즉, 장만이 존재한다는 것이다. '물질'이 아니라, '장'이 바로 우주의 근본실체라는 이야기이다. 물질(입자)을 파악하기는 어렵지만 물질이란 본질상 우주에서 유일한 실체인 장들의 순간적인 반응의 결과(manifestations)라는 것[104]이다.

요약해서 말하면, 양자장은 근본적인 물리적 실체, 즉 공간 어디에서나 존재하는 연속적인 매체라는 뜻이다. 소립자들은 단지 그 장의 국부적인 응결들에 불과하다. 에너지의 집결로서 그것들은 왔다 가버림으로써 개체의 특성이 산실되고 바닥의 장으로 융합된다[105]는 설명이다.

'그러므로 우리는 물질이라는 것을 장이 극도로 강하게 집중된 공간의 영역들에 의하여 성립되는 것이라고 볼 수 있다…. 이와 같이 새로운 물리학에서는 장과 물질 모두를 위한 것이란 있을 수 없다. 장이 곧 유일한 실재이기 때문'[106]이라고 아인슈타인은 말한다.

조주록(趙州錄)에 평상시의 마음이 도(平常心是道)라는

---

104) Gary Zukav, 위의 책, p.298
105) Fritjof Capra, 『현대물리학과 동양사상』, 이성범 김용정 옮김, (주)범양사출판부 1999, p.235
106) Fritjof Capra, 위의 책, p.235

이야기가 있다.

이 원문을 물리학적 논리를 염두에 두고 우리말로 옮겨보면 다음과 같이 이야기될 수도 있다.

스님이 남전(南泉)스님께 물었다.
"무엇이 자연의 본질입니까?"
"평상시의 마음이 자연의 본질이다."
"그래 가지고 어떻게 마음이 거기에 쏠려 자연의 본질에 돌아갈 수가 있겠습니까?"
"비교하고 따지려 들면 빗나가 버린다."
"그럼 따져보지 않고 어떻게 자연의 본질을 알 수 있겠습니까?"
"우주에 하나로 가득해 있는 그것은 알고 모르고 하는 것과 관계가 없다. 안다는 것은 자연의 본질을 잘못 받아들이는 경우이기 쉽고, 모른다고 하는 것은 자연의 본질이 무엇인가를 아예 받아들이려 하지 않는 것을 말한다. 하지만 비교하고 따져 알려고 하는 것과는 무관한, 참으로 있는 자연의 본질에 이르게 되면 저 텅 빈 에너지의 공간이 크고, 넓고, 환하게 확연히 열릴 것이다. 어찌 그것을 이렇다 저렇다 따지면서 비교해야 되겠느냐?"
스님의 그 말을 듣고 단박에 깊고 고요하게 숨어 있는 자연의 본질을 깨달아 마음이 달처럼 환하게 열렸다.[107]

師問南泉 如何是道

泉云 平常心是道

師云 還可趣向不

泉云 擬卽乖

師云 不擬爭知是道

泉云 道不屬知不知 知是妄覺 不知是無記
若眞達不擬之道 猶如太虛廓然蕩豁 豈可強是非也.

師於言下 頓悟玄旨心如朗月.『趙州錄』

---

107) 古尊宿語錄 卷第十三

* 스물네 번째 조사스님

사자(Simha) 존자 노래하시기를

근본내용을 올바로 인식하게 될 때
드러나 있는 그것 모두가 마음이다.
바로 그 순간의 마음이 밝은 지혜요
지금 그것이 눈앞의 깨달음이다.

正說知見時 知見俱是心
當心卽知見 知見卽于今

근본내용(正說)을 올바로 인식한다는 그것은 무엇인가?
벽암록(碧巖錄) 제94칙에 보면 다음과 같은 이야기가 있다.

능엄경(楞嚴經)에서 이야기하기를 '보이는 것이 자연계 안의 사물의 모습이라고 한다면, 그대는 내가 보는 것을 모두 보아야 한다. 만일 내가 보는 것을 똑같이 본다고 한다면 그것은 내가 보는 것의 외형(外形)만 보는 것이다. 왜냐하면 내가 보지 않을 때는 내가 보지 않는 그곳을 보지 못하기 때문이다. 만일 내가 보지 않는 그곳을 본다면 그것은 저절로 이루어져 있는 본래의 모습이 아니기 때문에 그 모습을 볼 수가 없는 것이다. 나로 하여금 볼 수 없게끔 장(地, field)이 보이지 않는 것은 현상계의 본질이 아니어서 그런 것인데, 어찌 그것을 그대의 허물이라 할 수 있겠는가?108)

 經云若見是物則 汝亦可見吾之見 若同見者
 名爲見吾 吾不見時何 不見吾不見之處
 若見不見 自然非彼不見之相 若不見吾不見之地
 自然非物云何非汝『碧巖錄 94』

내가 보고 있는 것을 당신은 똑같이 볼 수가 없다. 만일 보고 있다면 사물의 외형만 보고 있는 것이다. 왜 그러냐 하면, 살아 있는 것들은 시간과 공간이 맞물려 한참도 쉬지 않고 움직이고 있기 때문이다.

지금 내가 부산 범어사 대웅전 앞에 가만히 앉아 있다고 해보자. 나는 가만히 앉아 있지만 지구는 지축을 중심으로 시

---

108) 佛果圜悟禪師碧巖錄卷第十

속 1,670 km 속도로 팽이처럼 돌면서, 또 태양을 중심으로 초당 약 30만 km 속도로 튕겨져 원을 그리면서 거대한 공간을 여행하고 있다. 그래서 이 우주에는 가만히 멈춰 있는 것이란 아무것도 없다. 이런 운동 속에 맞물려 돌아가고 있기 때문에 처음부터 우리는 똑같은 것을 볼 수가 없게 되어 있고, 똑같은 생각을 할 수가 없게끔 태어났던 것이다.

우리가 하늘을 나는 비행기 의자에 눈을 감고 앉아 있을 때, 우리는 하늘을 나는 것조차 실감할 수 없는 실정이고 보면, 더더구나 범어사 법당 앞에 앉아 있는 우리는 지구가 빠른 속도로 회전하면서 튕겨져 태양의 둘레를 돌고 있다는 것은 더욱 더 실감할 수가 없다. 우리는 태어날 때부터 지구의 그런 환경에서 태어나 거기에 익숙하게 길들여져 있는 것이다.

그래서 뉴턴(Newton)의 시간관은 '절대적이고 고정되어 있으며, 우주 어디에서나 적용되는 보편적인 것, 즉 물체나 관찰자와는 아무 상관없는 것으로 생각해 왔다.[109] 우리는 지금도 시간과 공간에 관한 한 이 범주를 벗어나지 못하고 있을 뿐 아니라, 오히려 여기에 익숙히 길들여져 있다.

그런데 현대물리학의 상대성이론과 양자론은 고전물리학이 정립해 놓은 절대적이고 보편적인 우주의 본질에 대한 소중

---

109) Paul Davies, 『현대물리학이 발견한 창조주』, 류시화 옮김, 정신세계사 1988, p.186

한 개념들을 여지없이 파괴시켜 놓았다. 특히 시간에 관한 한 심오한 것을 넘어 당혹스럽게 만들어 놓기까지 했다.

　시간이 늘어나면 공간은 줄어든다. 아인슈타인에 의해 밝혀진 시간은 실제로 탄력성이 있으며, 운동에 의해서 늘어나거나 줄어들 수 있다는 것이 증명되었다. 각각의 관찰자는 그 자신의 개인적인 시간의 크기를 가지고 있으며, 동시에 그 크기는 대개 다른 사람의 시간의 크기와 일치하지 않는다. 우리 자신의 틀 속에서 보면 시간은 절대로 비틀려 나타나지 않지만, 다른 속도로 움직이고 있는 다른 관찰자와 비교하면 우리의 시간은 그들의 시간과 속도가 다르게 나타난다.110)
　이러한 우주적 환경이 생명을 만들어 냈으므로, 우리들의 마음도 이와 같은 우주적 본질의 소산일 수밖에 없다. 이 게송에서 말하는 근본내용(正說)의 핵심이 바로 여기에 있는 것으로 이해된다.
　그래서 우주의 본질을 에누리 없이 액면 그대로 인식하게 될 때, 원래 그대로 드러나 있는 그것 모두가 '마음'이라는 논리가 성립된다. 바로 그것이 사물을 보는 지혜요, 그 지혜가 깨달음으로 이어진다는 게송이다.

---

110) Paul Davies, 위의 책, p.182

영원성을 계산하지 마라
해가 지나고 또 광년이 흐르듯
시간이라 불리는 선(線)을 한 걸음만 넘어서면
그곳이 영원이라네.[111]

---

111) Paul Davies, 『시간의 패러독스』, 김동광 옮김, 두산동아 1997, p.37
　『The Book of Angelus Silesius』, trans. F. Franck(Vintage Book, New York, 1976) p.42

* 스물다섯 번째 조사스님

바사사다(Basasata) 존자 노래하시기를

성인께서 사물을 바로 보는 지혜를 말씀하시니
눈앞에 마주치는 대상 모두가 사물 아닌 것이 없다.
내가 이제 참으로 현상계의 본질을 깨달으니
성스러움(mārga)도 없고 그 어떤 물질적 존재도 없다.

聖人說知見 當境無是非
我今悟眞性 無道亦無理.

게송 첫 구절에 '성인께서 사물을 바로 보는 지혜를 말씀하셨다'고 했는데, 그렇다면 사물을 어떻게 보아야 바로 보는 것일까.
    그것은 현상계의 본질과 우리의 마음이 하나가 되도록 저울추처럼 균형을 이루라는 이야기가 아닐까.
    여기서의 '균형'이란 수행, 즉 선정(禪定)으로 받아들여도 크게 어긋나지는 않을 것 같다.

　그럼 선정이란 무엇인가? 선정의 대표적인 것이 참선(叅禪) 아닐까.

　참선을 통해 경지에 이르려면, 역대 조사스님들이 올가미로 만들어놓은 공안, 즉 화두(話頭)를 반드시 꿰뚫어야 한다. 부처님처럼 크게 깨달으려고 하면, 마음이 거쳐 지나가는 길을 끊어짐이 없게 해야 한다. 조사들이 만들어 놓은 올가미(公案)를 뚫지도 못하고 마음이 거쳐 가는 길이 끊겨 있으면 마치 너구리나 여우가 숲과 나무를 의지해 살듯, 경전이나 문자에 의지하게 되어 '있는 그대로의 현상계의 본질(tadhatā)'에 나아가지 못하게 된다. 그렇게 되면 정령(精靈), 즉 나무에 붙은 도깨비처럼 윤회의 생을 면할 수가 없다.112)

　　叅禪 須透祖師關 妙悟 要窮心路絕 祖關不透
　　心路不絕 盡是依草附木精靈
　　　―蒙山和尙示覺原上人

　이 이야기의 초점은 어떻게 하든 조사스님들이 만들어놓은 올가미를 뚫고 빠져 나가라는 이야기로 이해된다.

　이쯤 되면 사족이 필요 없다. 입을 굳게 다물고, 그리고

---

112) 『禪門撮要』, 梵魚寺刊 1968, p.229

다리를 꼬고 벽을 향해 앉아 맹렬히 의단(疑團)을 일으켜야 한다.

    그리하여 마음이 확고하게 방비가 되어 있고 단단한 각오가 서 있으면, 찬찬히 화두를 들지 않더라도 저절로 의단이 눈앞에 나타나는 시점에 이르게 된다. 여기에 이르면 인식의 범위와 몸과 마음 모두가 전과 같지 않게 된다. 그렇게 되면 꿈속에서도 화두가 들려 기억하게 되는데, 바로 이럴 때가 큰 깨달음이 가까이 이르렀음의 전단계이다.
    그럴수록 한 발 물러서서, 섣불리 마음으로부터 그것을 받아들이거나 깨달음을 기다리지 말아야 한다. 오로지 활동하는 가운데, 또는 고요한 가운데 한결같이, 끊임없이 공부에 전념하면, 저절로 마음의 대상이 되는 여섯 가지 경계(塵境)가 들어오지 못할 것이다. 그리하여 차츰차츰 실제로 있는 그대로의 경계(眞境)가 날로 늘어나면서, 흐리멍텅하여 참 이치를 이해하지 못했던 무명(無明)을 깨부술 역량이 생겨나게 된다. 그 역량이 널리널리 일정하게 쭉 뻗어나가면 의단이 파괴되고 흐리멍텅한 무명이 여지없이 부수어진다. 이렇게 무명이 부서지면 곧 깨달음이 나타난다.[113]

    做到不用心提話頭 自然現前時 境界及身心
    皆不同先已 夢中亦記得話頭 如是時大悟近矣.

---

113) 『禪門撮要』, 위의 책, p.228

卻不得將心 待悟 但動中靜中 要工夫無間斷
自然塵境不入 眞境日增 漸漸有破無明力量
力量充光 疑團破 無明破 無明破則見妙道.

그렇다면 깨달음의 시각으로 사물을 보는 차이가 도대체 무엇일까.

우리들은 눈에 들어오는 꽃이라든가 돌, 나무, 책상, 가방 따위를 물체라고 한다. 물체는 '공간에서 실질(實質)을 갖는' 그 무엇을 말한다. '소나무'라든가 골프채, 밥그릇, 이런 것들은 공간에서 '실질'을 갖고 있다. 우리들이 일반적으로 '물체'라고 말할 때, 대부분 우리는 그 물체의 내부구조를 문제 삼지 않고 겉으로 나타난 모양만 이야기한다. 다시 말해서 시간이라든가 입자, 의식, 인지 따위를 포함시키지 않고 외형(外形)만을 지칭하게 된다.

그런데 물체의 내부구조로 들어가면 일정한 공간을 차지한 질량을 갖는 것을 말하게 된다. 물리학에서는 이것을 물질(matter)이라고 말한다. 그리고 이 물질에는 반드시 양(量)이 있다. 물리학에서는 물질의 양을 질량(mass)이라고 말한다. 질량에는 물체가 물리적인 일을 할 수 있는 힘이 포함되어 있다. 물리학에서는 이것을 에너지(energy)로 부른다.

이 자연계의 실체는 운동의 양과 속도에 따라 변화가 나타난다. 상대성이론에서는 에너지와 질량은 같은 것으로 이해하고 있고, 거기에 빛의 빠르기를 최고속도로 산정해 운동의 양(量)이 작용하는 변화의 내용을 수학으로 나타낸다.

이와 같은 물리적 공간이 우리가 존재하고 있는 현상계의 실제 모습이다.

하지만 우리는 현상계가 작용하는 내부의 질서를 볼 수가 없다. 앞 장 능엄경 구절에서도 이야기했듯이 '보이는 것이 자연계 안의 사물의 모습이라고 한다면, 그대는 내가 보는 것을 모두 보아야 한다(若見是物則 汝亦可見吾之見).' 하지만 우리가 본다고 하는 것은 사물의 외형일 뿐 내부의 질서는 볼 수가 없다.

만일 우리가 현상계의 내부구조를 들여다본다면 순수하게 독립된 물체라고 내세울 만한 것이 하나도 없다는 설명이다. 단지 그 물체들이 시간과의 상관관계를 갖고 변화를 계속하고 있는 것을 우리는 삼라만상이라고 부르고 있고, 또 그것을 자연의 실체로 알고 있다.

그런데 위 게송을 보면 깨달은 사람은 현상계의 내부질서를 보고 있음이 드러나 있다. 그래서 깨달은 사람이 보는 현상계 안에는 '성스러운 것도 없고 그 어떤 사물의 존재도 없는 것'이라고 이야기한다.

눈으로 보고 있지만 보이지가 않아서
크고 평평하다고 말하고,

귀로 듣고 있지만 들리지가 않아서
멀고 고요하다고 말하며,
손에 느껴지지만 붙잡을 수가 없어서
극미하다고 말한다.

이 셋은 빛깔도, 소리도, 형태도 없어서
본질을 밝힐 수가 없으므로
함께 섞이어 하나가 되었다.
그것은 위에서 밝게 나타나지도 않지만
아래가 어둡지도 않다.
그 그윽하고 끊이지 않는 작용을
무어라 말할 수 없지만
결국 그것은 아무것도 없는 상태로 되돌아간다.

이렇게 형태가 없는 형태,
즉 존재하면서도 모양이 없는 물건이라
흐릿하고 어슴푸레하다고 말한다.
그것은 고개를 처들고 보아도 그 시작을 볼 수가 없고
쫓아가 보아도 그 끝을 볼 수가 없다.

하지만 그것은 합법한 것을 따라
오늘의 현상계를 주재하고 있으며,
우주의 근원을 잘 알고 있으므로

모든 이치의 근원이라고 한다.[114]

視之不見 名曰夷 聽之不聞 名曰希
搏之不得 名曰微.
此三者不可致詰 故混而爲一
其上不皦 其下不昧 繩繩不可名 復歸於無物.
是謂無狀之狀 無物之象 是謂惚恍
仰之不見其首 隨之不見其後
執古之道 以御今之有
能知古始 是謂道紀.

---

[114] 老子 道德經 第14章 贊玄篇

* 스물여섯 번째 조사스님

불여밀다(Punyamitā) 존자 노래하시기를

마음의 바탕(field)에는
있는 그대로의 자연의 본질이 숨어 있다.
그것은 처음도 없고 끝도 없다.
다만 인연으로 받아들여 하늘과 땅 사이 모든 사물을
진실의 세계로 이끄는 그것을 깨달음이라 부른다.

眞性心地藏　無頭亦無尾
應緣而化物　方便呼爲智

　　현대물리학은 우리에게 저 텅 빈 공간으로부터, 그 공간에 놓여 있는 책상이라든가 탁자, 심지어 컴퓨터 자판기에 이르기까지의 모든 것이, 태양계의 모형을 닮은 원자로 이루어져 있다는 것을 알려주었다.
　　원자 그 이하의 세계로 내려가면 입자가 파동이고 파동이

입자인 양면성을 지니고 있다는 것도 알려주었다. 또 그것들은 중력과 전자가력, 약력, 강력이란 우주의 네 힘에 의해 생성과 소멸과 변형을 계속하면서 불확정성으로 춤을 추고 있다는 것도 알려주었다.

바로 그것이 자연계의 숨은 질서라는 것도, 그리고 모든 생명체도 거기에서 출발되었다는 것까지 소상하게 밝혀 주었다.

우리의 눈에 보이지 않는, 자연계의 질서정연한 춤이 질량과 에너지의 대칭으로 존재한다는 것도 알려주었다. 평화스럽고 끝이 없어 보이는 창공도 그렇고, 나무와 쇠토막, 돌, 우리들의 몸뚱이까지 미시적 세계로 분할해 들어가면 모두가, 질량과 에너지의 대칭 속에서, 원자 이하의 입자와 파동으로 작용을 계속하는, 텅 빈 공간과 같은 구조로 존재한다는 것을 밝혀 주었다.

하지만 물리학에서는, 이와 같은 현상적 실재에─이 게송에서는 '심지(心地)'로 표기된─마음의 장(field)까지가 그 속에 함께 숨겨져 있다는 사실을 입증할 만한 논거가 쉽게 눈에 띄지 않는다.

그렇다면 불교의 명상 과학(禪)은 이를 반증할, 예측이 가능한 이론을 제시하고 있는가?

그 대답은 분명히 긍정적이다. 그러나 불교 명상 과학자들의 1차적인 관심사는 전통적으로 물리학자들의 그것과는 다르다. 전자는 주로 인간 존재의 본질과 문제점, 그리고 미개척의 의식 자원에 실용적인 관심을 기울여 왔다. 불교의 경전과 저술에는 의식을 정밀화하고 정신의 균형을 찾으며 잠재력을 해방시키는 기법을 정확히 설명하고 있는 대목이 풍부하다. 그 문헌들은 그와 같은 방법을 적절히 집행할 때 일어나는 경험의 유형을 정확히 예측하고 있을 뿐 아니라, 나아가 그것들이 대대로 이어온 명상 과학자들의 경험을 통해 입증되었다'115)고 이야기한다.

'인간정신을 고도로 정밀화했을 때, 그 인간은 드높은 자각을 통해서 지금 여기에 있는 전체적인 물리적 사상(事象)만이 아니라, 시간과 공간 양면에서 지극히 미묘하고 먼 거리에 있는 사상도 파악할 수 있다'116)는 것이다.

그렇다면 종용록(從容錄)에 나오는 다음 앙산(仰山) 화상의 이야기는 무엇인가. 미묘한 먼 거리는 먼 것이 아니고, 또 그것은 파악할 수 없는 것도 아니라는 이야기일 것이다.

앙산이 어떤 중한테 물었다.

---

115) B. Alan Wallace, 『과학과 불교의 실재인식』, 홍동선 옮김, (주)범양사출판부 1997, p.169
116) B. Alan Wallace, 위의 책, p.171

"어디서 온 사람인가?"

"유주(幽州)에서 온 사람입니다."

"그대는 그곳을 중심으로 생각하는가?"

"항상 그렇게 생각합니다."

"생각이 가 있는 곳이 마음이요, 생각하는 것이 그 장소이니 그곳의 누대, 전각, 사람, 가축 등 모든 것들에 대하여 생각한 것을 되돌려 다시 생각해 보라. 마음의 밑바닥에 수두룩이 돌아와 있는 것들이 무엇인가?"

"저는 그 마음의 밑바닥을 살펴보았으나 보이는 게 아무 것도 없습니다."

"진실의 실제 위치가 그것이지, 사람의 위치는 그것이 아니다."

"화상께서 따로 일러주실 말씀이 있지 않습니까?"

"따로 있는 것, 따로 없는 것, 그것은 곧 치우치지 않는 하나로 있는(中道) 것이 아니다. 네가 보아서 확인한 마음 밑바닥에 의거해 깊숙이 숨어 있는, 고요한 것 하나(一玄)를 얻어야 앉아 있는 자리에서 옷을 걸치고 차후 저절로 보인다고 한 그것을 얻었다고 할 것이다."[117]

擧仰山問僧甚處人.

僧云幽州人.

山云, 汝思彼中麼.

---

117) 從容庵錄 32則

僧云常思.

山云, 能思是心, 所思是境, 彼中山河大地, 樓臺殿閣人畜等物, 反思思底心還有許多般麼.

僧云, 某甲到這裏總不見有.

山云, 信位卽是, 人位未是.

僧云, 和尙莫別有指示否.

山云, 別有別無卽不中, 據汝見處只得一玄, 得坐披衣, 向後自看.

바로 마음 밑바닥에 의거해 깊숙이 숨어 있는 일현(一玄)이 진실의 세계로 이끄는 깨달음 그것일까.

우리는 에너지가 질량으로 저장되어 있다가 현실의 운동에너지로 변환되어 힘을 일으킨다는 것을 알고 있다. 이것을 '잠재적 포텐셜(potential)'이라고 하는데, 이 '잠재적 포텐셜'이 '육신을 놓아두고 마음만 가보자'는 운동에너지로의 변환을 불가능하게 하는 것이라고 단정하기는 어렵다. 어차피 에너지는 모습과 형태를 바꿈으로써 우주의 춤을 이루고 있기 때문이다. '모든 물질과 의식의 토대가 되어 있는 것이 양자파동'[118]이라면 잠재적 포텐셜은 언제든지 우주의 춤 속에 편입될 수 있기 때문이다.

---

118) Fred Alan Wolf, 『時空여행』, 소학사 1990, p.218

현대물리학에서는 질량과 에너지는 절대로 파괴될 수 없는 것으로 알려져 왔다. 마찬가지로 '생명 에너지와 의식의 연속체도 절대로 파괴될 수 없고, 뿐만 아니라 이들 둘은 절대로 분리될 수 없는' 그것이다. '물리적 속성과 의식적 속성을 함께 지닌 단일의 실체, 이 하나의 연속체'가 '물리적 사상과 정신적 사상이라는 이원성을 사라지게 한'[119] 것으로 볼 수 있다. 그와 같은 의식들이 현상을 지배해 초공간적으로 나타난 반영이 깨달음이라고 할 수 있을까.

어쩌면 그것이 마음 밑바닥에 의거해 깊숙이 숨어 있는 고요한 것 하나(一玄)요, '잠재적 포텐셜'로 이해한다면 지나친 비약일까.

---

119) Fred Alan Wolf, 위의 책, p.217

* 스물일곱 번째 조사스님

반야다라(Prajñatara) 존자 노래하시기를

마음의 장(field)에서 모든 작용이 싹터
행위의 에너지에 의해 다스려져 나타나 생동한다.
마침내 그 결과가 이지러짐이 없는 최고의 지혜(bodhi)로 원형을 이루면
빛이 화려하게 퍼져 세계 위에 나타난다.

心地生諸種　因事復生理
果滿菩提圓　華開世界起.

자연의 궁극적인 실재는 지식으로 드러내 보여줄 수 있는 대상이 아니다. '그것은 우리의 언어나 개념의 근원이 되는 감각이나 지성의 영역 밖에 있는 것이기 때문에 말로써 적절하게 기술될 수 없다.[120)] 미국의 물리학자 헨리 스탭(Henry Stapp)은 '하나의 소립

자는 독립적으로 존재하는 분할 가능한 실체'가 아니라 '다른 사물들을 향해 뻗어 나가는 일련의 관계'라고 말한다.

베르너 하이젠베르그(Werner Heisenberg)도 '원자란 물체가 아니다'고 했고, 닐스 보어(Niels Bohr)는 '양자의 세계란 없고, 단지 추상적인 양자의 묘사만 있다'고 하여 좀더 폭넓은 주장을 전개했다.121)

양자물리학자 파인먼(Richard P. Feynman)은 '아무도 양자역학을 이해하지 못한다'고 했는데, 사실 이미 양자세계의 불확정성이 미시적 세계의 본성이라고 한다면 아무도 미시적 세계의 심연에서 무엇이 일어나고 있는지 다 아는 사람은 없을 것이다. 아마 여기에 공자(孔子)나 소크라테스(Socrates)의 무지(無知)의 지(知)가 해당될지 모른다.

카프라(Capra)는 만일 우리가 개략적인 이해에 만족한다면 적절하지 못한 다른 현상들은 눈감아 버리고 적절한 현상만을 기술할 수 있으며, 이 새로운 패러다임의 개략적인 진술로의 전환은 완전한 진리의 기술이 아니라 실재에 대한 제한적인 접근방법으로 세계의 여러 측면을 이해해 가는 것이라고 했다. 왜냐 하면 모든 자연현상이 궁극적으로 상호 의존적인 관계에 있는 만큼 그 유기적 전체에서 어느 한 부분만을 설명하려면

---

120) Fritjof Capra, 『현대물리학과 동양사상』, 이성범 김용정 옮김, (주)범양사출판부 1999, p.41
121) B. Alan Wallace, 『과학과 불교의 실재인식』, 홍동선 옮김, (주)범양사출판부 1997, p.68

그 밖의 다른 부분들도 인식해야 하는데 이것은 사실 불가능한 일이기 때문122)이라는 것이다.

그렇다면, 말로 표현 안 되는 '온전한 실재(undifferentiated reality)'라고 할 수 있는 물리학적 개념을 불교적인 맥락에서 어떻게 풀이할 수 있을까. 장자(莊子)의 제물론(齊物論)에 나오는 '그림자와 그림자의 이야기'처럼 아리송하기만 하다.

> 바깥쪽 그림자(罔兩)가 안쪽 그림자[景]에게 물었다.
> "아까는 네가 가더니 지금은 멈춰 있고, 아까는 네가 앉아 있더니 지금은 일어서 있다. 어째서 그렇게 지조가 없는가?"
> 안쪽 그림자가 대답했다.
> "나는 기대고 있는 것이 있어서 그렇다네. 그런데 내가 기대고 있는 것에 또 기대고 있는 것이 있어서 그렇게 하는 것이라네. 내가 기대고 있는 것은 뱀의 배 밑에 비늘이나, 매미의 날갯죽지와 같은 것이지. 나로서도 왜 그런지 알 수가 없고, 어째서 그렇지 않은지 알 수가 없지. 전에 나(莊周)는 꿈에 나비가 되었는데, 훨훨 나는 것이 분명 나비였지. 스스로도 즐겁고 뜻대로 되어서 전혀 장주인 줄 몰랐는

---

122) 김용정, 『과학과 철학』, (주)범양사출판부 1996, p.325

데 뒤에 깨어서 보니 분명이 장주였지. 장주가 꿈에 나비가 된 것인지, 나비가 꿈에 장주가 된 것인지 도대체 알지를 못하겠어. 장주와 나비는 반드시 구분이 있을 것인데, 나비와 장주의 한계가 없어져 하나가 되었지. 이것을 물화(物化)라고 한다네."[123]

   그래도 최고의 지혜가 원형을 이루면
   빛은 화려하게 세계 위로 퍼진다.

---

123) 莊子 齊物論

* 스물여덟 번째 조사스님

보리달마(Bodhidharma) 존자 노래하시기를

  나쁜 짓을 보아도 불편하거나 미워함이 일어나지 않고
  착하고 좋은 것을 보아도 은근히 배려를 바라지도 않는다.
  마음이 평온해지는 지혜라든가 슬기롭지 못함도 가까이 하지 않고
  사리에 어둡거나 헷갈린 것을 떠나 깨달음을 이루려 하지도 않는다.

  亦不睹惡而生嫌 亦不觀善而勤措
  亦不捨智而近愚 亦不抛迷而就悟

  큰 깨달음에 다다랐다는 것은 번거로운 무리를 벗어났다는 뜻이다.
  본래 갖추어진 청정한 본질에 가 닿았다는 것은 헤아림

을 벗어난 것이므로

　범인이니 성인이니 하는 행적이 언뜻 구분되지 않는다.

　이렇듯 차별을 떠나 초연해 있으므로 그것을 조사(祖師)라 일컫는다.

　　達大道兮過量　通佛心兮出度
　　不與凡聖同躔　超然名之曰祖.

　달마(菩提達磨) 대사는 남인도 마드라스(Madras) 근처 칸치푸람(Kānchipuram) 출신으로 반야다라(Prajñatara) 존자를 만나 깨달음을 얻어 가르침(法)을 이어받았다.

　길을 가다 물을 건너 양을 만나지만
　남 몰래 혼자서 쓸쓸히 강을 건넌다.
　하늘 아래 코끼리와 말이 같이 애처로운데
　떡갈나무 계수나무가 오래오래 번성하리.

　　路行跨水復逢羊　獨自悽悽暗度江
　　日下可憐雙象馬　二株嫩桂久昌昌

　반야다라 존자로부터 불교의 앞날을 예언한 '여덟 게송'을 듣고 520년 중국 광주(廣州)에 도착한다. 그리고 그해 10월에 불교를 널리 선양한 일로 이름이 높은 양(梁)나라 무제(武帝)를 만난다.

"짐(朕)이 많은 사원을 짓고, 부처님 가르침을 널리널리 펼쳤는데, 그 공과가 얼마나 되겠소?"
"아무것도 없습니다."
너무 엉뚱한 대답이라 양무제가 다시 묻는다.
"그대는 누구인가?"
"모릅니다."

불교를 좀 전파했다고 폼 잡는 양무제에게 혼자 놀아라, 그러고는 아무도 모르게 양자강(陽子江)을 건너 숭산(嵩山) 소림굴(少林窟)로 가 머물면서 벽관바라문(壁觀婆羅門)이 된다.

운거원(雲居元)이 읊었다.
허허, 참!
서쪽에서 온 눈 푸른 이방인이
바르고 거룩한 이치 확연히 없다 하니,
더더욱 그 속셈을 알 수 없구나.
9년 동안 단정히 앉아 삼태기로 고기 잡는 일을 이제야 끝냈는가?
사람들 가운데에는 양무제란 사나이도 있었네.[124]

---

124) 禪門拈頌集

咄咄西來碧眼胡 廓然無聖更多圖
九年端坐撈籠盡 人有梁王是丈夫

그러던 어느 겨울, 눈 오는 날 소림굴 앞에서였다.
가르침을 달라고 쫓아다니던 신광(神光)이라는 중이 어디 '네가 이기나 내가 이기나' 해보자 하고 새벽녘까지 문밖에 버티고 서 있었는데, 눈이 무릎 위까지 쌓였다.
신광은 의지와 기상이 특이하고 시서를 두루 보아 현묘한 이치에 밝았는데, 불서(佛書)를 보다가 문득 얻는 바가 있어 출가를 한 납자였다.

"도대체 그러고 서서 뭘 어쩌겠다는 거냐?"
"가르침의 문을 여소서!"
"위없는 묘한 이치란 작은 뜻으로 얻어지는 것이 아니다."
그래 신광이 칼을 빼 한쪽 팔을 잘라 바쳤다.
"네가 팔을 끊는 걸 보니 뭘 좀 구할 만하구나."
그러고는 이름을 혜가(惠可)라고 고쳐주었다.

"부처님의 참 이치를 들려주소서!"
"그건 남에게 들어서 얻는 것이 아니다."
"지금 제 마음이 편치 못합니다."
"마음을 가져오너라. 편안케 해주마."

"그걸 찾을 수가 없습니다."
"이미 네 마음을 편안케 했다."
그 말에 혜가가 활짝 깨달아 일체지(一切智)에 이르렀다.

마음, 마음, 마음, 오직 이것이 깨달음이다.
　마음을 제쳐놓고 깨달음을 얻을 수 없다. 깨달음은 마음을 떠난 다른 데서 가져온 지혜도 아니고, 마음을 떠난 다른 데서 들고 온 니르바나(nirvana)도 아니다. 본래 갖추어져 있는 그대로가 마음이고, 있는 그대로가 우주의 본질이다. 그래서 원인도 없고 결과도 없다. 이 우주가 다 마음이다. 내 생각이 곧 깨달음이고, 그것이 곧 지혜이자 번거로움을 떠난 평화로움(涅槃)이다. 마음을 제쳐놓고 깨달음을 얻을 수 있다는 말은 백주에 거짓말이다.
　누가 허공을 잡아 손안에 넣겠는가? 허공이란 이름만 있고, 모습이 없으므로 잡을 수도 없고 놓을 수도 없다. 그렇게 허공이 잡히지 않듯 마음을 제쳐놓고는 깨달음을 찾을 수가 없다.[125]

　只這心心心是佛
　除此心外 從無別佛可得 離此心外 覓菩提涅槃 無有是處 自性 眞實 非因非果 法 卽是心義 自心 是菩提 自心 是涅槃 若言心外 有佛及菩提可得.

---

[125] 『禪門撮要』, 梵魚寺刊 1968, p.109

譬汝有人 以手 捉虛空得否 虛空 但有名 亦無相貌 取
不得 捨不得 是捉空不得 除此心外 覓佛終不得也

　대사는 소림굴에서 9년이 되자, 혜가를 불러 "너는 내 골
수를 얻었다."고 인가를 한 다음 입을 열었다.
　"여래께서 정법안장을 가섭존자에게 전했는데, 그것이 나
에게까지 이르렀다. 내가 이제 너에게 전하노니 잘 지켜 신표
로 삼으라."
　그리고는 천축국으로 돌아갈 채비를 한다.

　운문고(雲門杲)가 읊었다.
　마음을 찾을 곳이 없는데 무엇이 편안히 바뀌었는가?
　벌겋게 단 쇳덩이를 한입에 넣고 잘게 씹어 삼켰구나.
　안목이 열려 바라던 일이 뜻대로 되었다고 기고만장해
　겨루긴 했어도, 나이 든 이방인의 속임수에 걸려든 것 같
지는 않구나.[126]

　　覓心無處更何安 嚼碎通紅鐵一團
　　縱使眼開張意氣 爭如不受老胡謾

　대사는 후위(後魏) 효명제(孝明帝) 태화(太和) 19년, 10

---

126) 禪門拈頌集

월 5일 니르바나에 들었다. 그리고 웅이산(熊耳山)에서 장사가 이루어졌다.

그 뒤 3년이 지나, 사신으로 서역으로 간 위나라 송운(宋雲)이 돌아오는 길에 총령(葱嶺)이라는 고갯길에서 대사를 만났다.

"대사님, 어디로 가십니까?"

"서역으로 갑니다."

대사가 신 한 짝을 손에 들고 훌훌히 가고 있었다. 대사는 송운을 향해 한마디를 던졌다.

"어서 가보시오, 그대 나라의 군주가 돌아가셨소."

송운이 돌아와 보니 명제가 죽고 효장제(孝莊帝)가 즉위해 있었다.

송운이 오는 길에 대사를 만났다는 이야기를 하자, 장제가 대사의 무덤(壙)을 열게 했는데, 웬걸 관은 비어 있고 신 한 짝만 남아 있었다는 것이다.

무진(無盡) 거사가 읊었다.

벽을 바라본 9년의 공력과는 관계가 없이
여러 겁 오래오래 그 자리는 텅 비어 있었네.
웅이산 탑을 여니 신 한 짝만 남겼는데,
시방의 온 우주를 둥그렇게 감쌌구나.[127]

---

127) 禪門拈頌集

非關壁觀九年功 歷劫悠悠當處空
熊耳塔開留隻履 十方全體現圓通.

자, 그렇다면 달마가 서쪽으로부터 와서 남긴 것이 무엇인가? 어떤 이는 거위 알(goose egg)이라고 하고, 어떤 이는 'zero'라고도 한다. 또 어떤 이는 '공(空)'이라고도 하고 '무(無)'라고도 한다. '원(圓)'이라고도 하고 '빵'이라고도 한다. 어떤 친구는 '맹탕'이라고 말한다.

맹탕! 맹탕이란 아주 싱거운 맹물 같다는 이야기일 것이다. 맹탕 같은 사람이란 어떤 사람일까? 못된 것을 보아도 불편함이 없고, 나쁜 것을 보아도 미워함이 없다. 착한 것을 보아도 좋은 것이 없고 좋은 것을 보아도 바라는 게 없다. 평온한 것도 가까이 하지 않고 번거로운 것도 멀리하지 않는다. 바로 그런 사람을 맹탕이라고 하지 않을까.

하지만 대사는 동쪽으로 와서 분명히 '○'을 남겼다.
그럼 '○'이 무엇인가.

우리는 '없다'고 하면 '있다'는 것의 대칭으로 받아들이는 버릇이 있다.
로마의 철학자 루크레티우스(Lucretius)는 '유(有)'는 아무리 가볍고 약해도 건드리면 저항이 있고, 적든 크든 다른 것에 보태면 질량이 커진다고 했다. 또 아무 저항도 없고 만질 수도 없는 그것을 '○ (vacuity)'이라고 했다.

산술에서 '○'은 '0(zero)'로 표기된다. '0'은 수학의 단순 규칙을 따르지 않는 다. '0'은 어떤 수를 더해도 변하지 않고, 어떤 수를 빼도 변하지 않는다. 하지만 '0'은 곱셈을 하면 모든 것을 없애버리고, 나눗셈을 하면 폭발해 버린다. 그래서 수학에서는 '0'를 '유령'이라고 한다.

철학자 버클리(G. Berkeley)는 '0'을 유한한 양(量)도 아니요, 무한히 작은 양도 아니라고 했다. 그렇다고 없는 것도 아니라는 것이다. 수학에서 '0'은 무한소를 가리키면서, 똑같이 무한대를 가리키기도 한다.

'0'은 자기에게 도달하는 것을 허용하지 않는다. '0'은 다 가갈 수는 있지만 닿을 수 없는 한계이다. 그렇다고 계산을 방해하지도 않는다.

무한대로 펼쳐진 '공간'은 벽이나 이성으로 가둘 수가 없다. '이성으로 가둘 수 없다'는 이야기는 시간과 공간까지를 포함한다는 뜻이 된다. 이것이 과학에서 말하는 공(空)이고 무(無)에 대한 설명이다.

미국의 과학 컬럼니스트인 콜(K.C. Cole)은 '우주의 합은 0이 되어야 한다'고 이야기한다. 우주의 근본적인 성질을 모두 더하면 '0'이 된다는 것인데, 물리학자들은 오래전부터 전하

(電荷)의 총량이 '0'에 가깝다는 것을 알고 있었다. 이 우주에 있는 모든 것, 혜성이든 구름이든 심지어 고양이까지가, 수천억 개의 음과 양으로 대전된 입자들로 되어 있어서 플러스와 마이너스가 완벽하게 상쇄되면 총합은 '0'에 가깝다는 것이다.

이 말은 우주 전체를 더해도 '○'이라는 이야기와 같다.
달마 대사는 우리들에게 이것을 제시했다.
말썽 많고 변함없고 심술궂고 모호한 '○',
그렇다면 이 알 수 없는 '○'을 가리고 있는 베일이 무엇일까.
대사는 말한다. '우주 전체가 혼돈(chaos)으로부터 생겨났지만 다 한마음(一心)으로 돌아가니, 앞뒤 부처가 말없는 가운데 마음으로 전하고 말과 글을 쓰지 않았다'고….
그렇다면 '○'을 가린 베일이 곧 말과 글이라는 이야기인가.

바로 이 '○'이 신광의 팔을 자르게 했고, 대사를 신짝 하나로 관 속에 남게 했다.
그리고 베일에 가린 이 수수께끼 '○'이 납자(衲子)들의 등을 꼿꼿이 곧추세워 끝없이 앉아 있게 했다.
불교계의 대천재 승조(僧肇)는 일찍이 조론(肇論)에서 '본무(本無), 실상(實相), 법성(法性), 성공(性空), 연회(緣會), 일의이(一義耳)'라고 했다. 본무(本無)는 '있는 그대로의 진실한 현상의 모습(實相)'이고, 법성(法性)은 '변하지 않는, 있는 그대로의 참모습'이다.

있다고 하는 것은 인연이 합성되어 생성된 것일 뿐, 그 본질은 텅 비어 있다는 것이다. 그래서 나타나 있는 것이란 인연들이 모인(緣會) 것뿐이라고 했다.

불감근(佛鑑勤)이 읊는다.

바람이 바람을 일으키고 물이 물을 새롭게 하는구나.
소림의 제자들이 겉과 속을 모두 나눠가졌네.
신광이 한 번도 파도를 일으킨 적이 없는데
수없이 많은 훌륭한 무리들이 모두 입을 닫고 있다.
어렵구나, 어렵구나.
웅이산 한 봉우리 하늘 위로 우뚝 솟아
눈 속에 남아서 밝음을 보고 있네.[128]

風吹風水洗水 少林諸子分皮髓
神光曾不動波瀾 無限鱗龍皆沒觜
難難 熊耳一峰天外出 今留得雪中看

---

128) 禪門拈頌集

* 스물아홉 번째 조사스님

태조혜가(太祖慧可) 대사 노래하시기를

본래 이 세계는 인식이 작용하는 활동영역이므로
이 세상에서 했던 행위가 남긴 잠재의식이 앞으로의 활동 성향을 나타낸다.
원래 행위에서 오는 자취나 잠재의식은 있는 것이 아니므로
세상에서의 행위의 그림자라는 것 또한 더는 생기지 않는다.

本來緣有地　因地種華生
本來無有種　華亦不曾生

대사는 중국 무뇌(武牢) 사람으로 성은 희(姬)씨였고, 어렸을 때 이름은 광(光)이었다. 낙양(洛陽)의 용문산 향산사(香山寺)에서 보정(寶靜) 선사에게 계를 받고 영목사(永穆寺)에

서 교법을 배웠다.

다시 향산으로 돌아와 선정(禪定)을 닦던 중 '신인(神人)'의 안내를 받고, 이름을 신광(神光)으로 고치고 소림굴을 찾아가 달마대사의 가르침을 이어받았다.

현대물리학에서 우주, 즉 자연계를 설명해 주는 두 축이 있는데, 그것은 상대성이론(theory of relativity)과 양자역학(quantum mechanics)이다.

아인슈타인의 '일반 상대성이론'은 별과 은하, 성단 등 광활한 우주에서 일어나는 현상들을 이해할 수 있게 이론적 기틀을 마련해 주었다. 그리고 양자역학은 분자와 원자를 비롯한 물질의 내부에 존재하는 전자, 양성자, 중성자, 쿼크(quark) 등 소립자들의 세계를 설명해 주고 있다.

그러나 일반 상대성이론과 양자역학은 극단의 대립을 보여 왔다. 그 이유는 한 그룹의 물리학자들은 원자 이하의 극미의 입자만을 연구해왔고, 또 한 그룹은 별과 은하 등 광활한 영역만을 연구의 대상으로 삼아왔기 때문이었다. 그런데 이 양 극단의 성질들이 결국은 하나라는 데 결론이 모아졌다. 그것이 초끈이론(Superstring theory)이다.

왜냐하면, '빅뱅(big bang)'이 일어나기 직전의 우주는 모래알보다 더 작은 한 점에 불과했다. 그것은 극미의 영역에서 거대한 질량이 상상을 초월할 만큼 압축되어 있는 상태였으므로, 미시세계의 양자역학과 거시세계의 일반 상대성이론이 동시에 적용되어야 올바른 답을 얻을 수 있다'[129])는 데 의견이 모아졌기 때문이었다.

초끈이론은 이 우주 안에서 일어나고 있는 모든 신비한 현상들—정신없이 촐싹거리는 원자 내부의 쿼크에서 시작하여 장엄한 춤을 추면서 궤도를 돌고 있는 연성계(蓮星界)에 이르기까지, 그리고 태초에 존재했던 한 점 크기의 우주에서부터 하늘에서 소용돌이 치고 있는 방대한 은하에 이르기까지, 우주에 속한 모든 만물과 모든 현상들은 하나의 커다란 원리, 즉 우주 전체를 대변하는 단 하나의 방정식으로 설명될 수 있다고 한다.[130]

그러나 현대물리학의 이 같은 이론이, '이 세계는 인식이 작용하는 활동영역'이라고 한 이 게송 구절에 대한 설명은 아닐 것이다. 왜냐하면 '이 세상에서 행동했던 행위가 남긴 잠재의식이 앞으로의 활동 성향을 나타낸다'는 이 게송 구절은 우리들 의식의 본질에 더 역점을 두고 있기 때문이다.

그런데 이 우주는 우리들이 입자라고 말하는 '정상입자'로만 이루어진 것이 아니라 '반입자(antiparticle)'와 함께 구성되어 있다는 것인데, 양자역학에서 말하는 반입자는 '질량이나 수명 등 여러 물리적 속성이 입자와 같으면서도 보통의 입자,

---

129) Brian R. Greene, 『엘리건트 유니버스』, 박병철 옮김, 승산 2003, p.22
130) Brian R. Greene, 위의 책, p.23

즉 정상입자(正粒子)와는 반대의 전하(電荷)나 자기모멘트(magnetic moment)를 가지는 양전자, 반양성자, 반중성자 등의 입자'를 말한다.

반입자는 이 게송에서 '종(種)'으로 표기된, 즉 행위의 잠재의식, 이를테면 불교의 '아뢰야식(ālaya vijñāna)'을 연상시킨다.

반입자는 고에너지의 소립자 반응에 의해 탄생되는데, 정입자를 만나면 그 질량과 에너지 전부가 전자기파로 바뀌어 소멸한다. 오늘날 양자 장(場) 이론에서는 정입자와 반입자를 대칭으로 동등하게 다루는 방식이 정비되어 있다.

여기서 한 발 더 나아가면 이 반입자의 행동은 반야심경의 '색즉시공 공즉시색(色卽是空 空卽是色)'의 실제 상황을 설명한 것처럼 행동한다. 결론적으로 '모든 입자들은 잠재적으로 (특정 확률로) 다른 입자들과 다양한 결합(combination)으로 존재한다'[131]는 양자역학적 설명이고 보면, 이 게송에서 말하는 '행위의 잠재의식'이 무엇인가를 떠올리게 해준다.

불교에서의 실재(實在)는 공(Sunyata)이다. 그래서 현상적 양상들을 일시적인 것이요, 환상적인 것으로 여긴다. 공(空)에는 원래 행위에서 오는 자취나 잠재의식이 있을 수 없다. 그래서 우리가 마음으로부터 완전히 공의 실재에 이르렀을 때, 이

---

131) Gary Zukav, 『춤추는 물리』, 김영덕 옮김, (주)범양사출판부 1981, p.340

전의 '행위의 그림자'라든가 잠재의식 같은 것이 더 이상 생기지 않는다는 이야기이다.

해회연(海會演)이 읊는다.

구멍 없는 피리를 불고 양털로 짠 박(拍)을 치니
다섯 가지 소리와 여섯 가지 가락이 널리널리 울린다.
사람들이 때를 맞추어 황색 기를 흔들었으나 알아보지 못하고
제 집에 다다라서 대궐에 오른다고 깔깔깔 웃는구나.[132]

無孔笛子氈拍版 五音六律皆普遍
時人不識黃幡綽 笑道儂家登寶殿

---

132) 禪門拈頌集

* 서른 번째 조사스님

감지승찬(鑑智僧璨) 대사 노래하시기를

행위가 남긴 잠재적 의식이 활동의 장(field)을 만나
모양, 빛깔, 향기, 촉각 등의 행동 성향으로 태어나는데
이는 깨달음의 지혜로 이끌어주는 사람이 없는 탓이다.
행위가 남긴 잠재적 의식도, 활동의 영역도
궁극의 본질에 도달하면 다시는 생겨나지 않는다.

華種雖因地 從地種華生
若無人下種 華地盡無生

대사는 풍병(風恙)을 앓던 거사로 알려져 있다.
마흔 살이 넘어 2조 혜가를 찾아갔다.
"저는 풍병이 걸렸습니다. 죄를 참회케 해 주십시오."
"죄를 가져오너라. 참회시켜 주마."
"찾아도 없습니다."

2조가 말했다.

"참회가 끝났다. 불, 법, 승에 머물라."

거사는 거기서 본래의 성품이란 안에도, 밖에도, 중간에도 있지 않듯, 현상계의 이치와 마음이 둘이 아니라는 것을 깨달아, 삭발염의를 하고 2조로부터 '승찬'이라는 이름을 받아 가르침을 이었다.

대사의 게송이 가리켜 보이는 것은 무엇인가? 인간은 누구나 현상계의 본질에 깡그리 합일(合一)이 이루어지면 세상을 살아오면서 행위가 드리워 준 그림자, 즉 잠재적 의식이 소멸되어 현상 그대로의 본질로 복귀한다는 것이다.

그렇다면 진여(tathātā)로 표현되는, 항상 우주만유에 변함없이 두루 미친다(普遍)는 현상계의 본질이란 무엇인가. 불교에서는 그것을 진여(眞如), 또는 본래면목(本來面目) 등으로 표현한다.

아슈바고샤(馬鳴)는 그것을 다음과 같이 이야기한다. '존재하는 것도 아니고, 존재하지 않는 것도 아니다. 존재와 비존재가 동시에 존재하는 것도 아니고, 존재와 비존재가 동시에 존재하지 않는 것도 아니다.[133]

장(field) 이론에서는 우주의 속성을 다음과 같이 이야기하

---

133) Fritjof Capra, 『현대물리학과 동양사상』, 이성범 김용정 옮김, (주)범양사 출판부 1999, p.171

고 있다.

현대물리학의 장이론은 우리로 하여금 물질적인 입자와 허공 사이의 고전적인 구별을 버리게 해주었다. 아인슈타인의 중력장 이론과 양자장 이론은 둘 다 소립자들이 그것들을 둘러싸고 있는 공간으로부터 분리될 수 없다는 것을 밝혀주었다. 그것들은 그 공간의 구조를 결정하는 반면에 독립된 실체로 여겨질 수 없고, 전 공간에 미만(彌滿)해 있는 연속적인 장의 응결로서 이해되어야 한다. 양자장 이론에서 이러한 장은, 모든 소립자들과 그것들 서로의 상호작용의 바탕으로 이해된다.[134]

원자 이하의 소립자는 먼지 입자와 같은 물체가 아니다. 소립자는 우주에서 질량과 에너지로 끊임없이 변환한다. 소립자는 어떤 양(量)을 뜻하는 양자(quantum)이지만, 그것이 무엇이냐 하는 질문에는 추리의 영역이라는 것이 과학자들의 대답이다.

이는 아슈바고샤(Asvaghoṣa)가 이야기한 존재하는 것도 아니고, 존재하지 않는 것도 아니고, 존재와 비존재가 동시에 존재하는 것도 아니고, 존재와 비존재가 동시에 존재하지 않는 것도 아니라고 한다면, 물리학자들이 소립자를 '존재하는 경향(tendencies to exist), 일어나는 경향(tendencies to happen)'으로

---

[134] Fritjof Capra, 위의 책, p.246

보는 것과 맥을 같이 하는 것으로 여겨진다.

그렇다고 해도 이 같은 물리학적 설명이 게송에서 이야기하는 '행위가 남긴 잠재적 의식이 활동의 장(field)을 만나 모양, 빛깔, 향기, 촉각 등의 행동 성향으로 태어'난다는, 즉 의식이 개입되어 일어나는 문제에 이르기까지는 충분한 설득력을 이끌어내지 못하고 있다.

그것은 우리가 소립자를 어떻게 보느냐에 따라 때로는 입자, 때로는 파동이라는 이중성을 보여준 것을 확실히 증명해내듯, 예컨대 입자가 곧 의식이고, 의식이 곧 입자라는 증명된 논리가 과학에서는 없기 때문일 것이다.

이는 과학이 지적 능력과 이성만을 중시해 왔던 패턴 때문일 것이다. '분류하고 범주하고 분석하고 비교하고 측정함으로써 과학자들은 고도의 추상적인 언어로 자연법칙을 표현하는 것을 우선으로 해왔다. 물론 직관이 과학에서 배제되는 것은 아니지만, 그것은 일관적인 수학의 구조 속에서 정식화될 수 있을 때만 유용'[135]했기 때문이다.

반대로 명상적(혹은 禪的) 접근법에서는 직관―혹은 내적인 경험―을 중시한다. 이 접근법은 현실을 해체하려 하지 않고 전체적으로 파악하려 하며, 굳이 실험 과학의 토대를 이루

---

[135] Matthieu Ricard, Trinh Xuan Thuan, 『손바닥 안의 우주』, 이용철 옮김, 샘터 2003, p.372

는 측정도구나 정교한 관찰에 의존할 필요성을 느끼지 않는다. 그런 이유로 불교의 진술은 양적이라기보다는 질적인 성격을 띠게 된다.136)

그렇다면 입자와 의식이 둘이 아니고 하나라고 하는, 확실하게 증명된 객관적인 대안이 없는 한, 우리의 의식이 있는 그대로의 자연의 본질과 하나가 되었을 때 '행위가 남긴 잠재적 의식도 활동의 영역도 다시는 생겨나지 않는다'는 명제를 과학이 명쾌하게 풀어낼 수 없으리라는 생각이다.

과학의 한계가 바로 이런 것일까. 그래서 현대물리학에서도 이제는 '관찰 대신 참여'라는 문제가 대두되었다. 이 이야기는 과학이 '관찰'로서 역할을 마감했다는 것이 아니라 명상에 함께 참여한다면 더 좋은 결과를 가져올 것이라는 이야기일 것이다. 그렇게 되면 과학자도 깨달음에 이르게 될 것이다.

천영조(天寧照)는 읊는다.

대상에 의해 작용하는 것을 모두 잊으면 명료하게 밝아지지만
털끝만큼만 어긋나도 하늘과 땅 차이로 벌어진다.
청명한 가을 밤 달그림자가 여울에 드리워졌으나

---

136) Matthieu Ricard, Trinh Xuan Thuan, 위의 책, p.372

도시 헤아릴 수가 없고 이치를 측량하기 어렵네.[137]

兀爾忘緣洞然明白 毫釐有差天地懸隔
高秋蟾影落滿溪 非思量處情難測

---

137) 禪門拈頌集

* 서른한 번째 조사스님

대의도신(大醫道信) 대사 노래하시기를

 예전 행위의 잠재된 의식이 원인이 되어 이 세상에 다시 태어나
 덧없고 변천하는 이 세상의 헛된 삶을 되풀이한다.
 그러나 커다란 외적 조건의 도움으로 깨끗한 정신작용(精進)을 만나면
 다시는 덧없고 변천하는 삶으로 태어나지 않는다.

 華種有生性 因地華生生
 大緣與信合 當生生不生.

 대사는 성이 사마(司馬)씨로, 하남(河南)에 살다 기주(蘄州) 광제현(廣濟縣)으로 이사했다.
 14살 사미 때 승찬 대사를 찾아가 물었다.
 "해탈의 가르침을 알려주소서."

"누가 너를 속박했더냐?"
"아무도 속박하지 않았습니다."
"그렇다면 무슨 해탈을 구하느냐?"

그 말에 크게 깨달아 9년 동안 승찬 대사를 모셨고, 60년 가까이 겨드랑이를 자리에 대지 않고 정진을 한 것으로 알려져 있다.

달마대사 이후, 중국의 윗대 조사스님들의 게송을 보면 윤회적 사상이 가르침의 저변에 깊숙이 깔려 있음을 보게 된다. 그러나 과학에서 윤회적 사상을 잘 이야기해 놓은 논거들을 만나기는 그리 쉽지 않다.

현대물리학에서 자연의 본질을 종합적으로 설명하려는 이론이 있다면, '끈이론(string theory)'이라 할 수 있을 것 같다.

끈이론은 아인슈타인이 30년 동안 연구한 '통일장이론(unified field theory)'의 바통을 이어받은 자연법칙의 통일이론이다. 말하자면 끈이라 불리는 아주 작은 1차원적 물체가 자연의 근본물질이라는 가정 하에서 출발, 미시세계를 다루는 양자역학과 거시세계를 다루는 일반 상대성이론을 조화롭게 통일한 이론으로서, 자연의 궁극적인 질서를 밝혀 보겠다는 과학적 접근이다.

좀더 구체적으로 말하면, 끈이론은 물질이 구성하고 있는 요소를 더는 분해할 수 없는 최소 단위로, '그 입자들이 점이나 구(sphere)의 형태가 아니라 지극히 미세한 1차원의 고리 모양을 하고 있다'[138]는 가설이다. 이 입자들이 거미줄보다 더 가는 끈으로 연결되어 진동하고 춤을 추고 있다는 이야기인데, 질량을 가진 아래의 입자들과 자연계의 네 힘이 바로 그것들의 구성요소라는 것이다.

전자(electron), 전자 뉴트리노(electron-neutrino), 위쿼크(up quark), 아래쿼크(down quark), 뮤온(muon), 뮤온뉴트리노(muon-neutrino), 맵시쿼크(charmed quark), 야릇 쿼크(strange quark), 타우온(tauon), 타우 뉴트리노(tau neutrino), 꼭지쿼크(top quark), 바닥쿼크(bottom quark)가 우주의 네 힘인 강력(strong), 전자기력(electron magnetic), 약력(weak), 중력(gravity)의 매개입자가 각각 갖고 있는 글루온(gluon), 광자(photon), 위크 게이지 보존(weak gauge bosons), 중력자(graviton)가 서로 끈으로 연결되어 진동하면서 춤을 추고 있다는 설명이다.

이는 마치 하나하나 연결 매듭에 구슬옥이 달려, 그것들이 서로 비치고 비춘 옥이 또 비춰져서 사물들이 서로를 무한히 반영하는 관계로 중중무진 교섭하고 있다는, 화엄경에서 이야기하는 인타라망을 연상시킨다. 하지만, 과학은 여기에 우리의 의식이 어떻게 개입해 있는가에 대한 설명이 눈에 띄지 않는다.

---

138) Brian R. Greene, 『엘리건트 유니버스』, 박병철 옮김 승산 2003, p.37

아직 풀리지 않은 현대물리학의 가장 큰 문제는, 물리체계의 통합적인 특징이 기본 입자나 입자들의 기본 법칙으로 환원될 수 없는 또 다른 통합법칙을 요구하는가 하는 것이지만, 현재까지 그 참된 통합법칙을 갖고 있지 않다[139]고 한 것을 보면, '실재'를 바라보는 시각에는 동양과 서양의 두 극단이 있음을 알게 한다.

유물론자들은 현상계의 실재적 증거를 물리 과학의 용어로 표현하고 모든 존재를 질량과 에너지로 환원시킨다. 그와 마찬가지로 관념론자들은 물리계를 정신의 발산물로 전락시키려 한다. 그래서 관념론자들은 객관적이고 물리적인 사상이 존재한다는 것을 인정하려 하지 않는다.[140] 더 나아가 '객관적 과학의 증거는 절대로 액면 그대로 받아들여서는 안 된다'는 것이며, 절대적인 실재는 정신의 용어로 설명되어야 한다는 것이다.

다시 말해서 '과학적 방법으로 물리현상을 설명하더라도 직접적인 관찰로 바로 접근할 수 있는 유일한 현상, 즉 인식적 사상들의 용어로 표현하지 않으면 안 되는 것'으로 여기고 거기에서 생각을 닫아 버린다.

요즘 우리 불교계 일부 인식이 이런 것이 아닐까. 이렇듯

---

139) Paul Davies, 『현대물리학이 발견한 창조주』, 류시화 옮김, 정신세계사 1988, p.294
140) B. Alan Wallace, 『과학과 불교의 실재인식』, 홍동선 옮김, (주)범양사출판부 1997, p.212

'물리계의 정밀한 조사와 기술개발'의 유효성에 등을 돌림으로써 유물론적 '심오한 잠재력의 표출'을 놓쳐 스스로 시야를 축소시키고 있는 것은 아닐까.

그러나 불교의 '중도관은 유물론과 관념론이 강요한 경험의 제약을 벗어 던진다. 그것은 우리들로 하여금 물리적, 정신적 영역을 포괄하여 자연계 전체를 탐구하도록 부추기고 있을 뿐 아니라 이들 자원을 최대한 활용하도록 권장한다. 서양 문명은 객관적 과학과 기술 분야에서 거둔 방대한 업적을 자랑해도 좋다. 그러나 지금 서양 문명은 중대한 도전에 직면하고 있다는데, 이는 다른 문명권들이 이 명상과학과 인식기술 분야에서 경이적인 발견과 업적을 이룩할 가능성이 있다는 것을 인정해야 한다[141]는 점이다.

이야기가 빗나간 감이 없지 않으나, 우리는 이 게송에서 이야기하는, '예전 행위의 잠재된 의식이 원인이 되어 이 세상에 다시 태어나 또 다시 덧없고 변천하는 이 세상의 헛된 삶의 결과를 가져오게 한다'는, 윤회적 명제를 유물론자들이 의심 없이 받아들일 수 있도록 그 방법을 제시해 주어야 한다.

애머스트(Amherst) 대학에서 물리학을 전공하고 인도에서 불교를 연구한 앨런 월리스(B. Alan Wallace) 박사는 티베트

---

141) B. Alan Wallace, 위의 책, p.214

불교 명상가들을 예로 들어 다음과 같이 이야기한다.

    티베트의 불교 명상자들은 죽음의 과정에서 각종 형태의 체내 생명 에너지가 '지극히 미묘한 생명유지 에너지'로 되돌아간다고 주장한다. 바로 이 과정에서 개념화 기능과 함께 다섯 가지 형태의 감각적 깨달음이 '지극히 미묘한 의식'으로 되돌아간다. 죽음의 과정의 마지막 단계인 '맑은 빛(clear light)'의 단계에도 이 지극히 미묘한 에너지와 비개념적 깨달음은 남아 있다. 그리고 그들이 신체를 떠날 때, 죽음이 일어난다. 생명 에너지와 의식의 이 미묘한 연속체는 절대로 파괴될 수 없고, 뿐만 아니라 이들 둘은 절대로 분리될 수 없다. 사실 물리적 속성과 의식적 속성을 함께 지닌 단일 실체, 하나의 연속체를 생각하는 것이 훨씬 정확하다고 본다. 바로 이 수준에서 물리적 사상과 정신적 사상이라는 이원성이 사리진다.
    아울러 에너자-의식의 이 지극히 미묘한 연속체는 절대로 새로 만들어질 수 없다. 그것은 접합자를 태아로 자라나게 하는 정자와 난자의 결합으로 들어가는 이 결합체의 입구이기도 하다. 따라서 의식은 잉태의 순간부터 존재한다. 그리고 태아의 발달 중에는 다섯 가지 유형의 감각적 깨달음과 개념적 의식 작용이 그 일차적인 의식에서 일어난다. 그와 마찬가지로 태아의 성장기에는 생명 에너지의 다양한 유도체들이 대단히 미묘한 원초적 생명 유지 에너지에서 발생한다. 현대의 신경과학은 인간의 감각과 정신적 인지작용을 지극히 미묘한 에너자-의식에서 출현하는 성질로 본다.

티베트의 불교 명상자들에 따르면 일생, 죽음, 그 중간 단계, 내세에 이르기까지 끊어지지 않은 의식의 연속체가 있다. 그러나 일반적으로 이 전환기는 대단히 충격적이어서 개인은 이 경험의 기억을 빨리 잃고 만다. 그리고 유아는 말을 할 수 있을 때가 되면, 자궁 속에서의 기억과 그 이전의 기억에는 접근할 수 없게 된다. 이것은 놀라운 일이 아니다. 대다수의 성인들은 유년기의 기억도 거의 잊어버린다. 보다 최근의 사상들이 개입하면, 그 이전의 기억들은 잠재상태로 물러나게 된다. 의식의 연속체 그것은 끊어지지 않고 흐른다. 그러나 인간의 기억은 이런 중대한 전환기에는 사라지기 때문에, 이와 같은 연속감을 상실한다. 그렇다면 불교 명상자들은 무엇을 근거로 죽음, 중간 상태, 재생의 연속을 그처럼 상세히 설명하고 있는가?
이들 명상자들은 고대의 명상수행법을 따르고, 정신을 정밀화, 안정화시킬 수 있기에 모든 사상(事象)들을 관통하여 중단 없이 투명한 깨달음을 유지할 수 있다. 바로 이 점이 현대 서양과학의 방법으로는 가장 기대하기 어려운 대목일 것이다.
142)

---

142) B. Alan Wallace, 위의 책, p.218

이것이 사실이라면 투명한 깨달음의 상태에 있는 자는 윤회적 삶의 '연속체'를 마치 필름을 들여다보듯 할 수 있다는 뜻이 된다. 하지만 과학에서는 이와 같은 윤회적 삶의 '연속체'를 관찰로써 드러내주어야 한다는 주장을 굽히지 않을 것이다.

그러나 신비적 견식(見識)이란 관찰에 의해서만 얻어지는 것이 아니라, 자기 존재 전부를 쏟아 넣는 전적인 참여에서 얻어진다.[143] 따라서 동양적 세계관에 있어서 참여자의 개념은 결정적인 것이다. 카프라(Fritjof Capra)는 관찰자와 관찰 대상이 불가분하고 구별조차 할 수 없게 되어, 주체와 객체가 통일되어 차별이 없는 전체로 용해되는 단계에 도달하게 된다고 이야기한다. 다시 한 번 '참여'의 의미를 깊이 되새겨보게 한다.

---

143) Fritjof Capra, 『현대물리학과 동양사상』, 이성범 김용정 옮김, (주)범양사 출판부 1999, p.159

* 서른두 번째 조사스님

대만홍인(大滿弘忍) 대사 노래하시기를

은혜 입은 존재로부터 깨달음의 길로 안내를 받아
그로 인한 인연으로 니르바나의 경지에 돌아가게 된다.
그때는 이미 마음의 작용이 없어져 행위가 드리워 준 잠재의식도 없다.
그리 되면 본성이 모두 없어져서 태어나는 것이 없다.

有情來下種 因地果還生
無情旣無種 無性亦無生

대사는 기주 황매현(黃梅縣) 사람으로 성은 주(周)씨였다. 도신 대사가 황매현으로 가다 길에서 한 청년과 마주쳤는데, 골격이 수려했다.
"성이 무엇이냐"
대사가 물었다.

"성은 있으나 흔치 않습니다."
"어떤 성이냐?"
"부처의 성입니다."
"네 성은 없느냐?"
"공합니다."
대사가 그 청년의 부모를 찾아가 출가를 허락받아 홍인(弘忍)이라 이름했다.

현대물리학이 쌓아올린 눈부신 성과의 밑바닥에는 수학의 언어가 자리 잡고 있다. 나머지는 도구와 상상력, 기계적인 힘이었다. 그래서 수학을 다루는 과학자들은 물리적인 우주에 대해서는 놀라울 정도로 많은 것을 알고 있다. 그러나 자연계의 본질과 연계된 의식의 문제에 대해서는 실로 깜깜한 편에 속한다. 말하자면 깨달음의 질은 조잡한데, 개념적 통찰력은 놀라울 정도로 탁월하다는 이야기이다.

'은혜 입은 존재로부터 깨달음의 길로 안내를 받아 니르바나의 경지에 돌아가게 된다'고 한 이 게송의 전반부 내용은 자기 자신이 쌓아올린, 특별하고 가치 있는 자량(資糧)에 의거해 선각자로부터 가르침을 받아 수행을 하게 되면 니르바나에 이르게 된다는 내용이다. 하지만 이 내용은 과학적 관찰에 근거를 둔 것이라기보다는 종교적인 것에 더 많은 비중을 두고 있다는 생각이다.

그렇다면 종교에 왜 과학을 끌어들이려 하는가? 그것은 보다 지적이고 성숙된 믿음을 도출해내기 위함일 것이다. 현대에 이르러서는 인간의 '의식'까지가 과학적 연구의 대상이자 수단이 되어 가고 있는 실정이고 보면, 전통적으로 동양과 정서가 다른 서양 사람들이 전생(前生), 내생(來生), 카르마(karma), 윤회(輪廻)와 같은 추상적이고 종교적인 언어를 어떻게 받아들일 것인가 하는 문제가 우리 앞에 가로 놓이게 된다.

이 문제는 역사와 문화가 다른 서양 사람들에게만 국한된 일은 아닐 것이다. 지금 우리에게도 현재 나의 전생과 내생, 그리고 카르마로부터 윤회를 어떤 관계로 정립해서 받아들일 것인가 하는 문제가 얼마든지 대두될 수 있기 때문이다.

종교가 성숙하지 못했을 때 대부분의 사람들은 그 종교가 건립한 결과를 쉽게 외면해 버리거나 곧잘 과소평가해 버린다. 그러나 종교가 성숙한 모습으로 살아 있을 때 우리는 그 문화가 인류에게 얼마나 많은 기여를 해왔고, 얼마나 많은 인지가 빛났던가를 역사 속에서 보아왔다.

어찌 되었든 티베트 불교에 따르면, 존재하는 모든 것에는 원초적 깨달음, 다시 말하면 미묘한 의식이 침투해 있다. 이 의식은 지극히 미묘한 에너지와 성질이 같다는 것인데, 이 원초적인 깨달음-에너지의 궁극적인 성질은 비어 있음(空)으로, 인식적 사상, 물리적 사상, 그 밖의 사상들의 겉모양은 모두

이 깨달음-에너지에 따라 결정된다는 것이다.144)

그리고 인간의 환경 경험이란, 그 이전의 행동에 기인하는 정신연속체가 찍어놓은 자취의 표출 또는 무르익음(ripening)이라고 주장한다. 그와 같은 자취를 때로는 카르마의 씨앗(karmaic seed), 곧 업종자(業種子)라고 하는데, 우리들 각자가 경험하는 세계는 그 씨앗에서 나온다.145)

그렇다면 앞에 나오는 여러 편의 게송에서 '예전 행위의 잠재된 의식이 원인이 되어 이 세상에 다시 태어난다'는 이야기가 성립된다.

우리의 행동의 일부는 고립상태에서, 그리고 다른 일부의 행동은 남과 함께 경험하게 되는데, 참여적 행동은 참여적 경험, 고립된 행동은 고립된 경험을 가져온다.

위의 게송이 가리켜 보이는 전체적인 맥락은 자신이 쌓아올린, 특별하고 가치 있는 자량(資糧)이 있어서 스승의 가르침으로 니르바나에 이르게 되면, 마음의 작용이 끝이 나버려 과거의 행위가 드리워준 잠재의식이 없어져서 유위(有爲)적 삶의 선상에는 태어남이 없다는 것을 이야기하고 있다.

앨런 월리스(B. Alan Wallace) 박사는 이와 비슷한 이야기를 그의 저서『과학과 불교의 실재인식(Choosing Reality, a

---

144) B. Alan Wallace,『과학과 불교의 실재인식』, 홍동선 옮김, (주)범양사출판부 1997, p.221
145) B. Alan Wallace, 위의 책, p.222

contemplative view of physics and the mind)』에서 티베트 불교의 명상관에 입각해 '한 개인의 원초적 깨달음은 모든 존재에 침투해 있는 원초적 깨달음과 같다는 명제를 먼저 기억해 둘 것'을 강조하면서 다음과 같이 이야기한다.

한 개인의 지극히 미묘한 의식에 업의 씨앗을 뿌린다는 것은 보편적 깨달음에 그 씨앗을 뿌리는 것과 같다. 가령 다른 개체들이 그와 같은 씨앗의 무르익음을 경험하는 조건에 부딪친다면, 그것은 공통적인 경험을 갖게 될 것이다. 1,000명의 사람들이 똑같은 환경을 경험한다고 생각해 보라. 그들은 1,000개의 등불에 비길 수 있고, 그들이 경험하는 환경은 모든 등불을 합친 빛과 같다. 그 중 한 사람이 죽을 때, 그 사람의 업의 자취의 힘은 소멸된다. 그것은 등불 하나가 꺼지는 것과 같다. 비록 등불 하나가 꺼졌다고 하더라도 나머지 등불에서 나오는 전체적인 빛은 남아 있다. 그와 마찬가지로 나머지 사람들의 일반적인 환경도 그대로 남아 있다. 그러나 모든 참여자들의 업의 자취의 힘이 소진될 때에는 그들이 공유한 환경도 남지 않는다.

이 관점에 따르면, 다원적인 세계가 상호 침투된 상태로 공존한다. 이것은 동일 공간에 주파수가 다른 전자기 에너지가 공존하는 것에 비길 수 있다. 어떤 사람이 탐지하는 주파수대는 수신기를 어떻게 조절했는가에 따라 결정된다. 이로 미루어

인간의 정신이 어떻게 변하는가에 따라 한 개인의 경험 영역은 엄청난 융통성을 지니게 된다. 우리들이 경험하는 사상(事象)의 유형은 개념의 조절 기능에 따라 결정된다. 그리고 적지 않은 불교 명상자들은 가장 미미한 개념화 작용마저 없는 곳에서는 모든 형상이 사라지고 비어 있음을 경험할 뿐이라고 주장한다.146)

　이 이야기가 '마음의 작용이 없어져, 행위가 드리워 준 잠재의식까지 없어지면 본성까지 깡그리 없어져서 태어나는 것이 없다'는 게송의 뒷부분 내용을 잘 설명해 주고 있는지의 여부는 잘 알 수가 없다.
　그러나 선 수행(禪修行)에서 제시하는 다음의 가르침을 여기에 대비시켜 보면 자연의 본질을 바라보는 선적(禪的) 직관의 지향점이 어디로 향하는가를 알게 해준다.

　내적으로 깃들여 있는 감정과 의지의 인식 범위가 쇄락(灑落)하고, 고요, 엄정해, 그 기품(氣品)이 맑고 깨끗해서 전개되어 가는 상태가 마치 가을 하늘과 같을 때가 깨달음으로 나아가는 첫 번째 고비(程節)이다. 그 좋은 기회를 놓치지 말고 곧바로 앞으로 나아가라. 마치 가을날의 맑은 하늘과 같고, 옛 사당의 향로처럼 적적하고 분명한 가운데 마

---

146)　B. Alan Wallace, 위의 책, p.222

음 오가는 것이 끊어졌을 때, 거기에서 한걸음 더 나아가라.
그러면 이 몸뚱이가 허깨비가 되어 세간 사이에 있다는 것
도 잊고, 화두가 한결같이 오래 계속되어 끊어지지 않음을
보일 것이다. 그 상황에 이르게 되면, 대상에 감응하는 것
이 없어져 광명을 발하게 된다. 이것이 깨달음으로 나아가
는 두 번째 고비이다. 만일 이때 아! 이것이 깨달음(知覺心)
이로구나 하는 생각을 낸다면, 곧 숨겨진 자연의 순일(純
一)한 본질에 이르는 길이 차단되어 크게 손해를 보게 될
것이다. 그러한 실수만 저지르지 않는다면 그 어떤 행동,
그 어떤 상황이 전개되더라도 우주적 본질과 하나가 되어
자나 깨나 화두가 앞에 나타나되, 마치 물에 비친 달빛처럼,
여울물에서 고기가 기세 좋게 뛰어오르는 것처럼, 그 어디
에 부딪쳐도 흩어지지 않을 뿐 아니라 쓸어버리고 씻어버
려도 없어지지 않을 것이다. 그 상황에 이르면 중심이 고요
하여 움직이지 않게 되는데 밖에서 흔들어도 흐트러지는
일이 없다. 이것이 깨달음으로 나아가는 세 번째 고비이다.
이때에 이르러야 곧 의심덩어리(疑團)가 깨져 바른 지혜의
눈이 열릴 때가 가까워진 것이다.[147]

  氣肅風淸 動靜境界如秋天相似時 是第一箇程節
  便宜乘時進步 如澄秋野水 如古廟裏香爐相似
  寂寂惺惺 心路不行時 亦不知有幻身 在人間 但見箇話

---

147) 禪門撮要, 蒙山和尙示聰上人, 梵語寺 1968, p.233

頭綿綿不絶 倒遮裏 塵將息而光將發 是第二箇程節
　於斯若生知覺心 則斷純一之妙 大害也無此過者
　動靜一如 寤寐惺惺 話頭現前 如透水月華 在灘浪中活
潑潑 觸不散蕩不失時 中寂不搖 外撼不動矣
　是第三箇程節 疑團破正眼開近矣

이렇게 되면, 자연에의 본질은 우주에 널리 퍼져 있어서 어디에 있더라도 그것을 붙잡을(築著磕著) 수 있다는 것이다. 마치 밤을 구우려고 화롯불 속에 집어넣은 밤이 다 익어 툭! 튀는 소리를 내며 튀어 오르는 듯하는, 병아리가 알껍데기를 쪼고(爆地斷啐地絶) 나오는 듯하는 상황에 이르게 된다. 그렇게 되면 어찌 되는가? 자기를 환히 밝혀(洞明自己)주는 깨달음에 이르게 된다. 그 뒤에는 자취를 감추고 숲 속에 들어가 다시 한 번 전개된 상황을 되돌려 보며 보임(晦光韜跡 悟後保任)을 한다.148)

　了事者 生死岸頭 能易麤爲細 能易短爲長
　以智光明解脫 得出生一切法三昧王 以此三昧故
　得意生身 向後能得妙應身信身.

이것이 깨달음으로 가는 길일까.

---
148) 禪門撮要, 위의 책, p.234

어떤 스님이 운문(雲門) 스님한테 물었다.
"무엇이 일상의 작용입니까?"
"안쪽에 무엇이 거듭거듭 뒤엉켜 바뀌는 것이다."[149]

問如何是尋常之用 師云且那裏葛藤去

---

149) 雲門錄 上

* 서른세 번째 조사스님

대감혜능(大鑑慧能) 대사 노래하시기를

마음의 활동 영역에서 일어난 근본 원인을 받아들이면
대지에 두루 비가 내려 모든 씨앗이 남김없이 싹을 틔우듯
행위로부터 잠재된, 무엇을 하리라 여겼던 마음도 곧바로 깨달으면
최고의 지혜가 보상으로 돌아와 저절로 이루어진다.

心地含諸種 普雨悉皆生
頓悟華情已 菩提果自成

6조 혜능대사 이야기는 많이 알려져 있다.
 대사의 성은 노(盧)씨였고, 범양(范陽) 사람이었으나 나중에 신주(新州)로 옮겨 살았다. 땔감으로 나무를 해서 팔아 생계를 유지했던 대사가 금강경(金剛經) 읽는 소리를 듣고 깨달

음을 얻었다는 이야기는 널리 알려져 있다.

대사는 기주 황매현으로 가 5조 홍인대사를 만난다.
"어디서 왔는가?"
"영남(嶺南)에서 왔습니다."
"무엇을 구하는가?"
"부처가 되고 싶소."
"영남 사람은 깨달음의 자질이 없다."
"사람은 남북이 있지만, 깨달음의 씨앗도 남북이 있습니까?"
5조는 그가 그릇임을 알았으나, 짐짓 소리를 질러 방앗간으로 쫓아 버렸다.

5조 문하에서 여덟 달 동안 방아를 찧고 사는데, 하루는 대중들이 웅성거려서 알아보았더니 5조의 첫 번째 상좌(上座) 신수(神秀)가 석가모니 부처님으로부터 내려온 가르침의 전통을 잇기 위해 시 한 수를 벽에 써 붙여 놓았다는 것이다. '몸은 보리수(菩提樹)요, 마음은 거울이니 부지런히 닦아 거울에 먼지가 끼지 않게 하자.'

방앗간의 노행자가 글을 아는 동자를 데리고 가 신수의 글에 다음과 같은 글을 덧대어 써 붙인다.

'보리(bodhi)는 나무가 없고, 받침대가 받치고 있다 해서 밝은 거울이 아니다. 본래 한 물건도 없는데 무슨 먼지가 끼고

자시고 할 게 있는가.'

　이를 알아본 5조는, 앞으로 있을 전법(傳法)을 둘러싼 파워게임으로 사중에 소란이 있을 것을 염려하여 한밤중에 노행자를 부른다.

　노행자는 아무도 모르게 게송(偈頌)과 함께 부처님 가르침의 전통을 이어받는다. 그리고 도망을 치듯 남쪽으로 내려가, 사회현(四會縣)에서 15년간 사냥꾼들 틈에서 숨어 지낸다.

　그러던 어느 해 고모(姑母)를 비구니로 둔 유지략(劉志略)이라는 거사와 사귀게 되었다. 한번은 유지략을 따라갔다가 열반경을 읽고 있는 비구니를 보았다. 그래서 대사가 그 이치를 해석해 주었는데, 비구니가 아예 책을 들고 와 글자를 물었다.

　"난 글자를 모르니 이치나 물으라."

　"글자도 모르면서 뜻을 어떻게 아시오?"

　"뜻이 특별하고 최고로 뛰어난 이치는 문자하고는 관계가 없다."

　이는, '모든 것이 한마음으로 돌아갈 뿐, 열반에 든 부처나 앞으로 출현할 부처는 마음에서 마음으로 전할 뿐 언어나 문자를 쓰지 않았다(三界混起 同歸一心 前佛後佛 以心傳心 不立文字)'고 한 달마대사 혈맥론 첫 구절을 실제 상황으로 보여 준 사례이다.

대사는 다시 남해현(南海縣) 제지사(制止寺)로 가 강백(講伯) 인종(印宗)을 만난다.

그때 마침 대중들이 바람에 깃발이 펄럭이는 것을 보고, 바람이 움직이느냐? 깃발이 움직이느냐? 의견이 분분했는데, 대사가 나서서 '그대들 마음이 움직이는 것'이라고 해 그들 모두를 깜짝 놀라게 한다.

이를 계기로 대사의 신분이 밝혀져, 인종이 대사를 상석에 앉혀, 법성사(法性寺)에서 계를 받는다. 이로써 일찍이 인도 구나발마(Guṇavarman)와 진제(眞諦) 삼장이 이곳에서 '육신보살'이 계를 받게 될 것이라고 했던 예언이 실현된다.

나중에 대사는 세상에 널리 알려져 측천무후(則天武后)의 초빙을 받았으나 사양을 하고, 보림사(寶林寺)로 돌아와 절을 보수한다. 그리고 절 이름을 중흥사(中興寺)로 고쳐 현판을 달고 지내면서 널리 가르침을 펴다가 신주 국은사(國恩寺)로 돌아온다.

그러던 어느 날, 식사가 끝나자 가사를 입고 대중들을 모이게 한 다음 게송을 들려주고 말한다.

부처님으로부터 전해 내려온 이 가르침은 둘이 아니다. 마음 또한 그렇다. 이 가르침이 제시한 형상계의 본질은 맑고 깨끗하고 또 아무 모습이 없다. 그대들은 절대로 깨끗하고 순수한 것만 관찰하거나 마음을 비우려 하지 말라. 이 마음은 본래 깨끗하고 순수해서 받아들이거나 버릴 것이 따로 없다. 각기 좋은 인연을 따라서 노력하면 저절로 바뀐다.

其法無二其心亦然 其道淸淨亦無諸相 汝等愼勿觀淨及空其心 此心本淨無可取捨 各自努力隨緣好去。

다음은 대사의 가르침을 요약한 게송이다. 내용은 수행을 하는 문도들에게 보내는 메시지로 보인다.

여여하게 있는 그대로의 자연 상태, 그것이 참 깨달음이다.
잘못된 견해나, 탐내고 화내고 어리석은 마음이 참 깨달음으로 가는 길을 훼방 놓는 세 가지 독소 조항이다.
무언가 헷갈리고 자꾸 치우치게 되는 것은, 훼방을 놓는 존재가 너와 함께 머물러 있어서 그렇다.
바르게 판단하는 지혜, 그것은 사물을 바라보는 이해가 밝고 현명한 방향으로 작용하고 있어서 그렇다.
원래 있는 그대로의 자연 상태 속에 부정적인 세 가지 독소조항(三毒)이 발생하면,
그것들이 곧 훼방을 놓는 요소가 되어 네 안으로 들어와 머물고 있기 때문이다.

올바른 견해를 가지고 탐내고 화를 내고 어리석은 마음의 이 세 가지 독소조항을 제거하면

훼방을 놓는 요소가 변해, 참과 거짓이 함께 없어져 깨달음을 이루게 된다.

현상계의 있는 그대로의 본질 그 자체가 본래 나의 완성된 인격체의 모습이지만, 더러 본보기의 모습(化身)을 나타내기도 한다.

그러나 이 세 모습이 본래 있는 그대로인 모습이다.

원래 그대로 있는 자연적인 상태(prakṛti) 속으로 들어가 스스로 있는 본 모습을 확실하게 보면

그것이 곧 보리(bodhi)가 원인이 되어 깨달음을 이룬 것이다.

본보기로 나타낸 모습을 따라 번거로움을 떠나면 맑고 순수한 본질이 나타나므로

맑고 순수한 본질의 상태는 어느 때든 본보기로 나타낸 모습 속에 포함이 되어 있다.

본보기로 나타낸 모습이 본 성품으로 하여금 올바른 실천을 하게 하면

앞으로 부족함이 없는 참모습의 조건들이 갖춰져 막힘이 없으리라.

욕망의 기질이란 본래 맑고 순수한 기질에서 시작되므로

욕망에 관한 기질을 제거하면 그것이 곧 맑고 순수한 내 자신의 상태이다.

우리들이 모습과 음향과 냄새와 맛, 촉감으로부터 들어오는 다섯 가지 감각을 원래 그대로 있는 상태(prakṛti) 속에서 떠나보내면,

찰나적 순간의 그대로 있는 상태의 본질을 보게 되는데, 그것이 곧 여여하게 그대로 있는 자연 상태이다.

현재 살고 있는 이 생에 부처님께서 깨달았던 그것과 똑같은 비약적이고 직접적인 가르침(頓敎)을 만나,

홀연히 깨달아 원래 그대로 있는 자기 자신의 상태를 보게 되면 그것이 곧 부처님을 보는 것이다.

일부러 깨달음을 얻은 자가 되려고 노력을 한다면,

과연 어느 곳에서 원래 그대로 있는 자신의 본모습의 상태를 찾아야 할지 가닥조차 잡지 못할 것이다.

곧 자기 마음속에 자연 그대로 여여히 있는 상태를 확실하게 보게 되면, 자연 그대로 있는 상태가 곧 깨달음에 이르는 지혜의 원인이 된다. 저절로 있는 자신의 원래 상태를 보지 않고 지혜롭게 된 것을 밖에서 찾으려고 하는 생각을 일으키는 그것을 뭉뚱그려서 이야기하면 정신 나간 짓이라고 한다.

내가 이제 비약적이고 직접적인 깨달음의 방법을 남겨놓는다. 그러니 너희들은 무엇에 홀린 듯 갈팡질팡 정신을 못 차리고 번거롭게 사는 세상 사람들에게 이를 널리 배우게 해 스스로 고치게 하라.

앞으로 현상계의 근원을 배우고자 하는 그대들에게 알리

노니, 코앞만 보지 말고 크게 생각하고 크게 마음을 써
라.150)

眞如自性是眞佛　邪見三毒是魔王
邪迷之時魔在舍　正見之時佛在堂
性中邪見三毒生　卽時魔王來住舍
正見自除三毒心　魔變成佛眞無假
法身報身及化身　三身本來是一身
若向性中能自見　卽是成佛菩提因
本從化身生淨性　淨性常在化身中
性使化身行正道　當來圓滿眞無窮
淫性本是淨性因　除淫卽是淨性身
性中各自離五欲　見性刹那卽是眞
今生若遇頓敎門　忽悟自性見世尊
若欲修行覓作佛　不知何處擬求眞
若能心中自見眞　有眞卽是成佛因
不見自性外覓佛　起心總是大痴人
頓敎法門今已留　救度世人須自修
報汝當來學道者　不作此見大悠悠.

---

150) 法寶壇經 附屬流通品

5
십우도
나를 찾아 떠나는 여행

● 본서에 사용된 《십우도》는
송광사 승보전에 그려진 벽화입니다.

그대는 지금 어디에 서 있는가?

깨달음의 여정을 떠나기 전에

석가모니 부처님이 몸을 입고 세상에 오셔서 하신 일의 전체 얼개는 무엇이었는가? 길을 잃고 헤매는 중생들에게 길을 가리켜 보이신 것—그것이 전부였다. 중생이 길을 묻는 것은, 이 인생이 괴롭기 때문이다. 삶이 가져다주는 욕망의 빛깔과 향기에 취한 이들은 길을 묻지 않는다. 모든 것을 만족스럽게 여기고, 더 이상 부러울 게 없다고 생각하는 이들은 길을 물을 까닭이 없다. 그러나 인생 전체는 이런 충족감 속에서 통과하는 이들은 거의 없다. 이 지구에 몸을 입고 태어난 이상 24시간 행복감 속에서 사는 사람은 전무하다고 할 수 있을 것이다.

삶은 결국 괴로움의 바다다. 욕망에 대한 만족은 짧고, 결핍과 갈망의 시간은 길다. 사랑하는 사람과 만나 충족감을 느끼는 시간은 덧없고, 기다림의 시간은 길기만 하다. 아무리 사랑하는 사람이라도 언젠가는 헤어져야 한다. 팽팽하던 젊음도 언젠가는 쭈글쭈글 늙어가고, 아무리 건강체라도 병으로 고통을 겪게 마련이다.

인간이 다른 동물과 다른 점은 이런 삶을 통과하면서 의문을 지니게 된다는 것이다. 이것이 도대체 뭔가? 나는 누구이고, 이 우주를 움직이는 법은 무엇인가? 태어난 이상 누구나 이런 의문을 품지만, 모두가 본격적으로 길을 찾아 나서는 것은 아니다.

그럼에도 우리 범부 중생들에게 실로 다행인 것은, 길을 가리켜 보여줄 수 있는 석가모니 부처님 같은 성인들이 계시다는 점이다. 인생의 무거운 짐을 안고 헤매면서 길을 찾은 이들은 어떻게 해야 이 괴로움의 바다를 건널 수 있는가? 어떻게 해야 잔뜩 찌푸린 얼굴을 뒤로 하고 잔잔한 미소를 입가에 머금고 있는 부처나 관세음보살처럼, 진리의 바다에 온전히 몸담을 수 있을까?

12세기의 곽암 선사(廓庵 禪師)는 구도와 깨달음의 과정을 열 장의 그림으로 표현하였다. 소를 찾아 나선 동자가 마침내 소를 찾고, 소를 길들이고, 소도 잊고 나도 잊은 채 세상 속으로 들어와 '머무는 바 없는 마음'으로, '함이 없는 함'을 행하며 유유자적하는 풍경을 표현한 이 그림들은, 길을 찾아 나선 수많은 구도자들에게 영감의 원천이 되어 주었다.

원(圓)으로 된 공간 안에 곽암이 그린 열 장의 십우도는 다음과 같이 구성된다.

1. 소를 찾아 나서다 (尋牛)
2. 소의 자취를 보다 (見跡)
3. 소를 발견하다 (見牛)
4. 소를 얻다 (得牛)
5. 소를 길들이다 (牧牛)
6. 소를 타고 집으로 돌아오다 (騎牛歸家)
7. 소를 잊고 사람만 남다 (忘牛存人)
8. 사람도 소도 모두 잊다 (人牛俱忘)
9. 근원으로 돌아가다 (返本還源)
10. 저자에 들어가 중생을 돕다 (入廛垂手)

1. 소를 찾아나서다 (尋牛)

아득히 펼쳐진 수풀 헤치고 소를 찾아 나서니
물은 넓고 산 먼데 길은 더욱 아득하구나.
힘 빠지고 마음 피로해 소를 찾을 길 없는데
들리는 건 늦가을 단풍나무 매미 소리뿐.

茫茫撥草去追尋 水闊山遙路更深
力盡神疲無處覓 但聞楓樹晚蟬吟

삶의 바다에 떨어진 인생들은 때로 달콤한 만족감에 젖어 들기도 한다. 원하는 것을 향해 달려가 그것을 차지하는 기쁨과 보람에 잠시 시름을 잊기도 한다. 그러나 시간이 지날수록 그는 뭔가 중요한 것이 빠져 있는 것을 발견한다. 이것이 무엇인가? 나를 영원히 만족시킬 무엇은 없는가?

하지만 둘러보아도 세상은 온통 고통으로 신음하는 사람들뿐이다. 모두가 비슷비슷한 처지와 환경에서 비슷비슷한 과정을 거쳐 가면서 괴로워하고 아파한다. 인생은 결국 이 욕망 저 욕망을 쫓아서 달려가지만 아무것도 얻을 수 없는 게임일 뿐인가? 돈과 권력과 명예를 쫓아서 달려가는 사람들의 행진 속에서, 때로는 벗어날 생각도 해보지만 밀려드는 고립감과 소외감 때문에 포기하고 다시 군중들의 대열에 합류하기도 한다.

그럼에도 모두가 가는 길의 종착역은 너무나 뻔하다. 아무리 많은 것을 얻었다 할지라도 결국엔 다 놓아두고 가야 한다. 아무리 높은 권력의 정상에 올라도 언젠가는 다시 내려와야 하고, 아무리 많은 돈을 벌어도 돈만으로는 살 수 없는 것이 있다는 것을 깨우치게 된다.

구도자는 세상의 숱한 욕심쟁이들보다 한수 더 높은 욕심쟁이들이다. 세상의 욕심쟁이들은 일시적인 만족을 찾지만 구도자는 영원한 만족을 찾기 때문이다. 그럼에도 그 길은 쉽지 않다. 모두가 가는 길이 아닌 한적한 길이기에, 고독과 소외를 애초부터 각오하지 않으면 안 된다.

홀로 가부좌를 틀고 앉아 화두를 붙들려고 하지만, 아직 세상과 완전히 결별하지 못한 그는 날뛰는 번뇌망상에 번번이 자기 마음자리를 내주고 만다. 황벽 선사는 이렇게 읊으면서 구도자를 채찍질한다.

번뇌망상 벗어나기 예삿일 아니니
화두를 바짝 붙잡고 한바탕 겨뤄 보소.
뼛골에 사무치는 추위 맛을 모른다면
코를 치는 매화 향기 어찌 얻을 수 있으랴.
─황벽선사, 『완릉록(宛陵錄)』

······자원(慈遠)의 짧은 주석

애초에 잃지 않았는데 어찌하여 찾을 필요 있겠는가
본래의 나를 등진 결과 길을 잃고 말았네
고향집에서 점차 멀어지니 갈 바를 모르겠구나
탐욕과 두려움 속에 무엇이 옳고 그른지 알 수가 없네

從來不失何用追尋 由背覺以成疎 在向塵而遂失
家山漸遠岐路俄差 得失熾然是非鋒起

2. 소의 자취를 보다 (見跡)

물가 나무 아래 발자국 어지러우니
향기 나는 풀 헤치고서 그대는 보았는가?
설사 깊은 산 깊은 곳에 있다 해도
하늘 향한 그 콧구멍을 어찌 숨기리.

水邊林下跡偏多 芳芳草離披見也?
縱是深山更深處 遼天鼻孔 藏他

이 경전 저 경전, 이 스승 저 스승을 찾아 헤매는 것이 유익한 것은, 얼핏 발자국들을 찾아볼 수 있기 때문이다. 소를 처음 찾아 나섰을 때는 발자국조차 만나기가 하늘의 별따기처럼 어려울 줄 알았는데, 경전을 뒤지다가 만난 "마음이 곧 부처"라는 한 마디가, "만물에는 불성이 깃들어 있다"는 한 문장이 갑자기 구도자의 마음에도 등불 하나를 가만히 켜 보인다. 그 반가움을 어찌 이루 말로 표현할 수 있으랴.

그러나 알면 알수록 길이 수없이 많다는 것을 실감하게 된다. 아니, 길 아님이 없다는 것을 차츰 깨우치게 된다. 이제, 발자국은 하나만 나 있는 것이 아니다. 보이는 것 모두가 사실은 불성의 발현이다. 봄에 우는 뻐꾸기도 불성을 노래하고, 지나가는 개도 불성을 짖고, 지축을 뒤흔드는 천둥과 번개와 폭풍우도 불성을 울부짖는다. 불성의 발현이 아닌 것이 없다는 것을, 곽암은 "하늘 향한 콧구멍을 어찌 숨기랴"라고 노래한다.

그러니 보이는 것 모두가 소의 발자국들이다. 이제는 보이는 발자국들 중 어느 것이나 붙잡고 그 발자국의 뒤안으로 따라 들어가기만 하면 될 것이다.

……자원(慈遠)의 짧은 주석

경전에 의거해 뜻을 헤아리니 소 발자국, 눈에 보이네
이 그릇 저 그릇이 모두 흙에서 빚어진 것처럼
우주 만물이 한 가지에서 비롯되었으니

분별력이 없다면 어찌 참과 거짓을 분별할 수 있으리
아직 온전히 길에 들어선 것은 아니지만
그 길을 알아볼 수는 있네.

依經解義閱敎知 明衆器爲一金
體萬物爲自己 正邪不辨 眞僞계分
未入斯門 權爲見跡

3. 소를 보다 (見牛)

노란 꾀꼬리 가지 위에서 지저귀고
햇볕은 따사하고 바람은 부드러운데
강가 언덕엔 푸른 버들
이곳을 마다하고 피해 갈 길은 없나니
어느 누가 위풍당당한 그 쇠뿔을 그릴 수 있으랴

黃鶯枝上一聲聲 日暖風和岸柳靑
只此更無回避處 森森頭角畵難成

발자국은 여기저기 어지럽게 널려 있다. 사실, 발자국 아닌 것이 없다. 모두가 다 소가 지나간 흔적을 나타내 보이는 발자국들이다.

어느 발자국이나 붙들고 그 안으로 들어가면 되건만, 이것이 쉽지 않다. 소는 쉽사리 모습을 드러내 보이지 않는다. 소가 분명 존재한다는 것은 어느 발자국을 보아도 너무나 뚜렷하다. 소가 없다면, 발자국이 있을 리 없지 않은가.

노란 꾀꼬리, 가지를 살랑이는 미풍, 강가 언덕의 푸른 버들가지, 모두가 다 '소'의 흔적들이다. 불성이 그런 만물 속에 표현되어 있지 않다면, 만물은 무엇인가? 불성이 아니고서는 나타날 길이 없는 것 투성이이건만, 정작 소의 꼬리만 언뜻언뜻 보일 뿐 위풍당당한 쇠뿔은 정면으로 만나볼 수가 없다. 진리의 핵심은 표현하기가 어렵다.

······자원(慈遠)의 짧은 주석

소리를 좇아 들어가 보면 그 근원을 만날 수 있듯이
여섯 감각기관에 끄달리지 않고 집중하면
근원의 문과 만나게 된다.
근원의 문에 들어설 때마다 황소의 뿔을 볼 수 있으니
움직이는 작용마다에 그 바탕이 드러나 있다.

從聲得入　見處逢源　六根門　動用中
着着無差　頭頭顯露　水中鹽味　色裏膠靑

4. 소를 얻다 (得牛)

온 정신 다하여 소를 붙들었건만
힘 세고 마음 강해 다스리기 어려워라
어느 땐 고원 위에 올라갔다가
어느 땐 구름 깊은 곳으로 숨어들고 만다네

竭盡精神獲得渠 心强力壯卒難除
有時裳到高原上 又入煙雲深處居

우주 전체에 소 발자국이 어지럽혀져 있어도 소를 붙들지 않고서는 아무런 유익함이 없다. 온 정신을 집중하여 소를 붙들어야 한다. '온 정신을 집중하여'라는 말은, 소소한 자기를 잊어야 한다는 뜻이다. '나'라는 개체 의식이 앞서서 내 욕망을 내려놓지 않으면, '소'는 나타나지 않는다. 나타나지 않으니 붙들 수도 없다.

관세음보살을 연호하든, "이 뭣고?"의 화두를 들고 침식을 잊은 채 오직 세계와 내 존재에 대한 물음표 하나에만 매달리든, 호흡에 집중하여 산란한 마음을 가라앉히든, '소'는 소소한 자기가 사라졌을 때 저절로 나타난다.

그럼에도 이 '소'와 오랜 시간을 함께 지내기란 여간 어려운 일이 아니다. 오래 전부터 익어 온 기질과 습성이 '소'를 잊고 작은 나에게로 돌아가곤 하기 때문이다.

'소'를 발견하여 마침내 '소'를 붙들었다고 해서 그것으로 끝나는 것이 아니다. '소'와의 숨바꼭질이 이제 시작되기 때문이다. 구도자가 '작은 나'에게 매달려 눈 귀 코 혀 의지를 팔 때마다, '소'는 몸을 감추어 버린다. 고원으로도 도망가고, 깊은 구름 속으로도 숨어 버린다.

······ 자원(慈遠)의 짧은 주석

앞생각이 일어나면 곧바로 뒷생각이 이어지니
앞생각이 깨달음에서 솟아난 것이라면

스스로 현혹당하고 기만당하니
사람이 스스로 거짓됨에 속곤 한다
코를 꿴 고삐를 당겨라,
그렇지 않으면 미혹하는 마음에 젖어들게 되리

前思裳起 後念相隨
由覺故以成眞 在迷故而爲妄
不由境有 唯自心生
鼻索牢牽 不容擬議

5. 소를 길들이다 (牧牛)

채찍과 고삐 잠시도 떼어놓지 말라
제멋대로 걸어서 티끌 세계 들어갈까 두렵구나
잘 길들여서 온순해지면
묶어놓지 않아도 저 스스로 사람을 따르리

鞭索時時不離身 恐伊縱步入埃塵)
相將牧得純和也 羈鎖無拘自逐人

자기를 잊어버리는 것만으로는 부족하다. 소소한 자기를 잃어버리는 것만이 구도자의 목적일 수는 없다. 더 큰 자기와 상봉하지 않는다면, 작은 자기를 잃어버리는 것이 무슨 가치가 있겠는가?

큰 자아를 만나는 기쁨의 길을 찾아낸다고 해도, 언제나 거기에 머물 수 있는 것은 아니다. 수많은 생을 통해 익혀 온 습관이라는 무서운 방해물이 길 가운데에 나타나 가로막기 때문이다. 채찍과 고삐를 들고 감시를 게을리하지 말아야 하는 것은, '소'를 찾아내고서도 쉽사리 자기 자신을 작은 나의 욕망에 내주어 버리기 때문이다.

작은 나의 욕망에 삼켜지지 않고 진정한 자기를 살기 위해서는, 모처럼 찾아낸 '소'를 나의 것을 길들이지 않으면 안 된다. 운명의 노예로 살 것인가, 운명의 주인이 될 것인가? 끄달리는 삶을 살 것인가, 어엿한 주인공이 되어 살 것인가?

한 번 찾아낸 길도 자꾸 다니지 않으면 잡초에 묻혀 사라져버린다. 자꾸 자꾸 다녀야 한다. 다닐수록 그 길은 더욱 다시 찾기가 쉬워진다. 마침내 '소'가 저절로 나를 따를 때까지.

······**자원(慈遠)의 짧은 주석**

오랫동안 숲속에서 살았는데,
오늘에야 비로소 그댈 만났네.
뛰어난 경치 때문에 쫓아가기 어려운데,

싱그러운 수풀 속을 끊임없이 그리워하네.
고집 센 마음은 여전히 날뛰니,
야성이 아직도 남아 있구나!
마음대로 다루고 싶다면 반드시 채찍질을 가해야 하리.

久埋郊外 今日逢渠
由境勝以難追 戀芳叢而不己
頑心尙勇 野性猶存
欲得純和 必加鞭?

6. 소를 타고 집으로 돌아가다 (騎牛歸家)

소를 타고 유유히 집으로 향하니
피리 소리 마디마디 저녁노을에 실려간다
한 박자, 한 가락이 한량없는 뜻이러니
곡조를 아는 이여, 굳이 무슨 말이 필요하랴

騎牛迤邐欲還家　羌笛聲聲送晩霞
一拍一歌無限意　知音何必 鼓唇牙

소를 찾아내어 길들이는 과정에서는 소가 진정 나의 것이 되지 못했다. 나는 늘 여기에 있고, 소는 늘 거기에 있었다. 잠시 소의 고삐를 쥐고 소를 부리긴 하지만, 소는 온전히 나와 하나가 되지 못했다. 길은 비록 열렸지만, 그 길이 반질반질 닳도록 되기 전까지는 늘 낯선 타향으로 남아 있었다.

그러나 이제 소를 타고 집으로 돌아간다. 집으로 돌아가는 길에서는 흥이 나서 노래가 저절로 흘러나온다. 춤이 되어 사방에 퍼져 나간다.

소는 더 이상 낯선 손님이 아니다. 내 옷이나 마찬가지로, 나와 일체가 되어 움직인다.

소를 찾아 헤매는 동안에는 늘 낯선 타향살이 같은 삶 때문에 노래와 춤이 나올 수 없었다. 그러나 이제 소는 나의 소유가 되었다. 아니, 소는 본래 나의 것이었다. 나와 떼려야 뗄 수 없는 하나였다. 내가 소였고, 소가 나였다.

이제 삶은 더 이상 갈등과 투쟁의 한마당이 아니다. 조화와 화합이라도 억지로 구해서 얻어지는 그것이 아니다. 본래적인 나를 다시 찾은 데서 오는 흥겨움이고 기쁨의 노래이다.

······ **자원(慈遠)의 짧은 주석**

투쟁이 끝나니, 얻음도 잃음도
하나로 녹아 버렸네
나무꾼의 노래 흥얼거리고,

시골 아이들의 풀피리 부노라
소를 타고 멀리 아득한 허공을 바라보나니
불러도 돌아보지 않고
소에게 내 갈 길을 맡기노라

刊戈已罷 得失還空
唱椎子之村歌 吹兒童之野曲
身橫牛上 目視雲
呼喚不回 撈籠不住

7. 소를 잊고 사람만 남다 (忘牛存人)

소를 타고 이미 고향집에 이르렀으니
소는 모습도 보이지 않고 사람까지 한가롭네
붉은 해 높이 솟아도 여전히 꿈꾸는 것 같으니
채찍과 고삐는 초당에 부질없이 걸려 있네

騎牛已得到家山 牛也空兮人也閑
紅日三竿猶作夢 鞭繩空頓草堂間

소화된 지식은 자신의 일부나 마찬가지여서 조금도 무겁다거나 힘들게 느껴지지 않는다. 구구단을 외워서 익숙해지면 머릿속에서 헤아리는 순간도 없이 반사적으로 답이 튀어나온다. 바른 답을 산출하면서도 조금도 힘들지 않다. 구구단은 이미 그 사람의 일부가 되었기 때문이다.

진리를 체득한 사람 또한 진리에 대한 낯선 감각이 없다. 진리와 함께이면서도 진리를 소유하고 있다는 생각 자체가 없다. 진리가 아직도 자기와 떨어져 있다면 그 사람은 아직 가야 할 길이 멀다.

임제 선사가 "부처를 만나면 부처를 죽여라"라고 선언했던 것은, 진리를 더 이상 객체로 삼지 말라는 뜻이다. 부처를 찾고 있다면, 그는 아직 고향집에 도착하지 못한 것이다.

고향집에 돌아온 뒤에는 '소'를 다루기 위해 고삐와 채찍을 쓸 필요도 없다. 그가 소이고 소가 그인데 고삐와 채찍이 무엇 때문에 필요하겠는가.

…… **자원**(慈遠)**의 짧은 주석**

오직 하나의 법뿐, 두 법은 없나니,
임시로 소를 빌려서 목적으로 삼았을 뿐이네
토끼를 잡으려고 올가미를 놓고
물고기를 잡으려고 통발을 놓는 것과 같네
금이 광석에서 나오고,

달이 구름을 벗어난 것 같으니,
오로지 한 줄기 밝은 길이
태고적부터 절로 뚜렷이 나 있었네

法無二法 牛且爲宗
喩蹄兎之異名 顯筌魚之差別
如金出鑛 似月離雲
一道寒光 威音劫外

8. 소도 잊고 사람도 잊다 (人牛俱忘)

채찍과 고삐, 사람과 소 그 본질은 모두 비어 있으니
푸른 하늘만 아득히 펼쳐져 소식 전하기 어렵구나
붉은 화로의 불이 어찌 눈(雪)을 용납하리오
이 경지 이르러야 조사의 마음과 합치게 되리

鞭索人牛盡屬空 碧天遼闊信難通
紅爐焰上爭容雪 到此方能含祖宗

십우도의 여덟 번째 그림에는 아무 것도 그려져 있지 않다. 텅 비어 있는 일원상뿐이다. 소도 없고, 소를 찾는 이도 없다. 채찍이나 고삐도 있을 리 없다. 본래 하나였는데, 무엇을 나누고 무엇을 합한단 말인가.

붉게 타오르는 화롯불 위로 눈이 떨어진다면 눈은 화롯불과 맞닿는 순간 흔적 없이 사라진다. 외마디 비명 한 마디 없이 화롯불 자체로 합해져 버린다.

수없이 많은 이름이 있었지만, 본래는 하나였다. 무어라 이름 붙일 수도 없는 하나였다. 그 하나 앞에서는 모든 것이 녹아 없어져서, 하나라는 이름조차 붙을 자리가 없다.

⋯⋯**자원(慈遠)의 짧은 주석**

범속한 생각에서 벗어나고, 거룩한 뜻도 다 비어 있다.
부처의 세계를 따로 구할 필요도 없고
부처 없는 세계에 머물 이유도 없다
범속함과 거룩함 둘 다에 집착하지 않으니,
관음보살의 천안이라도 엿보기 어려워라.
온갖 새들이 내 가는 길에 꽃을 흩뿌리지만
그것 또한 한바탕 부끄러운 장면일 뿐이네.

凡情脫落 聖意皆空 有佛處不用?遊
無佛處急須走過 兩頭不着 千眼難覰
百鳥啣華 一場 ??

9. 근원으로 돌아가다 (返本還源)

근원으로 돌아와 돌이켜보니 무척이나 공을 들였구나
굳이 따지자면 귀머거리 장님처럼 된 것을.
암자 속에서는 암자 밖의 사물을 볼 수 없으니
물은 절로 아득하고 꽃은 절로 붉구나.

返本還源已費功　爭如直下若盲聾
庵中不見庵前物　水自茫茫花自紅

깨달은 사람의 삶은 범부들의 삶과 무엇이 다른가? 범부는 삶의 주인이 되지 못한다. 여기에 끄달리고 저기에 끄달린다. 결코 행복한 삶이 못 된다. 행복을 맛보긴 하지만 어디까지나 일시적이다. 깨달은 사람의 삶은 어디에도 매이지 않는다. 자유롭다. 자기가 자신의 인생을 지배한다. 범부는 보면 보는 것에 매이고 들으면 들리는 것에 매이지만, 깨달은 사람은 보면서도 보지 않고, 들으면서도 듣지 않는다. 그렇다면 깨달은 사람은 마치 귀머거리이자 장님이 된 것과도 같은가? 어찌 보면 그렇다고 할 수도 있다.

그렇다면 귀머거리가 되고 장님이 되려고 그 먼 길을 걸어왔단 말인가? 그러나 깨달은 사람이 눈 멀고 귀 먼 것은 현실의 귀머거리, 장님과는 차원이 다르다. 보는 것, 들리는 것마다 장애가 되는 범부와 달리 깨달은 사람은 언제나 보는 것을 넘어서고 들리는 것을 넘어서서 보고 또 듣기 때문이다.

깨달은 자에게 물은 물이고, 산은 산이고, 꽃은 꽃이다. 그러나 미혹한 범부들에게는 산도 그냥 산이 아니다. 감정이 개입되고, 선입관이나 편견이 작용하여 꽃을 꽃 그대로 바라보지 못한다.

······자원(慈遠)의 짧은 주석

본래 청정해서 한 티끌에도 물들지 않으면서,
만물이 번성하고 쇠퇴하는 것을 지켜본다

함이 없는 고요한 경지에 머물러
더 이상 환상과 동일시하지 않으니,
이제는 수행과 계율에도 얽매이지 않는다
물은 맑게 흐르고 산은 절로 푸른데,
홀로 앉아 세상의 흥망성쇠를 바라보노라.

本來淸淨不受一塵
觀有相支榮枯
不同幻化 豈假修治
水綠山靑 坐觀成敗

10. 저자에서 중생을 돕다 (入廛垂手)

가슴을 풀어헤치고 맨발로 저자에 들어가니
재투성이에 흙먼지 묻어도 얼굴 가득 함박웃음
신선의 비방 따윈 굳이 쓸 필요가 없네
마른 나무 위에 저절로 꽃이 피어나나니

露胸跣足入廛來 抹土塗灰 笑滿顋
不用神仙眞祕訣 直敎枯木 放花開

삶은 결국 다른 사람들과의 모듬살이에 의미가 있다. 엄청난 진리를 깨닫고 우주의 법칙을 송두리째 나의 가슴에 담고 있다고 할지라도, 그것을 다른 사람과 나눌 수 없다면 그게 무슨 소용일까. 산속의 고요하고 적정한 곳에 가부좌를 틀고 관세음보살 같은 미소를 짓고 산다고 해도, 아무도 보아주는 이 없다면 그 미소가 무슨 의미가 있을까.

깨달음을 성취한 자는 결국 저잣거리로 돌아와야 한다. 저잣거리에서 함께 어울리면서 알게 모르게 관세음보살의 미소를 나누는 삶이 아니라면, 아무리 위대한 깨달음도 세상 사람들에게는 아무런 존재 가치를 지니지 못한다.

깨달은 이에게는 삶이 더 이상 고해가 아니다. 고해이기 때문에 세상을 떠나 구도를 했지만, 이제는 더 이상 고해가 아니다. 언제 어디에 있든 마찬가지다. 복잡한 저잣거리를 떠나야만 얼굴에 미소를 지을 수 있다면 그는 일개 구도자일 뿐, 깨달은 보살과는 상관이 없다. 복잡한 저잣거리에 살아도 깨달은 이의 얼굴에는 미소가 떠나지 않는다. 언제 어디에 있든 깨달은 이는 지복의 물결 속에서 산다.

······자원(慈遠)의 짧은 주석

싸리문을 닫고 홀로 고요하니,
천 명의 성인이라도 내 속을 알지 못하네.
내 정원의 아름다움을 감추어 버리니

누가 내 발자취를 찾을 수 있으랴
표주박을 들고 저자에 들어가고,
지팡이 짚고 집으로 돌아간다.
술집에도 가고 고깃간에도 들어가서,
나를 바라보는 모든 이에게 빛을 나누어 준다

柴門獨掩 千聖不知
埋自己之風光 負前賢之途轍
提瓢入市 策杖還家
酒肆魚行 化令成佛